가장 좋은 수행 방법 · **증보판**

呼吸法門

핵심 강의

남회근 지음
 유우홍 엮음
송찬문 번역

마하연

南師所講呼吸法門精要
劉雨虹 彙編
ⓒ 南懷瑾文化事業有限公司, 2014

Korean translation copyright ⓒ Mahayon Publishing Co., 2017
Korean edition is published by arrangement with
Nan Huai Jin Culture Foundatian.

호흡법문 핵심 강의

초판 1 쇄 2017년 4월 1일 초판 발행 2017년 4월 10일
초판 2 쇄 2017년 9월 10일 증보판 1 쇄 2023년 4뤌 25일

자은이 남회근 원저 유우홍 엮음| 옮긴이 송찬문 | 펴낸이 송찬문 | 펴낸곳 마하연 |
등록일 2010년 2월 3일 | 등록번호 제 311-2010-000006 호 | 주소 10266 경기도
고양시 덕양구 통일로 966번길 84-4 | 전화번호 010-3360-0751
이메일 youmasong@naver.com
다음카페 홍남서원 http: //cafe.daum.net/youmawon

ISBN 979-11-85844-10-7   03220

책값은 뒤표지에 있습니다. 잘못된 책은 바꿔 드립니다

역자의 말 2

증보판을 발행하며

가장 빠른 수행 길은 안나반나와 백골관

남회근 선생은 말합니다,

"요즘 젊은이들이 가장 탐닉하는 것이 바로 명상이니 기(氣) 수련이니 하는 것들인데, 이것은 모두 정신적 유희이자 망상일 뿐입니다. 진정한 기 수련은 그런 것이 아닙니다.

그래서 제가 여러분에게 말씀드리는데, 제가 모든 외도를 두루 배웠고 도가나 밀종 등 일체의 방법 등을 배워보니 그 모두에게는 문제가 있다는 것을 발견했습니다. 도대체 가장 빠른 길은 어떤 길일까? 하고 다시 방향을 바꾸어 불경에서 찾아볼 수밖에 없었습니다. 이리저리 살펴보니 역시 안나반나와 백골관이었습니다.

이상합니다! 왜 안나반나 백골관은 그렇게 간단할까요? 알고 보면 그 비밀 속에 비밀이 들어있습니다. 석가모니불은 그 두 가지 법문만이 가장 중요하다고 일생 동안 가르쳤습니다. 오늘날 남방의 소승불교는 온통 이 두 가지 법문을 닦습니다. 부처님은 당신에게 호흡노선 수행 길을 걸어가라고 가르쳤습니다.

불법의 기본 수행은 소승에 있고, 즉각 과위를 증득할 수 있으며 도의 증득을 구할 수 있습니다. 소승으로부터 대승으로 발전했고,

선종은 소승으로부터 대승에 이르는 직접적인 한 가닥 길입니다. 부처님은 대승의 길은 역시 소승을 위주로 하여서 성공(性空)의 경지에 도달한 후 다시 연기(緣起)를 말해야 한다고 판단하셨습니다. 당신이 성공(性空)의 단계에 아직 도달하지 못했다면 그 다음 단계는 말하지 말기 바랍니다.

중국 도가의 신선을 수련하는 단경(丹經)은 수당(隋唐) 이후에 많아졌는데, 기맥의 문제를 말하고 있으며 대부분은 『아함경』「안반품(安般品)」 가운데에서 모방하여 변모해 나온 것입니다. 동진(東晉) 이후에 『황정경(黃庭經)』이 있는데, 최상품 의약 세 가지인 정(精)·기(氣)·신(神)을 중시합니다. 이런 것들은 모두 사상(事相)으로서 유위적[有爲] 공부에 속합니다. 만약 유위적인 공부에서 당신이 최고의 경지까지 수련하지 못했다면 어떻게 무위(無爲)에 도달할 수 있겠습니까? 유위법을 전일하게 하지 못하는데 어떻게 염두(念頭)를 비워버릴 수 있겠습니까? 그건 자기를 속이고 남을 속이는 것일 뿐입니다. 그러므로 후세에 불법을 배웠던 사람들은 1만 명 중 과위를 증득한 사람이 하나도 없었습니다. 특별히 특별히 주의하기 바랍니다!"

우리가 남회근 선생의 이와 같은 법어를 읽고 나면 자연히 한국 불교의 현실을 돌아보게 됩니다. 작금의 한국 불교 수행 풍토는 대체로 돈오돈수(頓悟頓修)로서 조사선(祖師禪) 간화선(看話禪)이 최상승(最上乘)이다는 미명 아래 화두 타파 견성하면 곧 부처라며, 제방의 선원에서는 간화선 위주로 참선 수행을 하고 지도하고 있습니다. 그런데 지금까지 그렇게 견성한 사람이 몇 분이나 되며 그 경지는 바로 부처를 이룬 것일까요? 18불공법(十八不共法)을 성취했을까요? 예컨대 『불설입태경(佛說入胎經)』을 경본을 보지 않고 자신의 지혜 능력으로 설할 수 있을까요? 견성했더라도 아직은 부처가 아니랍니다. 누구든 이른바 오도(悟道)에 대해서는 영명(永明) 연수(延壽)선사가 『종경록(宗鏡錄)』에 정해놓은 「진정한 깨달음을 판단 검증하는 열 가지 기준」에 비추어 보면 자명해질 것입니다.

수행 법문은 수행자의 근기에 적합해야 합니다. 그러므로 수행자는, 특히 자력 법문 수행자라면 간화선 보다는 부처님이 가르쳐 주신 안나반나와 백골관을 주요 수행 노선으로 착실하게 걸어가는 것이 온당할 것입니다. 남회근 선생은 만년에 이 두 가지가 가장 빠른 수행 길이라고 말했습니다.

역자는 이번 증보판의 부록에 남회근 선생의 선관(禪觀) 연구 글의 일부를 전재하는 한편, 선생의 안나반나 강해 발췌 글 중에서 몇 편을 골라 번역하여 추가하였습니다. 호흡법문에 대해서 비교적 보다 구체적이며 깊게 자세히 말하고 있는 내용들이므로 많은 도움이 될 것입니다. 그리고 본문 속의 역주를 각주 형식으로 바꾸고 증보하였습니다. 그 이외에는 예전 그대로입니다.

2023년 4월 초순
장령산 심적재에서
송찬문

역자의 말

가장 좋은 수행 법문

우리는 보통 수십 년을 살면서, 낮에는 살아있고 밤에는 잠자고 호흡도 영원히 호흡하고 있다는 것만 알지 그 누가 자기의 생각을 관리한 적이 있을까요! 생각과 기(氣) 두 가지가 결합하지 않으면 그 두 줄기의 길은 나누어져 가게 됩니다.

마음과 기(氣)가 하나로 결합했을 때 당신은 비로소 중국의학이 말하는 신체의 12경맥(經脈)의 변화와 신체 내부의 모든 변화, 그리고 온갖 변화를 알 수 있습니다. 그때야 비로소 수행의 길을 이해합니다. 그러므로 기(氣)에 대한 인식이 매우 중요합니다.

여러분은 수도(修道) 공부하려면서도 생명을 위해서 천하에서 가장 값싼 장사를 하지 않습니다! 자기 엄마가 낳아준 코로 돈 한 푼 쓰지 않고도 공부할 수 있지만 하려고 하지 않으니 정말 천하의 바보입니다!

석가모니불이 제자들로 하여금 즉신성취(卽身成就) 하고 과위를 증득하도록 가르치고 이끌었던 수행 방법은 먼저 출입식(出入息)을 닦음으로부터 입문하는 것이었습니다.

부처님은 당신에게 안나반나를 닦으라고 하시며 당신에게 어떻게 호흡법을 닦는 것으로부터 착수하여 이 생명을 바꾸어 즉신성취(即身成就)하는지를 가르쳐주십니다. 즉, 우리들의 육체인 몸을 이용하여 수행하면 직접 3계(三界)를 뛰어 넘어 성불할 수 있으며, 마지막에는 닦음도 없고 증득함도 없어서[無修無證] 성공하여 여여부동(如如不動) 할 수 있다고 합니다.

안나반나를 닦는 것은 먼저 당신의 4대를 전환변화[轉化]시키는 것인데, 먼저 풍대로부터 기(氣)로부터 당신의 지수화풍(地水火風)을 전변화시키고 습기(習氣)를 전환변화 시켜서, 세포신경이 하나하나마다 모두 전환변화 하는 것입니다. 왜냐하면 이 업보의 몸이 전환변화해서 욕계천의 모든 경계를 초월해야 비로소 선정을 얻을 수 있기 때문입니다. 이것은 간단명료하게 여러분들에게 하나의 대원칙을 말해드린 것입니다. 그러므로 여러분에게 안나반나를 잘 닦고 소승선관(小乘禪觀)에서부터 착수하라고 합니다.

이것은 불학에서 말하는 수증의 길의 하나의 과학체계로서, 생명 과학과 연계시켜보면 하나의 근본적인 도리입니다. 만약 이것을 이해하지 못한다면 모든 부처님 배우기는 헛되이 하는 것이며 모든 정좌도 헛되이 앉는 것입니다. 당신이 밀종이나 선종을 배우든 무슨 종을 배우든 모두 소용이 없습니다.

수행에서 왜 먼저 자기의 색신을 변화시켜야할까요? 부처님이 『능엄경』에서 최후에 하신 분부를 기억해두어야 합니다! '생인식유(生因識有)', 우리의 생명이 투태(投胎)하여 올 때에는 12인연에서 '무명'을 조건으로 '행'이 생겨나고[無明緣行], '행'을 조건으로 '식'이 생겨나서[行緣識]. 심의식(心意識)인 '정신[名]과 물질[色]'이 결합하여, 즉 지수화풍공(地水火風空) 5대(五大)와 결합하여 신체가 있게 됩니다. 두 번째 말은 '멸종색제(滅從色除)'인데, 색은 곧 지수화풍공(地水火風空)으로 물리물질 생리상의 것입니다. 당신은 수행이 괘도에 오르기를 바라고 생명을 원래 있던 성불의 경계까지 회복하고자 한다면, 육체로부터 변화시켜야 합니다.

그 다음은 '리즉돈오, 승오병소(理即頓悟, 乘悟併銷)'입니다. 불학의 도리를 여러분은 배워서 이해하는데, 이런 도리들은 돈오에 의지하여 단번에 이해해야 합니다. 이해하고 난 다음에는 '승오병소(乘悟併銷)'입니다. 그 다음 두 마디는, '사비돈제(事非頓除)', 공부는 한 걸음 한 걸음 나아가는 것입니다. '사(事)'가 바로 공부입니다. 당신이 도리를 알았다고 해서 색신을 곧 공(空)하게 할 수 있다는 말이 아닙니다. 당신은 비울 수 있습니까? 알자마자 도달하는 것이 아닙니다. '인차제진(因次第盡)', 한 걸음 한 걸음 닦아가는 것입니다. 색신도 한 걸음 한 걸음 수행해야 비로소 변화할 수 있습니다.

이상은 남회근 선생의 강의 중에서 뽑은 글입니다.

이 '호흡법문 핵심 강의'는 『남사소강호흡법문정요(南師所講呼吸法門精要)』를 완역한 것입니다. 『달마선경(達摩禪經)』상의 안나반나법문을 위주로 한 이 강의와 서로 비교 연구할 수 있도록, 『청정도론(淸淨道論)』중의 '들숨날숨에 대한 마음챙김' 등도 역자가 보충하여 부록으로 실었습니다.

금년 2월 중순에 착수한 원고 정리 작업을 이제 마쳤습니다. 이번에도 기꺼이 저의 작업을 도와주신 정윤식(鄭允植)님께 감사드립니다.

　이 책은 비록 호흡법문 입문 소책자라고 하지만, 한 방울의 물이 거대한 바다를 간직하고 있음[滴水藏海]과 다름없습니다. 재가 수행자나 출가 수행자들에게 좋은 길잡이가 되기를 바랍니다.

2017년 3월 15일
신평리 심적재에서
송찬문 삼가 씀

출판설명

　『호흡법문정요(呼吸法門精要)』라는 이 작은 책은 2013년 8월에 먼저 상해서점출판사(上海書店出版社)가 간체자(簡體字)로 대륙에서 출판했습니다. 아마 책자가 작고 책값이 낮은데다, 더더구나 남회근 선생님이 강의한 것이기 때문에 출판된 뒤에 곧 베스트셀러 제4위에 들어간 게 당연했을 것입니다. 11월이 되어서는 이미 제3차 인쇄였으며 앞뒤로 4개월 내에 모두 10만 권이나 인쇄하였습니다.

　하지만 정체자(正體字) 책 읽기에 습관이 된 독자는 기회를 놓쳐서 탄식하지 않을 수 없었습니다. 더더구나 대륙의 많은 독자들은 오히려 대만의 번체자(繁體字) 판본을 편애합니다. 그들은 번체자 판면(版面)을 읽으면 마음이 탁 트이고 기분이 상쾌하다고 생각하기 때문에 이 책을 대만에서 인쇄 발행합니다.

　다음의 '재판 서문'과 '엮은이의 말'은 간체자 판본을 인쇄 발행할 때 쓴 것입니다.

2014년 4월
유우홍(劉雨虹)

재판서문(간체자본)

2만 권을 인쇄한 작은 책자 하나가 출판된 뒤 뜻밖에 즉시 베스트셀러 도서 4순위에 진입한다는 것은 정말 사람을 놀라게 하며 더더욱 사람을 기쁘게 합니다.

제가 말하는 기쁘다는 것은 명리(名利)를 위해서가 아니라 한 가지 생각을 위해서였는데, 이제 그 생각이 틀리지 않았음을 증명하기 때문에 기쁘다는 것입니다.

이 작은 책자를 엮을 때에도 적지 않은 심혈을 썼습니다. 왜냐하면 오늘날은 사람마다 핸드폰이 있는 시대라서 두껍고 묵직한 큰 책을 보게 될 때는 바라보기만 해도 두려워서 가까이 하지 못하는 느낌이 반드시 있기 때문입니다. 특히 책장을 이리 저리 넘기며 전체적으로 한 번 읽고 또 읽고 해야 할 필요가 있는 책이 만약 두껍고 묵직하다면, 한참 읽었어도 중심 중점을 파악하지 못하고, 결과적으로 대부분은 시작은 있지만 끝이 없어서 최후에는 책을 내버려두고 사용하지 않은 채 일을 끝내버리기 때문입니다.

호흡법문에 대한 남회근 선생님의 강해는 많은 책들 속에서 여기 저기 흩어져 보이고 자료가 많아서 취사선택하는 데 상당히 생각하고 고려했습니다. 엮어 쓰기 시작할 때 남선생님이 얼마의 글자 수를 책 분량의 원칙으로 하라고 분명히 말씀하지 않았지만, 저는 추측하기를 '일반인의 마음속에서는 그 분량이 적어도 10만 자쯤은 되어야 책 한 권으로 인정하겠지!' 했습니다.

하지만 저는 재삼 고려하여, 그 절반 숫자에 이르지 못하는 글자가 되도록 엮기로 결정했습니다. 그래서 한 권의 작은 책자로 인정할 수 있을 뿐입니다.

비록 어떤 사람은 글자 수가 너무 적으면 분량이 없어 주의를 기울이는 사람이 없다고 생각했지만, 저의 생각은, 문자가 간단(簡短)명료해야 이해하기 쉽고 중점을 파악하기 쉬우며 흥미를 일으키기 쉽다는 것이었습니다. 그래서 마침내 한 권의 입문(入門) 소책자로 엮었습니다.

게다가 작은 책 하나를 사는 데는 비용이 많지 않고, 사기에 편리하고 읽어보기 편리하며 이해하고 싶기에도 편리하므로, 이 작은 책자가 자연히 보급되어 유통되었을 것입니다.

옛사람은 말했습니다. '산은 높음에 있지 않고, 신선이 살고 있다면 신령한 산이다[山不在高, 有仙則靈].' 이 작은 책자는 '책이란 두꺼움에 있지 않고, 유익하다면 큰 책이다[書不在厚, 有益則大].'입니다. 이것은 허풍 치는 말이 아닙니다. 왜냐하면 여러 독자들이 자신들의 호흡의 기(氣)의 장애가 모두 이 책으로 말미암아서 확 뚫려 사라져버린 것 같았기 때문입니다. 이 얼마나 사람으로 하여금 기쁨과 위안을 느끼게 합니까!

호흡의 기는 생명존재의 기본입니다. 그리고 심신 수양의 초보는 더더욱 호흡의 기를 떠날 수 없습니다. 그러므로 이 기(氣)의 문제에 주의를 기울일 수 있는 것은 바로 건강의 길로 걸어가는 첫걸음입니다.

　이제 이 책의 재판에 즈음하여, 중생이 병이 적고 번뇌가 적으며, 더 나아가 나라가 태평하고 국민이 안락하기를 축원합니다.

　　　　　　　　　　　　　2013년 11월 상해(上海)에서
　　　　　　　　　　　　　　　유우홍(劉雨虹)

엮은이의 말(간체자본)

이 작은 책자의 출판에는 특수한 인연 배경들이 상당히 있습니다.

먼저 남회근 선생님이 문화에 대하여 역설하며 이끌어온 56년간의 경험 속에서 깊이 느낀 것은, 수 세기 동안 수행[修持] 방면에서의 장애와 문제가 수행자[行者]들로 하여금 법문대로 하기가 어렵도록 야기하였기 때문에, 수행하는 사람으로서 성공하는 자가 지극히 드물었다는 것이었습니다.

남선생님은 일생동안 각 교파의 실증(實證)과 연구에 힘쓰고는, 석가모니불이 전한 가장 빠른 수행의 양대 법문이 확실하고 명확함을 얻지 못한 것이 바로 수행자가 성공하기 어려웠던 주요 원인이라고 보았습니다.

이런 까닭에 최근 수년 동안 남선생님은 수업할 때 항상 『달마선경(達磨禪經)』 속의 16특승안나반나(特勝安那般那) 법문의 해설과 관련시켰습니다.

2007년 2월 춘절(春節) 수업기간에 남선생님은 16특승법을 가르치며 학우들의 수행을 감독 지도할 때 어느 날 문득 엮은이에게 지시하기를, 각 책과 강의기록 속에 여기저기 흩어져 보이는 안나반나 수행법을 수집 정리하여 책으로 모아 엮어서 학습자가 수행 참고용으로 편리하도록 하라고 했습니다. 이 책은 바로 그래서 생겨났습니다.

안나반나법문에 관하여는 경전 속에서 요점적으로 제시하는 것 이외에, 천여 년 동안 대사들이 개인적인 수행법[修法] 성취를 체계적으로 모아 논(論)을 이룬 것들이 많이 있는데, 그 중에서 육묘문(六妙門) 삼지삼관(三止三觀)이 가장 칭찬받았습니다.

부처님을 배우는 수행법은 그 방식과 그 제도가, 시간과 공간이 다르고 대상이 다른 상황 아래서 변경이 이루어짐을 면하기 어려운 것도 필연적으로 그럴 수밖에 없는 일입니다. 옛날에 백장(百丈) 선사가 총림제도(叢林制度)를 창건하여 인도(印度)의 규범을 크게 바꾸었는데, 당시에는 모진 논평(論評) 공격을 받았지만 불법은 그로 인해 더욱 발전하였습니다.

일반적으로 여기기를, 경율론(經律論) 세 가지 중에서 논저(論著)는 개인의 심득(心得) 경험견해의 설이기 때문에 토론이나 비평을 받을 수 있으며, 심지어 계율 부분은 근본 성계(性戒)를 제외하고는 역시 시간과 공간에 따라 새롭게 토론하거나 수정(修訂)할 수 있다고 합니다.

어떤 사람은 말하기를, 한 가지 새로운 수행 방법 논술을 이해할 때는 어떤 사람이 말했고 어느 때 말한 것인가를 먼저 조사할 필요가 있으며, 만약 학자나 의리사(義理師)가 말한 것이라면 불학 속에 넣어서 학술적 참고로 삼을 수 있다고 합니다.

만약 말하는 사람이 실제 수행할 뿐만 아니라 증득을 추구하여 성취가 있는 수행자라면 신중히 대해야 합니다.

그러나 어떻든 수행은 인연적인 요소가 있는 것입니다. 만약 법을 전하는 사람에 대하여나 전하는 방법에 대하여 의심스러운 생각을 한다거나, 혹은 경전과 옛 현인이 말한 것과 완전히 부합할 수 없다고 여긴다면 몇 가지 선택을 해도 됩니다. 그 하나는 자기가 수증(修證)하여 시간이 되어 원만하면 자연히 알게 되는 것입니다. 또 하나는 수행이 있고 증득이 있는 다른 대사(大師)로 바꾸어 그에게 나아가 학습하는 것입니다. 그러므로 하찮은 사소한 부분을 옴니암니 따질 필요는 없습니다. 영가(永嘉)선사는 말하기를 '큰 코끼리는 토끼가 다니는 길에 노닐지 않고, 큰 깨달음은 소승도에 구애되지 않는다[大象不遊於兎徑, 大悟不拘於小節].'라고 했습니다.

이 책에서 남선생님은 수행 방법들에 대해서 평론했는데, 정설(正說)이든 반설(反說)이든 독자가 반드시 지혜를 가지고 깊이 들어가 체험해야 합니다. 이 작은 책자가 닦고 배우는 사람들에게 도움과 편리를 제공하기를 바라마지 않습니다.

또 이 책의 원고와 엮은이의 말은 2008년에 이미 남선생님이 심사하였기에 오류가 없습니다.

2013년 4월
묘항(廟港)에서
유우홍

목   차

일러두기

1. 이 책은 남회근문화사업유한공사(南懷瑾文化事業有限公司)가 발행한 2014년 6월 초판 2쇄본의 『남사소강호흡법문정요(南師所講呼吸法門精要)』를 완역한 것이다.

2. 인명·지명·책명 등 고유명사는 중국식 발음으로 표기하지 않고 우리식 한자음대로 표기함을 원칙으로 하였다.

3. 불교 용어 중 육경(六境)·육근(六根)·육식(六識)·사대(四大)·사성제(四聖諦)·오온(五蘊)·십이처(十二處)·십팔계(十八界)·사선(四禪)·팔정(八定)·구차제정(九次第定)·육도(六道)·육바라밀·삼세(三世) 등 숫자 개념의 용어 등은 아라비아 숫자로 표시하여 6경·6근·6식·4대·4성제·5온·12처·18계·4선·8정·9차제정·6도·6바라밀·3세 등으로 각각 표기함을 원칙으로 하였다.

4. 독자의 이해를 돕기 위해 주석을 달거나 보충하였을 경우에는 '역주' 또는 '역자보충'이라 본문 속에 표시하였거나 각주로 달았다. 모르는 용어나 내용은 불교사전이나 관련 서적 등을 참고하고, 특히 남회근 선생의 다른 저작들도 읽어보기 바란다. 선생의 저작들은 전체적으로 서로 보완관계에 있기 때문이다.

5. 부록은 모두 역자가 보충한 것이다.

제 1 절
성공하기 쉬운 법문

불법은 무엇인가

석가가 가르친 장수법문

수행도지경 이야기

소식(消息) 출입식(出入息)

불법은 무엇인가

우리들의 이번 시작은 불법(佛法)으로부터 착수할 수밖에 없습니다. 불학(佛學)이 아니요 불교(佛敎)도 아닙니다. 여러분이 제 책에서 보았듯이 한 가지 관념을 분명히 하고 있습니다. 저는 항상 이 세 가지를 분명하게 구분하고 있습니다. 첫째는 불교입니다. 불교는 종교입니다. 그것은 종교의 형식이 있고 종교의 관습이 있으며 종교의 행위가 있습니다. 예컨대 출가 · 절 짓기 · 탁발 · 불사 하기는 모두 불교 범위에 속합니다. 특히 불교가 중국에 들어와서는 중국 특색의 불교를 이룩했는데, 그 중에 중국총림(中國叢林)제도의 불교가 도대체 어떠한 것인지를 여러분은 알아야 합니다. 하지만 오늘날 아는 사람이 아주 적습니다.

둘째 것은 불학입니다. 일반인들이 불경을 연구하고, 내지는 태국 등 동남아의 소승불교 국가들, 그리고 대승을 중시하는 국가들,

예컨대 일본, 한국 내지는 중국의 많은 대 학자들이 철학을 연구하고 불학을 연구하는 것은 모두 불학의 범위에 속하며 이론을 말하는 것입니다. 불학자들은 다들 매우 학문이 있어서, 말하면 하는 말마다 도(道)인데, 저는 어떤 입장일까요? 어려서부터 지금까지 바로 고문(古文)의 다음 한 마디 말입니다. '재소불취야(在所不取也)', 여러분들은 이 한 마디 고문을 알아들으시겠지요! 그런 것들에 대하여 거들떠보기조차도 않습니다. 왜냐하면 저도 몹시 오만하기 때문입니다. 학문을 강의한다는 것은 너무 쉽기 때문에 상대도 하지 않는 겁니다. 저는 깔봅니다. 깔보는 것이 아니라 그런 측면에 중점을 두지 않는 것입니다. 세상에는 학문이 많고도 많습니다. 정말 불학을 얘기한다면 저도 할 줄 압니다. 게다가 여러분보다도 좀 더 세밀하게 얘기할 수 있습니다. 그러나 저는 중점을 두지 않습니다. 저는 그 방면으로 걸어가지 않습니다. 당신이 불학이 아무리 훌륭하더라도 저는 상대하지 않습니다.

세 번째는 불법입니다. 그러므로 저는 불법을 배우고자 합니다. 어떻게 성불하고, 어떻게 도를 얻고, 적어도 정좌를 좀 하여 어떻게 입정(入定)하는지를 배우고 익히고자 하는데, 이것은 단지 학술 이론의 문제인 것만은 아닙니다. 왜냐하면 불법은 마치 과학을 배우는 것과 같기 때문입니다. 어떤 사람이 발명을 하고 한 과학자가 되고자 한다면, 과학이론만을 얘기하는 것은 부족합니다. 박사학위를 하나 받아서 글공부 가르치는 데 불과하기 때문이니까요! 그러므로 저는 불학을 얘기하지 않습니다. 그러나 여러분이 말하는 불학은 여전히 저의 눈에 차지 않습니다. 저는 여러분이 불학을 얘기하자마자 다 틀렸다고 봅니다. 제가 사람들에게 말해주고 싶어 하는 것은 불법입니다. 제가 일생동안 걸어가는 노선은 부처님의 수행 방법을 연구하는 것입니다. 왜냐하면 그것은 사람의 생사문제를 해결하기 때문입니다.

불법을 배움에는 문제를 제기해야 하고 의심을 품어야 하고 증득을 추구해야 합니다. 만약 듣고 나서 믿기만 한다면, 그것은 종교이지 불법이 아닙니다. 불법은 과학적이니 캐어물어야 합니다. 이 문제의 궁극이 어떠한지를 캐어물어야 합니다. 뿐만 아니라 몸소 실험하여 증득을 추구해야 합니다.

석가가 가르친 장수법문

석가모니불의 가르침에는 두 가지 법문이 가장 중요합니다. 하나는 안나반나(安那般那)로서 출입식(出入息)이요, 또 하나는 부정관(不淨觀) 백골관(白骨觀)인데, 중점은 백골관에 있습니다. 오늘날 남방으로 전해진[南傳] 소승불교는 온통 이 두 가지 법문을 닦습니다. 남전의 소승불교는 대승을 인정하지 않으며, 무슨 밀종·선종·화엄종·천태종·정토종에 대해서는 더욱 반대하면서 그런 것들은 모두 후기 불학이라고 여깁니다. 제가 예전에 대만에서 학술이론을 강의할 때 먼저 소승을 가지고 강의했습니다. 지금 이 자리에 있는 오(吳)씨 학우는, 예전에 제가 수업할 때 사범대학 강당 전체 안팎으로 사람들이 가득 서 있었다는 것을 아직도 기억하고 있습니다. 그 때가 막 사업 시작이었습니다. 제가 하는 일은 본래부터 모두 평지에서 폭풍우를 일으키는 식이었습니다. 묘항(廟港)에서의 지금처럼, 황무지 한 조각에서 그것을 하기 시작했습니다.

부처님은 당신더러 수행은 호흡 노선 길을 걸어가라고 가르쳤습니다. 안나반나는 바로 한 번 내쉬고 한 번 들이쉬는 것입니다. 그러므로 제가 『불교수행법강의[如何修證佛法]』에서 언급하였는데, 여러분은 주의를 기울이지 않습니다만 석가모니불은 네 사람의 제자더러 영원히 이 세상에서 살라고 분부하셨습니다. 물론 우리들은 그분들을 만나본 적이 없고 전해오는 말에 근거할 뿐입니다. 저도 네 사람이 정말로 살아있다고 믿습니다. 한 사람은 가섭존자인데 선종의 제1대 조사입니다. 두 번째는 부처님의 아들인 라후라이며 세 번째는 군도발탄입니다. 네 번째는 빈두루존자입니다. 이 사람은 원래 인도의 한 재상의 아들이었는데 신통을 나타냄으로써 부처님이 정한 규범을 위반했기 때문에 부처님은 그를 꾸짖었습니다. '너는 신통을 나타내지 마라. 벌을 내린다. 너는 형체를 머물러 있게 하여 죽지 마라.' 그러므로 오래 산다는 것은 이 세상에 머물러서 죄를 받는 것입니다. 이 네 분은 불법 중에서 특별히 뚜렷한 사람으로서, 형체를 머물러 세상에서 사는 존자라고 부릅니다.

제가 늘 여러분들더러 유의하라고 일깨우는데, 그 네 분은 무슨 방법으로 형체를 세상에 머무르게 하고 있을까요? 바로 안나반나

(安那般那)를 닦는 것입니다. 저의 연구가 맞는지 틀린지는 여러분들이 직접 증거를 찾아보시기 바랍니다.

대장경으로 돌아와 살펴보겠습니다. 여러분들은 물론 대장경 전체를 연구해보지는 않았습니다. 부처님 자신은 설산에서 6년 동안 고행을 닦았습니다. 뭘 드시지 않은 게 6년 동안이었습니다! 그는 당시 2십 몇 세였을 뿐입니다. 설산이란 바로 히말라야 산입니다. 그는 네팔 사람이었는데 북부에 이르니 바로 히말라야 산의 시킴[錫金]·부탄 이 일대의 지방이었습니다. 그는 바로 그 산 기슭의 가장 추운 곳에서 고행을 닦았습니다. 6년 동안 매일 한 알의 푸른 대추를 먹은 것이나 다름없었습니다. 우리들 북방의 푸르면서 빨간 대추 같은데, 2,3십 세에 7,8십 먹은 노인처럼 변해버렸습니다. 그래서 뼈가 마른 장작 같았습니다. 저의 지금보다도 더 말라서 피골이 상접했었습니다.

그는 6년 동안 고행하면서 증득을 추구했습니다. 율장에서는 말하기를 그는 호흡법 수련에 대해서 반대했으며, 그 당시 기공(氣功)을 닦았다고 합니다. 식사를 하지 않았기 때문에 기(氣)를 먹는 것에만 의존했습니다. 이 법문을 닦을 때에 머리가 몹시 아팠습니다. 고통이 극도에 이르렀고 머리가 빠개질 것 같았습니다. 그래서 그는 제자들더러 이것을 닦지 말라고 했습니다. 그런데 왜 뒷날에는 또 제자들에게 안나반나를 닦으라고 했을까요? 이것은 문제이지요? 뿐만 아니라 또 다른 한 부의 계율에서도 말하기를, 부처님이 세상에 나와서 수십 년 동안 설법한 뒤에 두 달 동안 폐관(閉關)한 적이 있다고 합니다. 출관(出關)한 뒤에 제자들이 그에게 폐관 중에 무엇을 닦으셨느냐고 묻자, 그는 안나반나를 닦았다고 말씀했습니다. 또 호흡법입니다! 매우 이상합니다! 그는 한편으로는 닦으면 고통스럽다고 사람들에게 함부로 닦지 말라고 해 놓고, 한편으로는 그 자신이 이것을 닦고 있었습니다. 때로는 휴식할 때도 이것을 닦았습니다. 그러므로 제가 대장경을 보는 것은 여러분들과는 다르지요? 제가 유의하는 것은 수행[修持] 이 방면입니다. 우리는 부처님의 출가와 마찬가지로 추구하는 목적이 생사(生死)를 마치는 것입니다. 이것은 생명의 문제입니다. 그저 허풍이나 치고 학술이론만 얘기하는 것이 아닙니다.

수행도지경 이야기

부처님은 당신더러 먼저 출입식(出入息)을 닦고, 그 다음으로 닦아서 명심견성(明心見性)[1]과 성불에 도달하며, 아라한과를 증득하라고 하시는데, 몸까지도 포함하여 변화한 것을 즉신성취(即身成就)라고 합니다. 이것이 비밀입니다. 그래서 제가 여러분에게 말씀

---

1) 명심은 자기의 진심(眞心)을 발견하는 것이요 견성은 자기 본래의 진성(眞性)을 보는 것이다. 자기 본래의 마음을 발견하고 불생불멸의 본성을 본 것이 선종의 오도의 경지로서, 언어의 길이 끊어지고 마음이 갈 곳이 사라진 것이다.

드리는데, 저의 경우 이 일생 동안 세상의 이런 것들을 모조리 배웠다고는 감히 말하지 못하지만 거의 두루 배워봤습니다. 되돌아보니 원래 이런 많은 법문들은 모두 부처님이 말씀하신 것으로부터 변해 나온 것인데, 다들 이런 모양새 가짓수들에 속고 있는 것입니다! 사실은 출입식을 닦는 것입니다. 최근 요 몇 년 동안 저는 여러분에게 말하기를, 삼국 시대 이후 동진(東晉)에서 서진(西晉)까지 이 단계에 불경은 『반주삼매경(般舟三昧經)』과 『안반수의경(安般守意經)』이외에도 수행을 말하는 아주 중요한 한 권의 책인 『수행도지경(修行道地經)』이 있었다고 했습니다.

이것은 당시에 최초의 비교적 구체적인 번역이었습니다. 하지만 제가 예전에 대장경을 볼 때에 그것을 간과했습니다. 그래서 뒷날 대단히 참회했습니다. 왜냐하면 우리는 책을 많이 읽었기 때문에 문자에 사로잡힐 경우가 있기 때문입니다. 축법호(竺法護)가 5음(五陰)을 '색(色)·통(痛)·상(想)·행(行)·식(識)'이라고 번역한 것을 보고서 최초의 번역이 어딘지 이상하다고 생각했습니다. 뒷날 번역은 '색(色)·수(受)·상(想)·행(行)·식(識)'이었습니다. 3,4십 년 후에야 다시 성실하게 읽어보고 비로소 그가 번역을 맞게 했다는 것을 발견했습니다. 왜냐하면 느낌[感受]이란 다 견디기 어렵고 아프기 때문입니다. 그는 인도 사람으로서 중국에 와서 부처님의 수행 방법을 중문으로 바꿀 때에 '색(色)'은 말하기 쉬웠습니다. 볼 수 있기 때문입니다. '수(受)'는 무엇일까요? 누구나를 한 번 꼬집으면 고통을 느끼기 마련이므로 느낌을 모두 '통(痛)'이라고 번역했습니다. 느낌의 최대 반응은 아픔이요 가벼운 반응은 가려움입니다.

부처님이 전해준 안나반나인 『수행도지경』은 삼국 시대 때에 번역한 것인데 도가(道家)는 대단히 주의를 기울였습니다. 도가는 기(氣) 수련을 말하는데, 동진과 서진 때 가장 유행하였으며 불가와 도가 이 두 가지 방법을 융합했습니다. 그래서 그 2, 3백년 사이에 나온 신선들이 특별히 많았습니다.

　　그러므로 코의 기맥이 중요하지 않다고 여기지 말기 바랍니다. 아침에 일어났을 때 양 콧구멍이 다 통한 사람은 절대 건강합니다. 어느 한쪽이 통하지 않는다면 신체에 문제가 있습니다. 남녀와 음식에 대해서 주의하고 삼가 계율을 지켜야 합니다. 특히 한쪽 코로 호흡할 줄 알아야 합니다. 오른쪽 코로 호흡이 들어가면 우맥(右脈)으로부터 내려가며 대장(大腸) 계통을 관장합니다. 왼쪽 코의 호흡은 호르몬(내분비)이나 남녀의 정(精) 계통을 관장합니다. 특히 왼쪽 콧구멍은 중국문화 입장에서 말하면, 왼쪽은 양(陽)에 해당하고 오른쪽은 음(陰)에 해당합니다. 이 정도에만 그치는 게 아닙니다. 당신이 두 코의 기맥이 통하고 난 뒤에, 예컨대 집을 사려고 한 번 들어가서 냄새를 맡아보면 이상한 냄새가 나고 이상한 기(氣)가 있다고 느껴진다면, 그 집은 풍수가 좋지 않고 좀 괴이한 일이 있는 것이니 사지 않기로 합니다.

　　예컨대 우리는 지금 이 선당(禪堂)에 있는데, 당신이 한 번 냄새를 맡아보십시오. 여러분 자신들에게 코가 있으니까요! 저는 말합니다. '여러분은 수도(修道) 공부하려면서도 생명을 위해서 천하에 가장 값싼 장사를 하지 않습니다! 자기 엄마가 낳아준 코로 돈 한 푼 쓰지 않고도 공부할 수 있지만 하려고 하지 않으니 정말 천하의

바보입니다!'

우리는 보통 수십 년을 살면서 낮에는 살아있고 밤에는 잠자고 호흡도 영원히 호흡하고 있다는 것만 알지 그 누가 자기의 생각을 관리한 적이 있을까요! 생각과 기(氣) 두 가지가 결합하지 않으면 그 두 줄기의 길은 나누어져 가게 됩니다. 특히 우리가 어떤 일에 주의를 기울이고 있을 때에 호흡이 마치 정지(停止)해 버린 것 같습니다. 애써 일에 주의를 기울이고 있기 때문입니다. 때로는 어떤 사람을 보거나 어떤 일을 보고 몹시 두려워하면 호흡이 정지합니다. 혹은 어떤 기쁜 일이 있을 때 소리 내서 하하 하고 한 번 웃으면 호흡도 멈춥니다. 마음과 기는 원래 결합하기 쉽지 않습니다.

마음과 기가 하나로 결합했을 때 당신은 비로소 중국의학이 말하는 신체의 12경맥(經脈)의 변화와 신체 내부의 모든 변화, 그리고 온갖 변화를 알 수 있습니다. 그때야 비로소 수행의 길을 이해합니다. 그러므로 기(氣)에 대한 인식이 매우 중요합니다.

소식(消息) 출입식(出入息)

안나반나를 중문으로는 간단하게 '출입식(出入息)'이라고 합니다. 즉, '출식(出息)'과 '입식(入息)'입니다. 그렇다면 중문으로 번역할 때 왜 '출입기(出入氣)'라고 번역하지 않았을까요? 문제가 바로 여기에 있습니다. 다들 중국 전통문화를 연구함에 있어서 유의해야 합니다. '식(息)'자는 어디로부터 왔을까요? 우리는 오늘날 말하기를 예를 들면 '소식(消息)'이 있느냐 없느냐고 말하는데, '소식'이라는 두 글자는 오경(五經)중의 『역경(易經)』에 나오며 우리는 이미 수천 년 동안 사용했습니다. 공자(孔子)가 아닙니다. 오랜 선조들에게 있었습니다. 무엇을 '소(消)'라고 할까요? 이것은 과학인데, 우리들의 모든 동작, 말하는 것 모두, 그리고 온갖 생명은 다 '소(消)'하고 있습니다. 모두 방사(放射)하고 있고 사라져버렸습니다[消失]. 과학으로 말하면 바로 물리적인 방사 작용입니다. 모두 방사하고 나면 없어져버린 것일까요? 없어짐이 아니라 '식(息)'입니다. '식(息)'은 성장(成長)입니다. 그러므로 '일소일식(一消一息)'이란 불학에서 말하는 '한 번 생겨나고 한 번 소멸하는 것[一生一滅]'입니다. '멸'이란 없어짐이 아니라 또 하나의 생명의 시작입니다.

제 2 절
왜 출입식을 닦아야 하는가

풍(風)에 대하여 말한다

잘 움직이고 자주 변하는 바람

바람이 움직였습니다

4대의 전환변화

. 노자도 출입식을 말했다

출입식이 발전되어 나온 법문들

풍(風)에 대하여 말한다

석가모니불이 제자들로 하여금 즉신성취(卽身成就) 하고 과위를 증득하도록 가르치고 이끌었던 수행 방법은 먼저 출입식을 닦음으로부터 입문하는 것이었습니다. 우리가 이에 대하여 주해를 한다면, 먼저 유위법(有爲法)을 닦는 것입니다. 즉, 현재 가지고 있는 생명의 생리 방면으로부터 착수하여 닦는 것입니다. 현재의 생명은, 중점이 바로 코로부터 목구멍 여기까지 3촌(三寸)의 부분에 있으며 기(氣)가 있지 않으면 곧 살지 못합니다. 한 입의 기[一口氣][2]가 오지 않으면 바로 사망입니다. 그러므로 이 부분으로부터 닦기 시작해야 합니다.

---

[2] 한 번 들이쉬거나 혹은 한 번 내쉬는 기. 한 숨의 뜻이다. 한 번 들이쉬고 한 번 내쉬는 것을 합하여 가리키는 것이 아니다. 부사로 쓰일 때는 단숨에 뜻이다.

닦고 배우는 물리 방면에서 말한다면 풍대(風大)를 닦는 것입니다. 바로 우주의 에너지가 기(氣)로 변하고, 기가 바람으로 변한 것입니다. 이 바람은 무형무상(無形無相)의 것인데 그 누가 바람을 본 적이 있습니까? 우리는 다들 바람을 본적이 있을까요? 없습니다. 당신은 말하기를, '있습니다. 바람이 얼굴에 불면 감각이 있습니다.' 라고 하겠지만 그것은 당신의 얼굴의 감각입니다! 그 바람의 체(體)가 어떠한 것인지는 당신은 모릅니다. 그래서 『장자(莊子)』「제물론(齊物論)」에서 묘사하기를, 우주천지의 대기(大氣)가 작은 구멍을 만나면 작은 소리가 나고 큰 구멍을 만나면 큰 소리가 난다고 합니다. 그의 묘사는 신바람이 날 정도입니다. 이것은 바람의 생김새가 아닙니다. 장자가 말하는 것은 바로 이 기(氣)입니다. 그러므로 장자 「제1편 소요유(逍遙遊)」는 바로 우주물리의 변화인 기화(氣化)를 말하는 것입니다. 「제물론」도 당신에게 이 기(氣)가 중요하다는 것을 말해줍니다.[3]

생명은 이 한 입의 기에 의존합니다. 목구멍 여기 3촌에 기가 들어오지 않으면 죽습니다. 기가 나간 뒤에 들어오지 않으면 죽습니다. 들어온 다음에 내쉬지 못해도 죽습니다. 이 생명은 그렇게 취약하고 짧아서 바로 이 호흡이 오고가는 사이에 있습니다.

8개의 식[八識][4] 가운데서 이 호흡은 무슨 작용인지 아십니까? 이것을 '근본의(根本依)'라고 합니다. 인연(因緣) 속의 근본의입니

---

3) 역자 번역 『장자 강의』(상,하)를 참고하기 바란다.
4) 안식 · 이식 · 비식 · 설식 · 신식 · 의식 · 말나식 · 아뢰야식, 이 여덟 개의 식이다. 『선과 생명의 인지 강의』「제2일 강의 둘째 시간 중 (역자보충) 오위백법 : 우주만유 일체법의 분류」를 참고하기 바란다.

다. 당신이 일반적으로 유식학을 말하는 사람들에게 근본의가 무엇이냐고 물어보면 '그것은 습기(習氣)이다'라고 대답할 것입니다. 그는 이론상의 관념으로 여겨버립니다. 바로 이 기(氣)가 온 것이며, 이 기를 근본의라고 부른다는 것을 그는 모릅니다.

근본의의 배후는 종자의(種子依)입니다. 그것은 바로 당신의 개성입니다. 전생업력(前生業力)의 습기가 지니고 온 것을 종자의(種子依)라고 합니다. 그러므로 여러분은 분명히 알아야 합니다, 우리가 살아있는 동안 한 호흡의 기의 생명이 있으며, 사망 이전에는 근본의가 여기에 있습니다. 그런데 이 기(氣)는 어떨까요? 겉으로 보면 신체 내부의 한 줄기 기입니다. 특히 코 이 부분에서 아주 분명합니다. 실제는 코뿐만이 아닙니다. 우리들 온몸 10만8천 개의 털구멍이 모두 호흡을 하고 있습니다. 특히 신체 표면에 아홉 개의 구멍이 있습니다. 눈 두 개, 콧구멍 두 개, 귀 두 개, 입 한 개 이렇게 얼굴에 일곱 개가 있고, 아래 부분에 소변과 대변을 보는 구멍 두 개가 있습니다. 이 아홉 구멍이 모두 호흡을 하고 있습니다. 하지만 호흡 주체의 작용은 코에 있습니다. 마치 굴뚝같아, 두 개의 굴뚝이 호흡하고 있습니다.

잘 움직이고 자주 변하는 바람

그래서 제가 여러분들에게 『황제내경(黃帝內經)』을 읽으라고 하는데, 오늘날 중의사[中醫]들은 그리 유의하지 않습니다. 수천 년 전에 우리의 옛 조상들은 풍(風)을 어떻게 말했을까요? 『황제내경』에 한 마디가 있습니다. 우리들 신체 내부의 바람인 이 기류는 '선행이삭변(善行而數變)'이라고 다섯 글자로 말하고 있습니다. 어떠한 것을 '선행(善行)'이라고 할까요? 선악(善惡)의 '선(善)'으로 보지 말기 바랍니다! 이 '선'자는 형용사입니다. 이 바람은 신체 내부에서 휘~ 휘~휘~ 이렇게 움직여 도는데, 몹시 빨리 움직여 도는 것을 '선행'이라고 합니다.

신체 내부의 이 기(氣)는 움직일 뿐만 아니라 또한 자주 변화합니다. 사람이 왜 중풍(中風)에 걸릴 수 있을까요? 바람이 골절을 만났을 때 지대(地大) 이 부분이 온도가 충분하지 못했거나 골절이 느슨해져서 이 기가 그곳에 이르자마자 휘~하면서 맞아버린 것입니다. 그래서 움직이지 못하게 된 겁니다. 바람은 잘 움직이며 자주 변화합니다. 바람은 다른 것[它物]과 서로 합하여 덩어리를 맺어 실체적인 것으로 변할 수 있습니다. 그래서 말하기를 어떤 사람들은 몸 안에서 종기가 자라나거나 암 같은 것이 자라난다고 합니다. 예컨대 정좌를 하고 있으면 몸이 가려울 경우가 있는데, 몹시 가렵다고 하면 저는 중약(中藥)인 소풍산(消風散)에 백지(白芷)를 첨가해서 그에게 먹게 하여 바람을 풀어버리게 합니다. '선생님, 그 약참 용하네요. 이젠 안 가려워요.' 왜 가려울까요? 바람이 안에서 움직이기 때문입니다. 시큰거리고 아픈 것도 풍이 장난을 하는 것인데 당신이 무슨 약을 쓰느냐에 달려 있습니다. 『황제내경』의 한 마디 말을 오늘날 사람들은 중국어 능력이 좋지 않으니 어떻게 의학 서적을 읽고 이해하겠습니까!

풍(風)은 바로 기(氣)입니다. 그러므로 부처님은 우리에게 안나반나를 닦으라고 하십니다. 풍대를 닦고 호흡기(呼吸氣)를 닦으면 직접 3선천(三禪天)의 경계에까지 도달할 수 있다고 합니다. 그런 다음 염두의 청정과 결합시켜 4선천(四禪天)에 도달합니다. 4선(四禪)은 사념청정(捨念淸淨)입니다. 제가 한참 얘기해서 힘이 드는데, 역시 우리들의 선생님인 석가모니불의 제창에 따라서 다들 안나반나를 닦으라고 가르쳐드립니다.

부처님은 당신에게 안나반나를 닦으라고 하시며 당신에게 어떻게 호흡법을 닦는 것으로부터 착수하여 이 생명을 바꾸어 즉신성취(卽身成就)하는지를 가르쳐주십니다. 즉, 우리들의 육체인 몸을 이용하여 수지하면 직접 3계(三界)를 뛰어 넘어 성불하며, 마지막에는 닦음도 없고 증득함도 없어서[無修無證] 성공하여 여여부동(如如不動) 할 수 있다고 합니다. 바로 동산(洞山)조사의 오도송(悟道頌) 마지막 구절인 '비로소 여여부동한 진여에 들어맞을 수 있네[方得契如如]'로서, 움직이지 않게 되었으며 수행이 도달했습니다.[5]

---

5) 동산조사의 오도송은 다음과 같으며, 남회근 선생의 풀이는 『선과 생명의 인지 강의』 「제2일 다섯째 시간 중 동산선사와 그림자」 부분을 참고하기 바란다.

절대로 그림자를 좇아 찾지 말라   切忌從他覓

그러므로 이 수행법의 발전은 넓어서, 모든 밀법, 도가, 특히 도가에서의 신선 수련이나 장생불로 수련의 온갖 법문들은 모조리 안나반나로부터 나온 것입니다. 이 안나반나는 생사와 관계가 있습니다. 그러므로 풍대의 수행은 중국에서 도가의 기맥 수련으로 변했습니다. 임맥(任脈)과 독맥(督脈)의 소통, 기경팔맥(奇經八脈)의 소통 내지는 수규(守竅)의 수련이나 수단전(守丹田)의 수련은 모두 호흡법문을 닦는 것으로부터 변해서 나온 것입니다.

바람이 움직였습니다

행음(行陰)은 동력(動力)이 움직여 돌고 있는 것입니다. 이 움직여 돌아가는 힘은 무엇일까요? 부처님은 당신에게 풍대(風大)라고 말씀해주십니다. 즉, 한 줄기의 기(氣)로서 생명 안에서 움직여 돌고 있는 것입니다.

그러면 나와는 까마득히 멀어지네	迢迢與我疏
나는 지금 홀로 가노라니	我今獨自往
어디서나 그 사람을 만날 수 있네	處處得逢渠
그 사람은 지금 바로 나이지만	渠今正是我
나는 지금 그 사람이 아니네	我今不是渠
마땅히 이렇게 이해하여야	應須恁麼會
비로소 진여에 들어맞을 수 있네	方得契如如

이 한 줄기의 생명의 힘은 바로 운동 에너지[動能]로서 행음입니다. 여러분 유의하십시오, 행(行)이 동력(動力)에서 도대체 진공역학(眞空力學)에 속하는지, 아니면 양자역학(量子力學)에 속하는지, 아니면 생명역학에 속하는지는 과학자들이 천천히 탐구해보기를 기다립시다.

그러므로 수행을 해가다보면 이 행(行)이란 동력이 변화하고 있으며 에너지가 변화하고 있는 것임을 당신에게 말해줍니다. 이 기는 바로 에너지인데 태(胎)중에서 7일에 한 번씩 변화합니다.6). 그런 다음 제일 첫 번째 7일 동안에는 첫 번째 줄기의 독맥(督脈)이 생겨납니다. 즉, 척추골 부분이 서서히 생겨납니다. 물론 생겨나는 것은 뼈가 아니라 부드러운 것입니다. 그러므로 중국 의서(醫書)인 『황제내경』에서 말하기를 풍(風)은 '선행이삭변(善行而數變)', 잘 움직이며 자주 변한다 라고 합니다. 그것이 변화해 나왔는데, 이 한 줄기 기(氣)가 척추골 부분으로부터 변화해 나온 것입니다. 기맥 수련에서 공부한다는 것은 바로 이곳과 관련이 있으며 중맥(中脈)도 서서히 자라나오기 시작했습니다.7)

그러므로 우리가 정좌하고 수행하는 것은 4대 중에 풍대관을 닦는 것으로부터 들어가는 것입니다. 풍대는 이 신체와 밀접한 관련이 있습니다. 우리가 어머니 태로부터 시작하여 줄곧 지금까지 뚜렷이 쉽게 감각하기 쉬운 것은 풍대이며, 그것은 현재의 호흡왕래에 표현되고 있습니다. 한 호흡의 기가 오지 않으면 나머지의 4대

---

6) 『입태경 현대적 해석』을 참고하기 바란다.
7) 인체의 12경맥에 대해서는 『중의학 이론과 도가 역경』의 부록에 수록한 「12경맥 순행도」와 「기경8맥 순행도」 등을 참고하기 바란다.

는 따라서 끝장납니다. 호흡왕래는 바로 풍대의 생멸작용입니다. 풍대가 작용을 멈추면 호흡은 왕래가 정지하고 나머지 4대도 곧 사라집니다. 풍대와 공대(空大)는 비교적 밀접한 한 조(組)이며, 풍대가 흩어지자마자 공(空)해집니다.

호흡은 어떤 것일까요? 불학에서 말하는 생멸법입니다. 생(生)이 있으면 멸(滅)이 있고, 멸이 있으면 생이 있습니다. 한 번 오고 한 번 감을 여래여거(如來如去)라고도 하는데, 마치 온 것 같습니다. 사실 호흡이 들어와서 안에 머물러 있을까요? 그렇지 않습니다. 불가능합니다. 안에 머물러 있지 않을까요? 역시 불가능합니다. 이게 바로 호흡입니다. 유의하십시오, 『달마선경』에 우리들에게 일러주는 비밀이 있습니다. 바로 대아라한의 수행 경험인데, 이 한 번 내쉬고 들이쉬는 것을 장양기(長養氣)라고 합니다. 보양용(保養用)으로서, 즉 안나반나입니다.

4대의 전환변화

요컨대 안나반나는 풍대관을 닦는 것을 기본으로 합니다. 왜냐하면 풍대라는 이 기(氣)는 바로 유식학(唯識學)에서 말하는 8식(八識)의 근본의(根本依)이기 때문입니다. 즉 8개의 식(識)이 근본으로 의지(依止)하는 것이기 때문입니다. 이 생명은 바로 한 호흡의 기인데, 만약 근본의로부터 해결하지 않는다면 정(定)을 얻지 못합니다. 물리세계가 생겨나는 것도 풍륜(風輪)이 먼저 일어난다는 것을 『능엄경(楞嚴經)』을 연구해보면 알게 됩니다.8) 염두(念頭)가 한 번 움직이자마자 기(氣)가 따라서 움직이며, 4대의 작용이 따라서 나아가고 각종의 감수(感受)·염두(念頭)·경계(境界)가 따라서 옵니다. 반대로 당신이 염두가 정말로 멈추었고[止] 전일(專一)해졌다면, 4대인 업보의 몸이 전환변화[轉化]할 것입니다.

안나반나를 닦는 것은 먼저 당신의 4대를 전환변화 시키는 것인데, 먼저 풍대로부터 기(氣)로부터 당신의 지수화풍을 전환변화시키고 습기를 전환변화 시켜서, 세포신경이 하나하나마다 모두 전환변화 하는 것입니다. 왜냐하면 이 업보의 몸이 전환변화해서 욕계천의 모든 경계를 초월해야 비로소 선정을 얻을 수 있기 때문입니다. 이것은 간단명료하게 여러분들에게 하나의 대원칙을 말해드린 것입니다. 그러므로 여러분에게 안나반나를 잘 닦고 소승선관(小乘禪觀)에서부터 착수하라고 합니다.

이것은 불학에서 말하는 수증의 길의 하나의 과학 체계로서, 생명 과학과 연계시켜보면 하나의 근본적인 도리입니다. 만약 이것을 이해하지 못한다면, 모든 부처님 배우기는 헛되이 하는 것이며 모든 정좌도 헛되이 앉는 것입니다. 당신이 밀종이나 선종을 배우든 무슨 종을 배우든 모두 소용이 없습니다.

이 법문은 자기를 위한 수행인데, 만약 자신이 증득을 추구하지

---

8) 『능엄경 대의 풀이』 중 「제4권 '물리세간 물질의 형성' 등」을 참고하기 바란다.

는 않으면서 자신이 불법을 설하여 남을 이롭게 한다고 말한다면, 그것은 죄과가 됩니다. 설사 경전 교리를 줄줄 외울지라도 만약 자기가 증득을 추구하지 않는다면, 듣기 좋게 말하면 앵무새를 배우는 것이요 듣기 싫게 말하면 자기를 속이고 남을 속이는 것입니다. 그러므로 자기가 반드시 증득해야 합니다.

노자도 출입식을 말했다

이제 출입식(出入息) 법문 수행을 말하겠습니다. 무엇이 출입식인지 먼저 인식해야겠습니다. 이 출입식은 부처님이 말씀하신 것 이외에도 어느 조사가 말한 적이 있을까요? 노자(老子)가 말한 적이 있습니다. 제가 말하니 여러분은 생각났을 겁니다! 노자는 말했습니다. '하늘과 땅 사이는 마치 풀무와 같구나[天地之間, 其猶橐籥乎]!' 사실 '약(籥)'은 피리입니다. 속이 비어[空] 있어서 공기가 들어가면 소리를 냅니다. 풀무를 '탁약(橐籥)'이라고도 합니다. 예전에 쇠를 벼리는 대장간에는 풀무가 있었습니다. 한 번 밀고 잡아당길 때마다 후푸후푸 하면서 그 바람이 움직여 불을 불었습니다. 노자는 우주공간 전체와 생명은 한 번 생(生)하고 한 번 멸(滅)하며, 한 번 오고 한 번 가는 호흡 관계라고 우리들에게 말해줍니다.

도가는 태극권을 수련하는데 노자도 당신에게 일러주기를 호흡을 수행하는 것이 제일 좋다고 합니다. 무슨 경계까지 닦으라고 할까요? '전기치유, 능영아호(專氣致柔, 能嬰兒乎)?', 호흡에 의식을 집중함으로써 온몸이 유연해져 갓난애 같을 수 있는 정도까지 닦으라고 합니다. 특히 태극권 운동을 할 경우 다들 그의 이 말을 사용할 줄 알지만, 실제로는 공부가 다들 도달하지는 못했습니다. 부처님은 전해주시기를 당신이 안나반나 출입식 법문을 닦으면 신선이 되고 장생불로할 수 있다고 합니다. '전기(專氣)'란 이 출입식 안나반나를 수행하는 것입니다. '치유(致柔)'란 온 몸의 세포와 뼈들을 모조리 대단히 유연하도록 변화시키는 것입니다. 당신이 나이 백살에 닦기 시작하더라도 공부가 도달하기만 하면 신체 전체가 마치 갓난애처럼 유연해집니다. 바로 이 한 번 나가고 한 번 들어오는 기(氣)를 이용하여 그것을 닦아 그렇게 성취한 것입니다. 막 태어난 갓난애가 아 ~하고 울자마자 기가 한 번 들어가고 한 번 나오고, 1백 일 이내에는 아이가 울지 않고 조용할 때는 마치 호흡이 없는 것 같은데, 이때 갓난애의 호흡은 코에 있지 않고 아랫배 단전(丹田)이 자연히 움직이고 있습니다. 지금은 먼저 여러분들에게 학술이론을 말씀드리니 그 다음에 방법을 이용하여 연습한다면 당신은 수행 길에 오를 수 있을 것입니다.

지금 여러분이 코가 호흡하는 것을 보면 간단합니다. 그러나 모두 다른 바가 있습니다. 요가를 배웠거나 밀종을 배운 적이 있거나 또는 선(禪)을 배웠거나 하면 호흡이 모두 다릅니다. 왼쪽 기와 오른쪽 기가 또 다릅니다. 아침에 잠에서 깨어나서 오른쪽 코는 잘 통하고 왼쪽 코는 그리 통하지 않는다면, 몸에 조금 문제가 있는 것입니다. 게다가 호흡 곤란까지 있다면 더욱 문제가 있다는 것을 자기가 알게 됩니다. 어찌 이것에만 그치겠습니까! 아래서 뀌는 방귀조차도 왼쪽 오른쪽의 기가 다릅니다. 당신은 방귀 뀌는 게 그렇게 뀌기 쉽다고 생각합니까? 당신 자신이 스스로 체험 좀 해보기 바랍니다. 이 생명은 그렇게 간단하지 않습니다. 이것이 그 하나입니다.

두 번째입니다. 양쪽 콧구멍의 기는 공부가 진정으로 정(定)을 얻었을 때에는 호흡이 움직이지 않습니다. 콧구멍으로 호흡하지 않습니다. 하지만 이 코의 뿌리는 호흡을 하고 있습니다. 최후에는 뇌로 와서 호흡을 합니다. 그렇다면 당신은 거의 이루어진 겁니다. 그러므로 부처님을 배우는 것을 '지관(止觀)'이라고 부르는데, 지(止)를 얻으면 고요합니다[寧靜]. 정(定)을 얻은 뒤에 자기의 내면의 지혜가 서서히 내부의 신체를 보고 관찰하는 게 바로 지관입니다. 이것은 모두 유위법(有爲法)입니다. 도가와 밀종은 이 수행법을 한마디로 귀납시켰는데 '내조형구(內照形軀)'라는 네 글자입니다. 그래서 중국 신선 수련의 단경(丹經)인 『참동계(參同契)』9)는 역시 '내조형구'를 언급하고 있습니다. 당시에는 불경이 아직 전해들어오지 않았지만 중국에는 이미 이런 설이 있었습니다.

---

9) 남회근 선생이 강해한 『참동계 강의』(상,하) 한국어판이 출판되어 있으니 참고하기 바란다.

출입식이 발전되어 나온 법문들

다시 돌아가 말하겠습니다. 원래 밀종에서의 기(氣) 수련, 맥(脈) 수련, 명점(明點) 수련, 졸화(拙火) 수련은 그 모두가 안나반나 출입식으로부터 발전되어 나온 것들입니다. 예컨대 밀종의 화교(花敎) 사카파에 요가가 하나 있는데, 어떤 사람은 이 요가를 가장 숭배합니다. 역시 저의 한 학생인데 얘기가 나온 김에 법본(法本) 하나를 그에게 주었습니다. 그는 이것을 항상 몸에 휴대하고 있으면서 때로는 꺼내어서 저에게 문제를 묻습니다. 저는 말하기를, '이것은 사카파의 것으로 심(心) 요가를 수련하는 네 가지 단계로서 역시 요가의 수행법입니다' 라고 했습니다.

그래서 여러 해 전에 제가 해외에 대만에 있을 때 대륙에서 기공(氣功)이 유행하는 것을 보고서 괴롭기도 하고 우습기도 했습니다. 저는 말했습니다, '중국문화가 왜 이 모양이 됐을까! 기공이 뭐 대단하다고. 다들 기(氣)가 어떤 것인지에 대해서도 알지 못한다.' 저는 말합니다. '중국문화에서 만약 수련을 말하면 첫 번째 단계는 무공(武功) 수련입니다. 두 번째 단계는 기공(氣功) 수련입니다. 세 번째 단계는 내공(內功) 수련인데 기공 수련보다도 한층 높아집니다. 네 번째 단계는 도공(道功) 수련이고 다섯 번째 단계가 선공(禪功) 수련입니다.' 저는 말합니다. '오늘날 중국은 왜 일률적으로 기공을 할까요! 기(氣)가 무엇일까요? 한 번 내쉬고 한 번 들이쉬는 것을 기로 여겨버리는데, 한 번 내쉬고 한 번 들이쉬는 이 기는 풍대에 속합니다.' 천태종의 수식관(數息觀)은 당신에게 수식(數息)을 가르쳐줍니다. 오늘날 선종도 천태종을 배우는데, 수식 얘기만 할 뿐입니다. 정좌하고 앉아서 출입식만 상관하고 그 숫자를 계산합니다. 배우고 나서는 일생동안 이것을 합니다. 그래서 제가 『불교수행법강의』란 책에서 말했습니다. '여러분이 이것을 닦는 것은 회계를 배우는 것입니다! 호흡은 몇 초 동안에 한 번 왕래하면서 밤낮 24시간 동안에 몇 번이나 호흡을 하는지를 오늘날 과학은 분명히 통계를 내어 놓았습니다. 당신은 이 숫자를 기억해서 뭐하자는 겁니까! 호흡이 들어오고 나가고 하는데, 그것이 머무를 수 있을까요? 돈을 축적하듯이 머물러 있게 하려는 것은 당신이 죽으려고 환장한 것입니다! 호흡이 들어와서 머물러 있고 나가지 않으면 모두 탄소이기 때문에 병이 나기 마련입니다. 호흡은 흘러 통해야 건강합니다.'

만약 정(定)을 얻어 지식(止息)의 경계에 이르러서 내쉬지도 않고 들이쉬지도 않는다면, 그게 바로 진식(眞息)입니다. 부처님이 당신에 일러주시는 것인데, 호흡이 왕래하는 것을 장양기(長養氣)라고 하며 보양용(保養用)입니다. 지식(止息)에 이르러서 내쉬지도 않고 들이쉬지도 않아 코와 신체가 모두 호흡이 사라졌고 정(定)의 상태에 있다면, 그 지식(止息)은 보신식(報身息)에 머물렀습니다[止]. 그것은 생명의 근본입니다. 당신이 그것을 틀어쥐고 있을 수 있다면 병을 없애고 수명을 늘려서 좀 오래살 수 있습니다. 꼭 죽지 않는다고는 말할 수 없습니다. 하지만 아마 죽지 않을는지 모릅니다.

제 3 절
육묘문의 수행법

육묘문을 말한다

색신의 전환변화 수식(數息)의 비밀

생각의식을 잡아당겨 놓다 어떻게 수식할 것인가

수(數)와 수(隨) 지식(止息)의 상태

육자결(六字訣) 관(觀) 환(還) 정(淨)

육묘문의 문제

육묘문을 말한다

수행의 방법과 이론을 말함에 있어, 이제 먼저 일반적으로 유행하는 육묘문인 수식(數息) · 수식(隨息) · 지식(止息) · 관(觀) · 환(還) · 정(淨)을 말하겠습니다. 후세의 설법은 일부 해석이 다른 방향으로 돌려져서 원시(原始) 소승 불경인 『아함경(阿含經)』이 말하는 것과 차별이 있습니다. 육묘문을 얘기해보면, 오늘날 일본과 전 세계에서 유행하는 선종에서 공부하는 것은 여전히 육묘문에서 맴돌고 있으며, 여전히 수식(數息)을 하고 있고 공부가 수식(隨息)에 도달한 자는 드뭅니다. 저도 전 세계를 두루 가보았다고는 감히 말하지 못하지만, 적어도 일본과 미국에는 가본 적이 있고 유럽의 프랑스에도 가본 적이 있는데, 이해한 상황은 대체로 그렇습니다.

불법에서 말하는 수행은 유위법(有爲法)으로부터 닦기 시작하는 것인데, 이것은 학술이론상의 말입니다. 무엇이 유위법일까요? 바로 현실의 이 생명으로부터, 물리세계인 생리 방면으로부터 출입식을 닦는 방법에 착수하기 시작하는 것입니다. 이것은 석가모니불 이후에 중국으로 전해져온 것입니다. 1, 2천 년 동안 유행한 이 육묘문은 도대체 몇 사람이나 이 법문을 이용 수행하여 성취를 얻었을까요? 저의 일생의 경험에서 제가 대단히 탄식하며 여러분들에게 말씀드리는데, 거의 한 사람도 본적이 없습니다. 심지어 현재 전 세계에서 유행하고 있고 특히 일본의 선종 조동종(曹洞宗)도 마찬가지입니다.

이 육묘문은 우리들의 사부님이신 석가모니불 어르신께서 말씀하시지 않았습니다. 누가 말했을까요? 우리들의 대 사형들인 5백 나한(五百羅漢)이 수행 경험을 통하여 제시해 준 방법입니다. 우리가 연구하여 알게 되는데, 부처님도 말씀하신 적이 있는 것은 확실하지만 그렇게 많이 말씀하시지 않았을 뿐입니다. 그 당시에는 시대가 달랐으니까요. 여러분이 불법을 배우면서 모두 보살에게는 절할 줄은 알지만 나한들에게 절하는 사람이 없는 것에 대하여 저는 늘 웃습니다. 나한들은 절을 받을 자격이 있습니다! 나한은 무엇일까요? 바로 3귀의(三皈依)에서 귀의승(皈依僧)에 해당합니다. 이 나한승들은 모두 출가하여 성취한 분들이었습니다. 소동파(蘇東坡)는 오로지 나한들에게만 절을 몹시 했는데, 그는 그 점을 잘 알았기 때문입니다. 나한은 바로 성중(聖衆)으로서 출가하여 도를 얻었던 스님이었으며 성현승(聖賢僧)이라고도 합니다. 우리 중문(中文)으로는 거꾸로 현성승(賢聖僧)이라고 부릅니다.

『달마선경』 속에서는 육묘문의 방법을 조금 언급하지만 주요 방법은 아닙니다. 당시에 그가 전해오며 자세한 분류가 없고 단지 한 번 언급할 뿐입니다. 왜 그럴까요? 이것이 문제입니다. 이제 그 근원을 찾아보면 부처님은 소승 경전에서, 특히 『아함경』에서 이 법문을 제시합니다. 부처님의 원래 말씀에 의하면 부처님은 『아함경』에서 다음과 같이 말씀하셨습니다. '숨(息: 호흡/역주)이 길면 긴 줄 알고, 숨이 짧으면 짧은 줄 알고, 숨이 차가우면 차가운 줄 알고, 숨이 따뜻하면 따듯한 줄 안다[息長知長, 息短知短, 息冷知冷, 息暖知暖].' 이것은 그 어르신께서 제자들에게 당시에 전해준 것입니다. 하지만 길고 짧고 차갑고 따뜻함만 말씀하셨을 뿐입니다.10) 당시 이런 대아라한 성승들과 우리 조사들은 지혜가 높아서 듣자마자 이해했습니다. 우리들처럼 이렇게 바보가 아니었습니다.

색신의 전환변화

육묘문은 색신이 전환변화 하도록 닦는 것입니다. 부모가 낳아준 이 육체생명에 대한 하나의 대단히 초보적인 전환변화 방법입니다. 그러나 저는 탄식합니다. 지금까지 1, 2천년 동안 전해 오는 동안 진실하게 수증하고 실험하여 성공한 사람은 만 명 중에 한 사

---

10) 『아함경』「안반품」에 대한 남회근 선생의 강해는 『불교수행법강의』「제7강」을 참고하기 바란다.

람도 없습니다. 학술이론이야 자기가 다 아는 것 같지만 모두 총명 부리고 있으니, 그것은 절대로 쓸모가 없습니다.

수행에서 왜 먼저 자기의 색신을 변화시켜야할까요? 부처님이 『능엄경』에서 최후에 하신 분부를 기억해두어야 합니다! '생인식유 (生因識有)', 우리의 생명이 투태(投胎)하여 올 때에는 12인연(因緣) 에서 '무명'을 조건으로 '행'이 생겨나고[無明緣行], '행'을 조건으로 '식'이 생겨나서[行緣識]. 심의식(心意識)인 '정신[名]과 물질[色]'이 결합하여, 즉 지수화풍공(地水火風空) 5대(五大)와 결합하여 신체가 있게 됩니다. 두 번째 말은 '멸종색제(滅從色除)'인데, '색'은 바로 지수화풍공으로 물리물질 생리상의 것입니다. 당신은 수행이 쾌도 에 오르기를 바라고 생명을 원래 있던 성불의 경계까지 회복하고 자 한다면, 육체로부터 전환변화 시켜야 합니다.

그 다음은 '리즉돈오, 승오병소(理即頓悟, 乘悟併銷)'입니다. 불학 의 도리를 여러분은 배워서 이해하는데, 이런 도리들은 돈오에 의 지하여 단번에 이해해야 합니다. 이해하고 난 다음에는 '승오병소 (乘悟併銷)'입니다. 방금 한 학우가 아미타불은 공(空)하다고 말했 는데, 그는 마치 이치를 다 이해하는 듯 했습니다. 그렇지만 실제 는 쓸모가 조금도 없습니다. 그 다음 두 마디는, '사비돈제(事非頓 除)', 공부는 한 걸음 한 걸음 나아가는 것입니다. '사(事)'가 바로 공부입니다. 당신이 도리를 알았다고 해서 색신을 곧 공(空)하게 할 수 있다는 말이 아닙니다. 당신은 비울 수 있습니까? 알자마자 도 달하는 것이 아닙니다. '인차제진(因次第盡)', 한 걸음 한 걸음 닦아 가는 것입니다. 색신도 한 걸음 한 걸음 수지해야 비로소 전환변화

할 수 있습니다.11)

수식(數息)의 비밀

　육묘문의 수식(數息)에는 비결이 하나 있는데 제가 이제 그 비밀도 여러분에게 말하겠습니다. 제가 여러분에게 모두 아낌없이 법보시(法布施) 하는 겁니다. 밀교를 배우려면 보통일이 아닙니다. 여러분더러 절을 많이 하라 하고 공양을 많이 하라 하고, 그 밖에도 많은 조건들이 있습니다. 마지막에는 1년 반이나 끌었다가 비로소 당신에게 한 마디 일러줍니다. 저는 그렇지 않습니다. 제가 알 수 있는 것, 과거 조사들이 남겨주신 것도 천하 사람들의 것입니다. 만약 제가 알게 되었다면 저는 예의 차리지 않고 꼭 그것들을 공개합니다. 저는 한 수 남겨 놓아 사람들에게 전해주지 않기를 좋아하지

---

11) 『능엄경』의 해당 구절을 모두 풀이하면 다음과 같다.

"이 오음의 본원은 겹겹으로 생기한 것이다. 생기할 때에는 식음 작용 때문에 먼저 있고, 소멸할 때는 색음으로부터 제거 소멸시켜야한다. 5음을 깨뜨려 없애는 이치는 단박에 깨달을 수 있어 5음이 망상에서 생겨난 것임을 깨달으면 뒤바뀐 생각을 단박에 녹일 수 있지만, 5음을 끊어 없애는 일은 단박에 없앨 수 없기 때문에 5음을 하나하나 점점 깨뜨려 없애야 한다.

此五陰元, 重疊生起. 生因識有, 滅從色除. 理則頓悟, 乘悟並銷. 事非頓除, 因次第盡."

않습니다. 저는 그런 게 부도덕하다고 생각합니다. 유의하기 바랍니다, 이런 정신을 배워 사람들마다 좋은 점을 얻게 해야 합니다. 그것이야말로 도를 닦는 목적입니다.

부처님은 비밀을 하나 넘겨주셨습니다. 당신이 수식(數息)하고자 할 때, 어느 것을 셀까요? 어느 때에 숫자를 셀까요? 사람의 탐심과 사심(私心)은 대부분 호흡이 들어올 때 '하나'라고 셉니다. 그런데 그것은 기공(氣功)을 하는 것이지 도를 닦는 것이 아닙니다. 부처님은 진정한 수도는 내쉬는 숨을 세는 것이라고 일러줍니다. 출식(出息)에 주의를 기울이십시오. 이 비밀의 중점을 지금 제가 당신에게 말했습니다. 부처님이 말씀하신 비밀을 다들 경전을 보아도 알지 못하는데 저는 그것을 알아냈습니다. 당시에 저는 부처님께 머리를 조아렸습니다. '당신은 마침내 후대 사람들에게 분부를 하셨군요!' 하지만 후대 사람들이 스스로 닦지 않는다면 어쩔 수 없습니다.

열반을 닦는다면 내쉬는 숨에 주의를 기울여야 하는데, 내쉬는 숨을 어떻게 셀까요? 당신이 내쉬는 숨을 셀 때에 당신의 모든 것을, 심지어 자기의 생명, 온갖 번뇌, 온갖 병통 등 온갖 것을 내쉬는 숨을 따라서 내보내는 것입니다. 특히 오늘 감기가 들어 병이 났거나, 몸에 종기가 생겼거나, 암이 생겼을 경우에는 그것을 내쉬는 숨과 함께 나가게 합니다. 나가게 하면 곧 비워집니다[空]. 당신이 만약 이렇게 수식(數息)한다면 몸이 즉시 가뿐해집니다. 먼저 1분 동안 시험해 보고 여러분들에게 말하겠습니다.

이것은 이론을 얘기하는 게 아닙니다. 자기가 해보십시오. 꼭 다리를 틀고 앉을 필요도 없습니다. 어떤 자세라도 좋습니다. 호흡은 본래 있으니까요. 당신이 내쉬는 숨에 주의를 기울이면 생각도 호흡을 따라서 자연히 떠나갑니다. 온갖 번뇌의 고통과 온갖 병통, 모든 업장이 숨을 내쉬어버리면 사라져버립니다. 내쉬고 난 다음에 다시 들어온 그 숨은 깨끗한 것인데 당신의 내면에 도달하면 또 더러운 것으로 변합니다. 산소가 들어와 탄소로 변합니다. 이어서 탄소가 내쉬어지고 모든 병통도 사라져버립니다. 그러므로 주의를 기울여 세어야 할 것은 내쉬는 숨이지, 들이쉬는 숨이 아닙니다.

일반적으로 기공을 수련하고 도를 닦는 사람이 공(功)을 수련할 준비를 할 때에 먼저 한 호흡의 기를 들이쉬고 닫아버리는데, 그것은 죽으려고 환장한 것입니다! 무공을 수련하는 사람은 더욱 이런 병통이 있습니다. 제가 보니 소림(少林) 무공을 수련하는 많은 사람들도 이런 병통이 있습니다. 최후에는 기(氣)가 나가기 마련입니다. 최후에는 헤이! 하면서 기가 나가버려야 힘이 발생합니다. 일반인들은 그 점을 모르고 애를 써서 한 호흡의 기를 들이쉬고는 닫고 있습니다. 진정으로 공(空)의 힘은 유(有)의 힘보다 큽니다. 가난뱅이가 부자보다 모집니다. 그렇지요? 그러므로 당신이 기가 들어왔는데 그것을 유지시키고 있다면 옳지 않습니다. 수식(數息)이라는 이 초보를 이해하셨겠지요!

생각의식을 잡아당겨 놓다

수행 정좌하면서 왜 당신의 기(氣)를 상관할까요? 당신더러 자기의 출입식이 한 번 들어오고 한 번 나가는 것을 먼저 인식하게 하여 마음과 호흡을 결합하게 하는 것입니다. 생각과 호흡은 두 가지 것입니다! 생명이 투태(投胎)한 이래로 나누어진 것입니다. 보세요, 이 생명이 오십 몇 세까지 살아서 비록 늙었지만 영원히 규칙적으로 호흡을 하고 있습니다. 하지만 호흡이 무엇인지 아예 모릅니다! 당신의 생각과 호흡이 또 어떤 관계가 있는지는 더더욱 모릅니다. 당신은 상관하지 않고 그저 당신은 그 제6의식 생각만이 허튼 생각을 하고 멋대로 달리고 있습니다. 그렇지요? 불학에는 한 마디의 말이 있습니다. 즉, 밖으로 향하여 달리면서 구하는 그 마음을, 마치 야생마처럼 함부로 날뛰는 그 마음을, 자기 생명의 이 기(氣: 풍대)를 한 줄의 고삐로 삼아 멋대로 달리는 마음을 잡아당겨서 기와 한데 결합시키라는 것입니다.

어떻게 잡아당길까요? 당신은 잡아당길 줄 모르므로 부처님은 당신더러 먼저 수(數)를 헤아리라고 일러줍니다. 먼저 자기의 호흡을 헤아려, 기(氣)가 한 번 들어오고 한 번 나가는 것을 하나라고 세며, 이렇게 둘 셋....세어갑니다. 그런데 이때에 세 개의 마음이 작용하고 있습니다. 당신이 그 숫자[數]를 아는 것은 마음의 투영인데, 그 마음은 기와 하나로 결합되어서 하나의 마음이 작용하고 있습니다. 곁에서는 또 하나의 그림자[마음]가 자기가 숫자를 맞게 세는지 안 세는지를 살펴보고 있습니다. 그래서 두 개가 되는데, 모두 자기가 변한 것입니다. 후면에는 또 감찰(監察) 작용이 하나 있습니다! (역시 마음의 작용입니다) '어! 이번에는 내가 어지러운 생각이 없네. 숫자를 완전히 바르게 세었네' 합니다. 이 마음의 대단함을 보세요! 그러므로 사원에 새겨진 보살님은 얼굴이 네 개입니다. 사면을 자기가 다 봅니다. 불상은 당신의 마음을 대표하며 우리들의 마음의 기능은 동시에 사면에서 살펴볼 수 있습니다.

도가는 석가모니불이 닦은 출입식 법문을 이해하고는 '항룡복호(降龍伏虎)'[12]라는 비유를 하나 두었는데, 이 생각 저 생각을 묶어두라는 것입니다. 생각은 날아다니는 새처럼 멋대로 달리기에 당신 스스로 뜻대로 할 수가 없습니다. 생각이 와도 어디로부터 오는지 모르고, 가더라도 어느 곳으로 가는지를 모릅니다. 만약 당신이 주의력을 호흡에 집중한다면 생각이 당신에 의해서 끌려오게 됩니다.

그러나 일부러 호흡할 필요도 없습니다. 우리들 이 코는 호흡이 왕래하고 있지만 당신은 평소에도 유의하지 않습니다. 이제 정좌하고 있으면서 아무것도 상관하지 않고 호흡을 들을 수 있다면 더욱 좋습니다. 소리를 들을 수 없다면, 호흡이 한 번 들어오고 한 번 나가는 것이 반복되는 것을 당신도 느낄 수는 있습니다. 당신이 첫 번째 느껴보고 두 번째 느껴보고 생각이 달아나버렸다면, 당신은 곧 마음[心]과 기(氣) 두 개가 나누어졌다는 것을 압니다. 그러면 얼른 그것을 끌어옵니다. 그래서 도가는 또 이것을 '남녀결합(男女結合) 음양쌍수(陰陽雙修)'라고 비유하는데, 마치 여인과 남자가 한

---

12) 용과 호랑이를 항복시키다.

데 결합되어 있는 것과 같다는 것입니다. 도가는 말하기를 음양이 한데 결합하는 그 중간에는 '황파(黃婆)'라는 중매쟁이가 하나 있다고 하는데, 그것은 바로 의식[意]입니다. 당신의 그 의식은 호흡과 생각을 한데로 끌어당깁니다. 그러나 너무 주의를 기울이지 말기 바랍니다. 호흡은 본래 오고가니까요. 자리에 올라앉으면 아무것도 상관하지 말고 의식이 이 호흡에만 주의를 기울이면, 생각이 그것과 한데 결합하여 함부로 달리지 않습니다. 방법은 아주 간단합니다.

어떻게 수식할 것인가

그렇지만 일반인들은 그렇게 하지 못합니다. 그래서 부처님은 당신더러 세라고[數] 합니다. 어떻게 셀까요? 당신은 그 호흡이 나가면 호흡이 나가는 것을 알고, 그것이 나갔다가 다시 들어오는 것에 주의를 기울입니다. 한 번 들어왔다가 한 번 나가는 것을 일식(一息)이라고 하는데 당신은 '하나'라고 셉니다. 다시 한 번 들어왔다가 나가면 '둘'이라고 셉니다. 다시 한 번 들어왔다가 한 번 나가면 '셋'이라고 세면서 이 숫자를 기억합니다. 호흡이 한 번 들어오고 한 번 나가는 것을 1, 2, 3, 4, 5, 6, 7, 8, 9, 10까지 세어갔다면, 10까지 센 뒤에는 또 한 가지 방법이 있는데, 더 이상 세어가지 않고 호흡이 다시 한 번 들어오고 한 번 나가면 9라고 셉니다. 그 다음 다시 한 번 들어오고 한 번 나가면 8이라고 세고, 이렇게 다시 거꾸로 세어갑니다. 만약 호흡이 한 번 들어왔다 한 번 나갈 때마다 세어서 3까지 세었는데 그 사이에 다른 것을 생각했다면, 수를 세지 않고 다시 시작합니다. 6까지 세었는데 또 다른 생각이 끼어들면 수를 세지 않고 다시 1부터 세기 시작합니다. 이것을 수식(數息)법문이라고 합니다.

하지만 여러분 생각해 보십시오, 우리들의 호흡은 본래 천성적으로 한 번 들어오고 한 번 나가고 본래 있는 것입니다. 그렇지요? 그리고 동시에 또 한 가지 작용이 있어서 자기가 호흡에 주의하고 있는지 안하고 있는지를 감각합니다. '아이고, 이거 잘못했다. 또 허튼 생각을 했네.' 하는 이런 작용이 하나 있습니다. 그렇지요? 그래서 이 한 마음에는 세 개의 작용이 있습니다. 그래서 우리는 보통 사람들을 꾸짖기를 '삼심이의(三心二意)[13]하지 말라'고 합니다. 마음이 세 개요 뜻이 두 개인데, 보세요, 우리들 생명은 얼마나 시끄럽습니까. '삼심이의(三心二意)'를 합하면 다섯 개가 있습니다. 다섯 개의 마음을 하나로 돌려서, 당신이 단지 호흡에만 주의를 기울이고 너무 애를 쓰지[用心] 않으면 자연히 느긋해집니다. 호흡이 어디에 이르든 당신은 상관하지 마십시오. 그러나 당신은 감각할 것입니다. 만약 생각이 이 호흡을 따라서 위장 부위에 도달하였거나 다른 곳에 도달하였다면 그것도 망상입니다. 왜냐하면 마음과 숨[息]이 하나로 결합되지 않았기 때문입니다.

---

13) 딴 마음을 품다. 전심전의가 아니다. 마음이 들뜨다. 우유부단하다는 뜻.

일부 선정(禪定) 서적들에서 당신에게 일러주기를 '눈은 코를 관하고 코는 마음을 관하라[眼觀鼻, 鼻觀心]'고 하니 일부 수행자들은 눈동자는 코끝을 바라보고 고개를 숙이고 있습니다. 그러면 큰일 납니다. 정신병이 날 수 있으며 뇌의 기(氣)도 제대로 통하지 못할 수 있습니다. 사실 이 말은 당신더러 눈이 밖을 보지 말고 콧구멍이 호흡하는 것에만 한 번 주의를 기울이라는 것일 뿐입니다. 초보적인 호흡은 콧구멍 속을 출입하면서 심념(心念)과 한데 결합합니다. 이것이야말로 '눈은 코를 관하고 코는 마음을 관하는 것'이라고 합니다! 그곳을 지키라는 말이 아닙니다. 호흡은 심념과 결합해야 고요해집니다. 이 고요함[寧靜]을 느끼는 감각이 당신에게 있습니다.

　만약 호흡이 들어와서 내려가지 않고 허파 부위에만 도달하거나 어느 부분이 괴롭다면, 많은 문제가 있을 수 있는데 우리는 서서히 다시 토론하기로 하고, 이렇게 하는 것을 수식이라고 하며, 모두 여섯 가지 요점이 있다는 것을 이해합시다. 1단계는 수식(數息), 2단계는 수식(隨息), 3단계는 지식(止息), 4단계는 관(觀)인데 관식(觀息)을 설명하지 않았습니다. 지(止)·관(觀)·환(還)·정(淨)에도 사실 '식'자를 더해서, 수식(數息)·수식(隨息)·지식(止息)·관식(觀息)·환식(還息)·정식(淨息)이라 해야 마땅합니다. 그렇지만 그 다음에 나오는 몇 개의 식(息)자들은 떼어버렸습니다. 이래서 문제가 나타났습니다.

수(數)와 수(隨)

'수식(數息)'의 목표를 다시 한 번 말하겠습니다. 당신이 정좌하고 앉아서 1, 2, 3... 이렇게 수식을 하는데 왜 수를 쓸까요? 숫자를 세는 주체[能數]는 심념(心念)인데, 당신이 호흡을 세거나 세지 않거나 호흡과는 관계가 없습니다. 하지만 호흡을 빌려서 이 심념을 끌어당겨 와서 호흡과 결합하는 것입니다. 다들 부처님을 배우고 도를 닦으면서 애를 써서 수식을 하고 있습니다. 제가 말합니다, '여러분은 부처님을 배우고 있는 것입니까 아니면 회계를 배우고 있는 것입니까! 호흡은 생멸법입니다. 들어오면 또 나갑니다. 나가버리면 틀림없이 공(空)한 것입니다. 당신은 그 공한 것을 세어서 어쩌자는 겁니까!' 그런데 부처님은 왜 당신더러 수식을 이용하라고 하셨을까요? 당신이 심념을 끌어당겨 오지 못하기 때문에 호흡 왕래를 도구로 삼아 심념을 끌어당겨 오게 하는 것입니다. 심념이 돌아온 다음에는 당신은 수를 셀 필요가 없습니다! 숫자를 세지 않으면 뭘 할까요? 수(隨)합니다.

두 번째 단계는 '수식(隨息)'입니다. 당신은 호흡이 들어오고 호흡이 나가는 것을 이미 압니다. 들어오면 들어온 줄 알고 나가면 나가는 줄 알면서, 곁의 생각 망념들을 모조리 상대해서는 안 됩니다. 이것은 선종 조사의 다음 한 마디 말과 같습니다. '보배 구슬을 머금은 용은 주변에서 헤엄치는 물고기들을 거들떠보지 않는다.' 알아들으셨습니까? 심념을 전일(專一)하게 하고 곁의 잡념들은 모조리 상관하지 않습니다. 이 말은 초보적으로 여기에다 빌려 쓸 수 있습니다. 당신은 전일해졌습니까? 전일해졌다면 곧 수식(隨息)합니다. 기(氣)가 들어오면 심념은 그것이 들어온 줄 알고 당신은 그것이 어디에 도달하든 내버려 둡니다! 그러나 당신은 감각이 있습니다.

이 기(氣)가 들어온 데 대하여 장자(莊子)는 말하기를 "보통사람은 목구멍으로 호흡한다[常人之息以喉]"고 했습니다. 기억해두기 바랍니다! 보통사람의 호흡은 흉부 폐부까지만 도달합니다. 혹은 몸이 좋지 않으면 목구멍 부분까지만 도달합니다. "지인은 발뒤꿈치로 호흡한다[至人之息以踵].", 도를 얻은 사람이나 공부가 있는 사람은 기가 한 번 들어오면 곧장 발바닥 중심에까지 도달합니다. 제가 한 가지 경험을 여러분에게 솔직히 말하겠습니다. 저의 호흡의 경우 몸에 호흡이 있다는 감각이 없습니다. 그렇지만 사지와 발바닥 중심과 발가락에까지 모두 기가 도달했음을 느낍니다. 당신이 기가 길면 수명도 길고, 기가 짧으면 수명도 짧습니다. 이것을 수식(隨息)이라고 합니다. 보세요, 경극(京劇)이나 곤곡(崑曲)을 창하는 그 아가씨와 서생은 '상수래야(相隨來也)', 즉 따라서 옵니다. 이것을 수식(隨息)이라고 합니다. 일부러 마음을 쓰지 말기 바랍니다. 잡념망상들이 있더라도 일체 상관하지 마십시오. 그 잡념망상들을 당신은 이미 알아버렸습니다! 그것을 알아버리자마자 이미 떠나버렸습니다. 그러니 당신은 이 호흡만 상관하면 됩니다. 이렇게 알아들으셨지요! 이것은 육묘문에서 두 번째인 수식(隨息)이었습니다. 오늘 다시 비밀을 여러분들에게 말했습니다. 저는 늘 말합니다, '육

묘문의 수식(隨息)을 닦을 때, 당신은 숫자를 더 이상 세지 마십시오. 당신은 직접 수식하면 됩니다.'

지식(止息)의 상태

어떻게 '지식(止息)'할까요? 당신은 사람의 호흡을 보세요, 조금 전에 여러분에게 얘기했는데, 자리에 올라앉아마자 세심하지 못 할 때에는 내쉼도 있고 들이쉼도 있습니다. 우리의 이 몸은 기묘합니다. 당신이 이 두 다리를 틀고 앉아 아무것도 상관하지 않습니다. 물고기의 경우 물속에서 호흡하기를 입으로는 들이쉬고 양 아가미로는 내보내고 또 들어오면 또 내쉬는데, 보세요, 그 물고기가 내뿜고 내뿜다 입을 움직이지 않고 물을 내뿜지 않을 때가 있습니다. 우리도 마찬가지입니다. 코가 호흡을 하면서 한 번 들이쉬고 한 번 내쉬기를 반복해 가다 고요하고 전일할 때에 이르게 되면 호흡도 움직이지 않게 됩니다. 마치 호흡이 없어진 것 같습니다. 이게 바로 '지식(止息)'입니다.

지식에 이르렀을 때 당신의 심경(心境)도 자연히 유달리 고요해집니다. 이때에 당신은 느낄 수 있습니다. 이리하여 자기도 모르는 사이에 감각에 주의를 기울일 수 있습니다. 그러나 당신은 감각에 주의를 기울이지 마십시오! 기(氣)는 본래 공(空)한 것입니다! 당신이 아주 충만하다고 느낀다면 코로나 입으로 그것을 내쉬어 모조리 그것을 놓아버리고 비워버리십시오. 몸도 상관하지 마십시오. 기가 충만할 때는 염두도 멈춥니다. 그렇게 해야 신체 내부의 변화가 큽니다!

제가 예전에 병사들을 이끌 때에 밤에 늘 가서 한두 번 시찰해보면서 저는 경험을 얻었습니다. 대체로 코를 골고 호흡이 거친 사람은 잠을 잘 자지 못했습니다. 비록 잠은 들었지만 머릿속에서는 꿈을 꾸고 있었습니다. 그가 정말로 잘 잘 때는 당신이 느끼기에 그는 호흡이 없으며 조금도 들리지 않습니다. 대체로 1분 가까이 그러한데, 그때야말로 진짜로 잠든 것입니다. 이것을 '지식(止息)'이라고 합니다. 사람의 뇌가 정말로 고요함의 극점에 이르렀을 때 왕래하는 호흡이 정지해 버리는 것 같은데, 그것을 지식이라고 합니다. 출입식 중간에[14] 이 지식의 단계가 있습니다. 과학적 연구에 따르면 사람이 6~8 시간 동안 밤에 잠을 자는데 사실은 진정으로 잠을 자고 있는 것이 아닙니다. 좌우의 뇌 부분이 휴식을 하고 있으면서 내면에서는 여전히 생각을 하고 있습니다. 사람마다 모두 꿈을 꾸고 있다고 말할 수 있습니다. 하지만 깨어난 뒤에 잊어버립니다. 유식학을 연구하면 알게 되는데, 진정으로 잠이 든 그 한 찰나는 꿈도 없고 생각도 없으며 진정으로 지식합니다. 그런 수면은 15분을 넘지 않을 것입니다. 그러므로 정좌하여 정(定)을 닦는 사람이 몸과 마음이 고요한 정도에 도달하고 15분 정도 지식할 수 있거나

---

14) 여기서 말하는 '출입식 중간'은 내쉬고 난 다음 들이쉬기 이전의 그 중간 공백을 말한다.

혹은 30분 정도 지식할 수 있다면 당신은 그 기력을 하루에 다 쓰지 못합니다. 그게 바로 진정으로 충전된 것입니다.

그러나 한 번 나갔다 한 번 들어오는 그 중간은 아주 짧아서 당신은 또렷이 나누지 못합니다. 중간의 그 고요한 단계는 아주 빠릅니다. 기계물리학으로 말하면 발동기가 시쿵 시쿵 하면서 돌아가고 있을 때 당신이 그 소리를 들어보면 그 첫 번째 소리와 두 번째 소리의 중간에는 공백이 하나 있는데 대단히 빠른 찰나입니다. 호흡이 한 번 나갔다가 한 번 들어오고, 한 번 들어왔다가 한 번 나가는 그 중간에 한 토막 찰나의 사이가 있는데, 그것이 바로 '진식(眞息)'입니다.

도가에 여자 신선(神仙)이 한 분 있습니다. 송나라 왕조 개국 대원수인 조빈(曹彬)의 손녀로서 출가하여 도를 얻었는데 '조문일선고(曹文逸仙姑)'라고 부릅니다. 그녀에게 한 편의 수도가(修道歌)가 있는데, 「영원대도가(靈源大道歌)」라고 합니다. 영가(永嘉)대사의 「증도가(證道歌)」와 함께 논할 수 있습니다. 그 속에서 생명 근본에 대하여 한 마디를 말했는데 대단히 좋습니다. '명체원래재진식(命蒂原來在眞息)', 이 생명의 뿌리는 한 번 나가고 한 번 들어오는 사이의 그 지식(止息)의 단계에 있습니다. 한 번 나가고 한 번 들어오는 이 진식(眞息)은 바로 온갖 중생의 생명이 있는 곳입니다.

육자결(六字訣)

그래서 육묘문 지관법문을 닦음에 있어 여섯 가지 비결이 중요합니다. 이 여섯 가지 비결은 '허우[呵]·휘이[噓]·후[呼]·취이[吹]·희이[嘻]·쓰[呬]'인데,15) 도대체 불가에서 온 것인지 도가에서 온 것인지 저는 지금까지 잘 모르겠습니다. 이것은 학문지식을 얘기한 것입니다. 그 용도는 어떨까요? 대단히 유용합니다. 이 여섯 글자의 발음은 효력이 보통이 아닙니다.

'허우[呵]'의 발음은 목구멍에서는 소리를 내지 않습니다.16) 당신이 안나반나 호흡법을 수행할 때 만약 자신의 신체 내부가, 예컨대 심장의 여기 명치가 괴로울 때는 '허우[呵]' 자를 이용합니다. 이 소리는 심장 부분으로부터 허우~합니다. 단숨에 허우~ 하고 나서 입을 다물면 기(氣)가 자연히 돌아옵니다. 당신이 몇 번 그렇게 허우~ 하면 명치와 심장이 열리고 병도 나갑니다.

'휘이[噓]'자의 발음은 간(肝)과 관계가 있는 소리입니다.

'후[呼]'자는 비위(脾胃)에 문제가 있거나 소화 불량인 경우 후~자를 씁니다. 입으로 후~발음의 형태를 합니다.

'취이[吹]'자는 신장 부위입니다. 허리 부분이 괴롭고 기가 통하지 않으면 취이~자를 써서 발음합니다. 소리를 내서 읽는 게 아닙니다. 이 입 모양은 통소를 불거나 피리를 부는 겁니다(선생님이 시

---

15) 이 여섯 개의 한자음의 한글 표기는 남선생님이 하는 발음에 가깝게 음사한 것이다.
16) 나머지 글자의 발음도 목구멍에서 소리를 내지 않는다.

범을 보이다). 단숨에 허리와 신장의 모든 병통을 다 불어버립니다. 취이~ 하고 끝까지 불고 나서 바로 입을 닫으면 자연히 호흡을 합니다. 이렇게 한 두 번 하고 나면 허리 부분이 풀어집니다.

'희이[嘻]'자는 무슨 발음일까요? 우리 사람들이 기쁠 때는 희이 희이 하고 웃는데, 바로 이 발음입니다. 앞부분의 상중하 삼초(三焦)가 다 열립니다.

'쓰[呬]'자는 광동어나 민남어 발음으로는 西나, 斯자로 발음하는데 거의 같습니다. 입을 옆으로 벌리는데 허파 부위에 해당합니다. 이상의 여섯 글자의 발음은 대단히 중요합니다. 그래서 안나반나에서의 반나인 출식법문에 속합니다.

여러분들은 진정한 총림을 본 경우가 아주 드뭅니다. 중국의 큰 절들, 예컨대 영파(寧波)의 천동사(天童寺)와 아육왕사(阿育王寺), 혹은 상주(常州)의 천녕사(天寧寺)는 현재도 아직 있는지 없는지 모르겠습니다. 진정한 총림의 건축은 바로 수행 방법을 표시합니다. 당신이 산문(山門)17)에 들어가자마자 전면의 전(殿)에는 헝하이장(哼哈二將)18)이 모셔져 있는데, '헝(哼)'은 코로 기를 내쉬는 겁니다. '하(哈)'는 입으로 기를 내쉬는 겁니다. 왜 총림에 들어서자마자 가장 먼저 헝하 두 신장을 보게 될까요? 바로 안나반나로서 호흡 작용입니다. 이 전(殿)을 지나 다시 들어가면 사대천왕(四大天王)이 모셔져 있는데, 두 눈과 두 귀를 상징합니다. 눈·귀·코·입을 말한 것이기도 합니다. 가운데에는 배가 불룩 크게 나온 미륵보살이

---

17) 절의 대문.
18) 우리말 발음은 '헝합'이지만 중국어 보통화 발음은 '헝하'이다. 헝하로 표기한다. 두 분의 절 문지기 신의 속칭으로 집금강신(執金剛神)의 일종이다. 절의 산문 안에 모셔져 있다.

하하하 크게 웃고 있습니다. 헤헤 하고 크게 웃는다고도 할 수 있습니다. 사람이 살면서 입을 열어 한 번 웃는 일이 드문데, 그렇게 웃고 나면 모든 기가 통해버립니다. 그렇지요? 대총림은 잘 지어서 모조리 수행 방법을 형상에서 우리들에게 말해주었습니다.

미륵보살을 지나서야 그 뒤가 위타(韋駄) 호법보살입니다. 더 들어가면 대전(大殿)에 석가모니불이 모셔져 있고, 법신·보신·화신의 3신(三身)이 그곳에 앉아 계십니다. 다시 대전을 돌아가면 배후에 대자대비한 관세음보살인데, 도(道)를 얻은 이후에 세간에 들어가는 것입니다. 다시 고해 속에 돌아와서 중생을 제도하는 것입니다. 대전의 석가모니불 주변의 두 줄은 18나한이거나 4대보살인데, 모두 서로 짝을 이룹니다. 진정한 대총림은 실제 형상으로써 사람들에게 수행 방법, 수행 노선을 일러주고 있음이 모두 분명합니다. 그런데 다들 이해하지 못하고 우상으로 여기고 숭배할 뿐입니다. 실제로는 당신에게 수행은 먼저 안나반나인 헝하이장으로부터 착수해야 한다는 것을 말해주고 있습니다.

관(觀) 환(還) 정(淨)

무엇을 '관(觀)'이라고 할까요? 지식(止息) 이후에 당신은 자기의 호흡이 고요해졌다는 것을 압니다. 비록 완전히 정(定)의 상태에 있는 것은 아니지만 오래 지나서야 호흡을 한 차례씩 하고, 당신도 그것을 알면서 상관하지 않습니다. 이때가 '관(觀)'입니다. 당신의 그 '아는 것[知]'은 이미 '관'을 했습니다. 따로 '관'을 하나 두지 마십시오! 당신이 자기의 이런 모습을 안다는 것이 '관'을 하고 있는 것 아닙니까? 그런 다음 당신은 무슨 문제가 일어날까요? 자기가 관찰하기를 '이 기(氣)가 명치에 도달하면 어떻게 내려갈까? 아이고, 등 여기가 아파 괴롭네!' 하는 것, 이게 바로 '관'으로서, 당신이 보았습니다. 이때에 당신은 어떻게 할까요? 당신은 자신의 등이 아프고 허리가 시큰거리는 것을 보고서는, '간(肝) 부위가 괴로운 것 같은데 혹시 뭐가 난 것이 아닐까?' 하는 등 당신의 의심이 모두 나타납니다. 그러나 그런 것을 상관하지 마십시오. 그럴 때는 당신이 일부러 가다듬는 게 제일 좋은데, 코 부분이 아닙니다, 요점은 견디기 어려운 부분에 집중 상태를 유지하면서[定住] 움직이지 않는다는 것입니다.

'환(還)'의 단계입니다. 앞의 길에 따라 수행한 뒤에 공부가 도달하여서 코를 통한 호흡이 모두 정지한 것 같고 신체 내부가 완전히 변화했다면, 변화하여 어느 곳으로 돌아갈까요[回還]? 당신이 육묘문 글을 보면, 대승반야(大乘般若)의 공(空)으로 전향해 걸어가서 공관(空觀)이나 가관(假觀)의 길 방향으로 사람들을 이끌어갔습니다. 육묘문은 분명 소승 수행법이며 공부입니다! 어디로 돌아갈까요? 내쉬지도 않고 들이쉬지도 않음으로 돌아가야 합니다. 즉, 노자가 말하는 '여영아호(如嬰兒乎)?'입니다. 어머니 태(胎)속에 있을 때나 막 어머니 태에서 나왔을 때의 그 갓난애의 호흡 상태로 돌아가는 것입니다. 마땅히 그 상태로 돌아가야[還] 합니다.

정(淨)의 단계입니다. 그런 다음 호흡도 청정해졌고 잡념도 청정해졌습니다. 잡념이 청정해진 뒤에는 생각이 없을까요? 틀렸습니다.

왜냐하면 당신은 머릿속에서 이미 알고 있기 때문입니다. 이것이 '관'입니다. 눈으로 보는 것이 아니라 마음이 보고 있습니다[觀]! 바로 의식이 알고 있습니다. 그런 다음 '환(還)·정(淨)'의 단계인데 잡념망상이 적어졌고 마음[心]과 기(氣)가 전일해졌습니다. 먼저 그렇게 정(定)의 상태로 있으면 심신의 전환변화가 대단히 빠릅니다. 그런 다음 신체 내부는 기가 충만하여 부풀어 오르는데, 마땅히 이렇게 돌아와야[還] 합니다! 만약 하루 종일 낙타처럼 허리가 구부러져 있는데다 혼침(昏沈)한다면 옳지 않습니다.

오늘 한 얘기는 첫걸음의 첫걸음인데, 원래는 제가 여러분들에게 말하지 않으려 했던 것은 아닙니다. 여러분이 체험이 조금도 없는데 제가 어떻게 말하겠습니까? 이제 당신은 시험해도 좋습니다. 그렇게 짧은 시간 한 번이면 도달합니다. 그러나 도달했다고 '불법이 바로 그 정도구나!' 라고 여기지는 마십시오! 이것은 단지 당신더러 첫걸음을 인식하게 하는 것일 뿐입니다. 그렇지만 여러분이 이 한 걸음에 도달했다면 정(精)과 신(神)이 돌아와서 잠자고 싶지 않습니다. 처음에 여러분이 앉아있으면 몸이 이리저리 움직입니다. 왜냐하면 신체의 기(氣)가 충만하지 않기 때문입니다. 당신이 이 한 걸음에 도달하면 기가 충만해져서 산처럼 움직이지 않게 됩니다.

하지만 당신은 현상을 하나 발견하게 될 것인데, 혈압이 높아지고 머리가 띵하여 잠을 이룰 수 없는 현상입니다. 그러므로 한 걸음마다 한 걸음의 경계가 있고, 한 걸음마다 그 한 걸음의 대치(對治) 방법이 있습니다. 이해했다면 진보가 빠릅니다. 그러나 일반적으로 지(止)를 닦고 관(觀)을 닦으며 안나반나의 호흡왕래를 닦을 때 코의 호흡을 무의식적으로 아래로 이끌어서 곧 아래로 이끌어 갑니다. 그런 다음 또 의식상에 감각상에 집중해서, 코와는 조금도 관련이 없게 되어버립니다. 코로부터 목구멍까지는 자연적인 호흡이지 당신이 의식을 이용하여 연습해낸 것이 아닙니다. 절대 주의해야 합니다.

그러나 당신은 반드시 심신을 단정히 하고 바르게 앉아 먼저 신견(身見)을 버려야 합니다. 부처님은 여러분에게 열 개의 법문을 사념(思念)하라고 하시는데, 염불(念佛) · 염법(念法) · 염승(念僧) · 염계(念戒) · 염시(念施) · 염천(念天) · 염안나반나(念安那般那) · 염휴식(念休息) · 염신(念身) · 염사(念死)가 그것입니다. 저는 말합니다, '여러분들은 부처님한테 속임을 당하지 마십시오. 부처님이 죽음[死]을 맨 마지막의 하나로 두었는데, 사실은 자리에 올라앉자마자 자기를 죽었다고 여기고는 이 육체를 그곳에 놓아두고 움직이지 않습니다. 그런 다음 당신은 직접 안나반나로 진입하면 단번에 도달합니다. 그런데도 당신은 이 신체를 상관해서 뭐 하겠습니까?'

육묘문의 문제

　여러분들에게 말하기 시작했던 중점은 출입식 수행이었는데, 제가 고도(古道) 씨의 저 소림사(少林寺)의 출가자들에게도 얘기한 적이 있습니다. 특히 고도 씨는 젊어서 집을 나와 여기저기 다니면서 스승을 구하고 도 있는 사람을 찾아다녔습니다. 그리고 머리도 깎고 채식도 했습니다. 고도 씨는 원래 수행[修持]하여서 마음으로 얻은 바가 없는 것은 아닙니다. 그는 천태종 노선을 따라서 선정을 닦았습니다. 천태종의 그 노선은 육묘문(六妙門)입니다. 여러분은 다 읽어본 적이 있는데, 여섯 가지 방법인 소지관육묘문(小止觀六妙門)입니다. 그래서 제가 그들에게 일부러 수업을 하고 토론을 했습니다. 왜냐하면 그는 확실히 수행을 중시하기 때문입니다. 경험이 없는 사람한테는 얘기하지 않기로 했습니다.

　제가 말했습니다, '고도 씨, 여러분 몇 사람들은 주의하기 바랍니다. 소지관육묘문은 지자대사가 『수행도지경(修行道地經)』과 『달마선경(達磨禪經)』에서 뽑아낸 한 수행 방법입니다. 천태종의 종파 창립은 선종보다 조금 늦었습니다. 거의 같은 시기인데 두 방면으로 나누어졌습니다. 천태 지자(智者)대사 자신이 수행하여 성취가 있자 이 방법을 기록한 뒤 소지관이 천하에 유통되었습니다. 현재로서는 소승에서 대승으로 변해버렸습니다. 저는 조금도 예의를 차리지 않고 비평하기를 사람들을 다 그르쳤다고 합니다. 다들 육묘문 소지관의 방법의 길을 걸어가지만, 걸어서 통한 사람이 한 사람도 없으며 수행하여 성취한 사람도 하나도 없습니다.' 고도 씨, 제가 그렇게 말했지요? (고도 씨가 그렇다고 대답했다).

저는 아주 대담합니다! 오직 저만이 감히 현장(玄奘)법사가 번역한 유식(唯識)과 지자대사에 대하여 공개적으로 비판해서 모조리 한 손으로 쓸어버렸습니다. 그래서 저는 말합니다, 여러분 보세요, 천태종을 보면 2~3대 사이에 두세 사람만이 성공했습니다. 훗날의 영가(永嘉)대사는 먼저 천태종을 닦은 사람이었습니다. 그는 깨닫고 선종의 노선을 걸어갔습니다. 그는 도를 깨달은 뒤 다시 육조(六祖)대사에게 인증(認證)을 요청했습니다. 그가 쓴 『영가선종집(永嘉禪宗集)』은 완전히 천태종 방법을 벗어났습니다. 그는 정말 대단합니다. 그러므로 선종에서 진정으로 대단한 제자는 영가대사로서, 제1인자라고 말할 수 있습니다.

저는 이 육묘문의 문제를 말하지만 지자대사에게는 잘못이 있을까요? 잘못이 없습니다. 그는 대 자비로웠기 때문에 안나반나 방법을 정리해 냈고, 이것을 정(定)의 수행 입문으로 삼았습니다. 하지만 곧바로 대승으로 전환했습니다. 그는 걱정하기를, 일반적으로 안나반나 출입식만 닦은 사람이 닦고 닦아서 신통이 있게 되어, 천안통·천이통·타심통·숙명통 더 나아가 공중에서 날아다닐 수 있는 신족통이 있게 되어 마침내는 외도로 변할까 걱정했습니다. 왜냐하면 5통이 오게 되면 반야지혜가 장애를 받아 대철대오(大徹大悟)하지 못할지도 모르기 때문입니다. 그래서 그는 대승으로 전환하여 삼지삼관(三止三觀)으로 전환했습니다. 하지만 그가 이렇게 한 뒤부터 후세에 수행한 사람들 중에는 성취한 사람이 적었습니다.

이제는 육묘문을 절대 만져서는 안 됩니다. 왜 제가 『정좌수도여 장생불로(靜坐修道與長生不老)』[19]라는 책을 썼을까요? 바로 그 육 묘문에 대한 집착을 깨뜨리고, 「인시정좌법(因是子靜坐法)」과 「강 전정좌법(岡田靜坐法)」같은 것들을 깨뜨리기 위해서였습니다. 다들 길을 잘못 걸어가고 있기에 제가 한 번 자비심을 내어 그 책을 썼 습니다.

그런데 지금 제가 얘기하는 것은 더욱 육묘문을 깨뜨립니다. 육 묘문은 옳습니다. 그러나 잘못 사용했습니다. 당신은 육묘문을 가 지고 대조해보면 알게 됩니다. 그래서 오늘날 천하에 선종이 두루 유행하고 더 나아가 정좌들을 하는데, 그들에게 '당신들은 무엇을 하고 있습니까?' 하고 물어보면 모두들 지관을 닦고 수식관을 닦으 면서 정좌하고 있다고 합니다. 그들에게만 그치는 게 아닙니다! 옛 사람들도 여기에 떨어진 경우가 많았습니다. 소동파(蘇東坡)나 육 방옹(陸方翁), 백거이(白居易) 같은 명성이 대단했던 사람들도 다들 선(禪)을 배우고 도(道)를 배운 사람들이었습니다. 육방옹은 '일좌 수천식(一坐數千息)'이라고 했습니다. 정좌하고는 자기가 한 번 내 쉬고 한 번 들이쉬는 것을 헤아렸는데, 정좌할 때마다 1천까지 숨 을 헤아렸습니다. 마치 진언을 외우듯이 수천만 번을 외운 격이었 습니다. 당신은 육방옹의 시를 찾아보기 바랍니다. 저는 보고 웃었 습니다, '육방옹은 회계를 배우고 있었구나. 무슨 소용이 있었을 까?' 이제 여러분에게 육묘문을 말씀드릴 테니 천천히 해보기 바랍

---

19) 한국어본은 신원봉 옮김 『정좌수도강의』이다.

니다.

왜 이 여섯 가지 방법을 쓸까요? 사실 육묘문은 오로지 한 가지 문만 있습니다. 원칙은 오직 한 가지 방법만 있습니다. 바로 당신의 풍대(風大)를 이용하는 것입니다. 우리들의 생명은 모두 기(氣)이니까요. 이 기를 자세히 말하면 내용이 많은데, 먼저 육묘문만 얘기하겠습니다. 여러분이 정좌하면 생각이 이리저리 날뛰어 거둬들일 수 없습니다. 생각이 왜 청정해질 수 없을까요? 당신 자신의 그 에어컨이나 선풍기의 전원을 꺼버리지 않았기 때문입니다. 다시 말해서 당신의 호흡이 움직이고 있기 때문입니다. 호흡이 움직이면 생각이 움직이고, 생각이 움직이면 호흡이 곧 움직입니다. 바꾸어 말하면 마음(心)과 숨[息] 이 두 가지가 한데 이어지지 않았기 때문입니다.

중국인에게는 사람을 꾸짖는 말로서 '몰유출식(沒有出息)'[20]이라는 한 마디가 있습니다. 이것은 도가의 말인데, 당신의 호흡이 잘못됐다는 것을 말합니다. 출식(出息)이 없으면 꽉 갇혀 있어 미련한 사람으로 변합니다. 그러므로 내쉬는 숨이 있어야 옳습니다. 출식이 없는 사람은 어떤 사람일까요? 이 말은 아주 잔인합니다. 만약 출식이 없다면 바로 죽은 사람입니다. 왜냐하면 죽은 사람이야말로 호흡왕래가 없으니까요. 그러므로 이 호흡[息]이 이렇게 중요합니다.

이제 여러분에게 말하겠습니다. 정좌하면 생각이 왜 고요해지지 않을까요? 왜 염두가 청정해지지 않을까요? 호흡이 왕래하고 있기

---

20) 싹수가 없다. 발전성이 없다는 의미다.

때문입니다. 바람이 움직이기 때문입니다. 행음(行陰) 때문입니다. 호흡은 왜 오고갈까요? 당신의 생각이 고요해지지 않았기 때문입니다. 이 두 가지 가운데 어느 것이 주체적이고 어느 것이 부대적인 것일까요? 모두 옳지 않습니다. 두 가지는 저울처럼 평등합니다. 만약 당신의 호흡이 고요해졌다면 생각도 고요해졌습니다. 이 저울도 평온해졌습니다. 마음이 먼저냐 아니면 기(氣)가 먼저냐는 문제가 아닙니다.

제가 천태종 조사님을 제시하고 비판했는데, 그분에게는 미안합니다. 참회하고 머리를 조아릴 수밖에 없습니다. 그것도 그분의 잘못이 아닙니다. 그가 이 수행법을 제시한 것은 완전히 옳았습니다. 후세에 잘못한 겁니다. 육묘문의 수식(數息)과 수식(隨息)은 뭐 대단할 게 없습니다. 하나의 수행입문 방법일 뿐입니다. 불법 전부의 중점은 지관(止觀)을 닦는 데 있습니다. 지(止)는 바로 정(定)입니다. 관(觀)은 혜(慧)입니다.

그래서 영가대사의 손에 이르러서는 천태지관으로부터 착수했고 선종으로 전환하여 법신·반야·해탈 이 세 가지 점으로 결론지었습니다. 성불하면 세 가지 몸이 있습니다. 첫째는 법신입니다. 본체로서 불생불멸(不生不滅)이요, 불생불사(不生不死)요, 공(空)도 아니요 유(有)도 아닌 것으로 영원한 것입니다. 명심견성(明心見性)한 뒤에 자기의 공부가 증득하여 도달하면 바로 법신입니다. 둘째는 화신입니다. 시방의 모든 부처님들과 우리들 모든 6도(六道)중생들은 모두 법신의 화신입니다. 셋째는 보신(報身)입니다. 예컨대 석가모니불의 이 한 생애의 육체는 보신이었습니다. 응보로서 온 것으로, 중생의 요구에 응한 것입니다. 그래서 부처님이 일대사인연(一大事因緣)으로 세상에 나오신 것은 응화신(應化身)입니다. 중생을 제도하기 위하여 온 것입니다.

제 4 절
16특승 수행법

가장 좋은 수행 방법 16특승

수희(受喜) 수락(受樂)은 초선에 이른다

심념의 경계

관무상(觀無常) 관출산(觀出散)

관리욕(觀離欲) 관멸진(觀滅盡) 관기사(觀棄捨)

세 조로 나누어지는 16특승

이 『달마선경』에서의 '달마'는 선종에서 말하는 그 달마조사가 아닙니다. '달마'란 두 글자는 총칭(總稱)·총론(總論)이라는 뜻입니다. 모든 조사들이 수행한 경험 학문을 종합하여 박사 논문을 쓴 것이나 다름없습니다. 그렇지만 불타발타라(佛陀跋陀羅)는 중국에서 이 『달마선경』을 번역해냈고 역시 성공했습니다. 그의 제자 혜지(慧持)법사는, 여러분들에게 소개해 드린 적이 있듯이, 나무구멍 속에서 7백 년 동안이나 앉아 있었던 그 분입니다.21) 그들 스승과 제자 두 사람은 달마조사와 함께 동문이었습니다.

이 『달마선경』은 당신이 백 번 천 번 읽지 않으면 그 속의 비밀을 알아낼 수 없습니다. 저는 이런 책을 읽을 때마다 어떤 때는 소설처럼 여겨서 비록 형식이야 자유롭지만, 내심으로는, '부처님! 당신은 아무래도 저에게 소식을 하나 일러주셔야 합니다!' 하면서 비할 바 없이 공경스럽게 추구합니다. 마침내 알아냈습니다. 『달마선경』에는 소식이 있었고, 비밀이 그 안에 다 있었습니다.

---

21) 『선과 생명의 인지 강의』 중 「제1일 강의 넷째 시간」을 참고하기 바란다.

가장 좋은 수행 방법

선정과 반야의 수증을 얘기하면서 풍대관(風大觀)으로부터 육묘문을 얘기했는데, 육묘문은 원칙입니다. 초보적인 입문으로서 대단한 것이 없습니다. 중점은 「16특승(十六特勝)」에 있습니다. 16특승의 방법은 육묘문을 개괄합니다. 그러나 육묘문은 16특승을 충분히 개괄할 수 없습니다. 16특승의 수행법은 부처님의 대 제자들인 가섭존자 · 아난 등으로부터 줄곧 달마조사까지의 이 계통입니다. 그들의 수행실증의 경험은 『대비바사론(大毗婆沙論)』 등에 근거를 두고 있습니다. 그러나 경전에서는 실제적인 수증 방법을 역시 분명히 말하지 않았습니다. 하지만 16특승의 발전 아래서 인도에서는 요가[瑜珈]로 변했는데, 기(氣)를 수련하고 몸을 수련하는 방법입니다. 요가와 불법의 존재는 거의 동일한 시기로서, 마음을 닦고 기를 수련하는 것을 주장합니다.

진정한 수행법문은 불학 명칭에서는 「16특승(十六特勝)」이라고 합니다. 기억하고 있기 바랍니다. 열여섯 가지 원칙이 있는데, 특별하고 또 특별한 방법이요 비밀스럽고 또 비밀스런 방법이며, 더 이상 좋은 방법이 없는 방법입니다. 불학에서는 명칭을 하나 써서 '특승(特勝)'이라고 부릅니다. 오늘날 명사로 말하면 전략적으로 특별히 쉽게 승리에 이르는 대통일전선(大統一戰線)이요 최고의 통일전선으로서, 그것을 모조리 다 종합해놓았습니다. 절대 기억해 두십시오. 이속에는 너무나 많은 것들이 있습니다.

16특승

① **지식입**(知息入: 호흡이 들어오는 줄 안다)

② **지식출**(知息出: 호흡이 나가는 줄 안다)

③ **지식장단**(知息長短: 호흡이 길고 짧은 줄 안다)

④ **지식변신**(知息遍身: 호흡이 신체의 모든 세포마다에 도달한 줄 안다)

⑤ **제제신행**(除諸身行: 신체의 기맥이 막힘없이 통하여 모든 생리적인 장애가 제거된다)

⑥ **수희**(受喜: 심리상의 희열을 느낀다)

⑦ **수락**(受樂: 신체상의 쾌락을 느낀다. 희열과 쾌락을 느끼며 '이생희락 離生喜樂'인 초선初禪에 진입한다)

⑧ **수제심행**(受諸心行: 신체와는 관계가 적어지고, 마음의 경계로 전환하여 모든 심리 행위들을 또렷이 본다. 2선禪인 '정생희락定生喜樂'으로 나아간다)

⑨ **심작희**(心作喜: 심의식心意識이 작의作意한다. 신체를 상관하지 않으며 심경心境의 상태로서의 희열과 쾌락을 느낀다)

⑩ **심작섭**(心作攝: 마음이 전일專一하게 되어 온 허공과 대지가 하나로 돌아간다. 2선인 '정생희락'에 진입한다)

⑪ **심작해탈**(心作解脫: 염두가 공空해져 마음이 정말로 해탈했다. 3禪 경계로 나아가 증득했다)

⑫ **관무상**(觀無常: 제법이 무상함을 관한다)

⑬ **관출산**(觀出散: 일체를 놓아 내버려서 흩어짐을 관한다)

⑭ **관리욕(觀離欲**: 탐욕 성냄 어리석음 등 모든 욕망을 떠남을 관한다)

⑮ **관멸진(觀滅盡**: 감각[受]과 지각[想]이 소멸하여 다함을 관한다. 멸진 정이다)

⑯ **관기사(觀棄捨**; 얻은 도道조차도 버림을 관한다)22)

1. '**지식입(知息入)**' 2. '**지식출(知息出)**', 호흡이 들어오면 들어오는 줄 알고, 나가면 나가는 줄 아는 것입니다. 불학은 항상 6근문(六根門)을 말하는데 6근은 바로 안(眼)·이(耳)·비(鼻)·설(舌)·신(身)·의(意)이며 대부분은 머리 부위에 있습니다. 당신은 '호흡이 들어오는 줄 안다[知息入]'에 주의하십시오. 머리 부위 이곳이 호흡이 막힘없이 통하였습니다. 당신은 시험해 보십시오. 뭐든지 다 배를 향하여 삼키거나 단전에 보존하거나 신체의 아래로 가라앉히지 마십시오. 바보입니다! 당신이 '지식입(知息入)', 호흡이 코를 통하여 들어오는 줄 알고, 나가는 줄도 알고, 나머지는 모두 상관하지 마십시오. 기가 들어오면 가라앉기 마련입니다. 아래를 상관할 필요가 없습니다. 만약 한편으로는 안나반나를 닦으면서 기가 들어오면 또 배꼽을 상관하고 신체를 상관한다면 당신은 헛 닦는 것 아니겠습니까! 1만년을 닦더라도 제대로 닦아내지 못합니다.

기가 들어오면 당신은 '지식입(知息入)', 호흡이 들어오는 줄 알고 목구멍 이하는 모두 상관하지 마십시오. '호흡이 긴 줄 알고 호흡이 짧은 줄 알아서[知息長, 知息短]', 기가 일단 충만해지면 당신

---

22) 이상 각 조목에 대하여 미리 기본 개념을 갖도록 남선생님 강해에서 핵심을 정리하여 괄호 안에 표시하였다. 아울러 부록의 남방불교 『기리마난다 경』과 「들숨날숨에 대한 마음챙김(出入息念)」 등도 읽고 서로 비교 연구하기 바란다.

은 몸 전체도 단정해졌고 내쉬지도 않고 들이쉬지도 않으면서 지식(止息)도 옵니다. 그렇게 간단합니다. 반나절이나 하루면 그렇게 해낼 수 있습니다. 염두는 자연히 청정하고 전일하며 몸과 마음은 즉시 전환변화 합니다. 머리도 혼침하지 않을 것이며 쉽게 정(定)의 상태로 있습니다.

3. '지식장단(知息長短)', 언제 어디서나 자기의 호흡이 한 번 들어오고 한 번 나갈 때 그 길고 짧음을 압니다. 이 한 마디 말이 바로 문제인데, 어떤 것을 호흡이 길다고 하며 어떤 것을 호흡이 짧다고 할까요? 어떤 사람은 저렇게 키가 크고 저는 이렇게 작습니다. 또 저 여기의 두 아들은 키가 작은데, 저 키가 큰 사람과 비교하면 절반은 차이가 납니다. 저렇게 키가 큰 사람의 호흡은 들어오는 게 유달리 길까요? 저의 저 아들은 또 하나도 쪼그만 한데 그의 호흡은 좀 짧을까요? '호흡이 긴 줄 알고 호흡이 짧은 줄 안다는 것[知息長短]'은 어떤 것을 말할까요?

그러므로 당신 자신을 관찰해야 합니다. 어떤 때는 몸이 좋지 않아서 호흡이 들어왔다 나갈 때 당신은 단지 목구멍이나 흉부 부분에만 도달하고 장(腸)과 위(胃)에는 도달하지 못하는 것을 느낍니다. 저 여성 학우의 딸의 경우는 정좌한다면 호흡이 단전이나 아랫배까지 도달할 수 있습니다. 심지어 여기 한두 명의 학우는 발바닥까지 도달할 수 있습니다. 호흡 감각인 호흡의 길고 짧음을 알면서 당신은 고요해져서 당장에 풍(風: 바람 기운)·한(寒: 차가운 기운)·조(燥: 건조한 기운)·열(熱: 뜨거운 기운/역주)의 느낌에 대하여 시험해 보면 자기가 건강한지 건강하지 못한지를 알게 됩니다. 호흡의 길고 짧음을 아는 것은 주로 이 하나의 '아는 것[知]'에 있지 호흡[息]에 있지 않습니다. 당신은 주체(主體)가 '아는 것', 지성(知性: 아는 기능. 이하 같음/역주)에 있지 호흡에 있지 않다는 것을 분명하게 해야 합니다. 지성에 대해서는 조금 전에 말씀드렸는데, 지성은 신체의 각 세포마다 안팎으로 두루 있습니다. 꼭 뇌 속에만 있는 것이 아니라 있지 않은 곳이 없습니다. 먼저 여기까지 말씀드리니 여러분은 다들 스스로 체험해보기 바랍니다. 일부러 호흡을 연습하지는 마십시오. 불경은 여러분에게, '호흡이 들어오는 줄 알고, 호흡이 나가는 줄을 알고, 호흡의 길고 짧음을 알라'고 여러분에게 일러주는데, 여기서는 그런 불경들을 귀납시켜 '호흡의 길고 짧음을 아는 것'을 당신의 수행과 결합시키고 있습니다. 음식과 남녀 성관계에 대해서는 분명하게 해서 엄격히 계율을 지켜야 합니다.

4. '**지식변신(知息遍身)**', 밀종에서의 삼맥칠륜(三脈七輪)과 중국의학에서의 12경맥은 직접 신체의 내부로부터 감각하고 아는 것입니다.[23] '변신(遍身)'은 호흡이 어느 곳에 도달하였는지를 모두 잘 아는 것입니다. 이때에 일반적인 불학에 속아서 이 '아는 것'을 망상으로 여기지 말기 바랍니다. 그러면 당신은 끝장납니다. 4대는 다 공해야[四大皆空] 하니까요! 바꾸어 말하면 당신은 이때에 '분명히 아는 것[明知]'이지 '일부러 그렇게 한 것[故犯]'이 아닙니다. 언제나 분명히 알아야 합니다. 여러분이 이렇게 수행해가서 첫째 단

---

23) 삼맥칠륜과 12경맥에 대해서는 『도가밀종과 동방신비학』, 『중의학 이론과 도가역경』, 『정좌수도강의』 등을 참고하기 바란다.

계, 둘째 단계, 셋째 단계까지 해내기만 하면, 여러분의 신체와 정신은 영원히 건강장수를 유지하고 머리가 맑고 사업도 순조로울 것입니다.

'호흡이 들어오는 줄 알고, 호흡이 나가는 줄 알고, 호흡의 길고 짧음을 안다', 당신은 이 세 가지를 먼저 잘 시험해보십시오. 당신의 지성(知性)은 망상이 없습니다! 만약 네 번째 단계인 '지식변신'에 도달했을 때 망상이 있다면 육조대사의 사형인 신수(神秀)대사의 다음 게송을 이용합니다. '몸은 보리수요, 마음은 명경대이니, 때때로 부지런히 털고 닦아, 먼지가 일어나지 않게 하라[身是菩提樹, 心如明鏡台, 時時勤拂拭, 莫使惹塵埃].' 어떠한 망상이 일어나더라도 그것을 버리고 지성을 방해하지 마십시오. 모두 버리면 지성이 존재합니다. 당신은 한편으로는 공부하면서 호흡에 주의를 기울이고, 한편으로는 자기의 망상이 오는 것을 알면서도 그 망상을 상관하지 말고 이 호흡만을 상관하십시오. 공부가 '지식변신'의 단계에 도달하면 당신의 변화는 도가가 말하는 네 글자로 '거병연년(祛病延年)'입니다. 모든 병이 낫고 수명이 늘어납니다. 당신은 '지식변신', 호흡이 신체의 모든 세포마다에 도달한 것을 알면 비교적 장수할 수 있으며 좀 더 느리게 늙어갑니다. 적어도 저는 지금 이 탁자에서도 정좌하여 여러분에게 보여주는데, 저는 진지하게 하지 않고 아직도 동작을 빨리해서 여러분에게 보여줄 수 있습니다. 저는 왜 이 나이에도 이렇게 동작이 수월할까요? 호흡이 신체의 모든 세포마다에 도달한 줄 알기 때문입니다. 여러분들이 저보다도 늙게 보이는 것처럼 그렇지 않습니다. '지식변신' 이 경계에 도달하면 바로 도가의 '뇌 부위의 맥이 통하여 정기신(精氣神)이 천지와 서로 통하고, 금목수화토(金木水火土) 5행의 기(五氣)가 적연부동(適然不動)으로 향한다[三花聚頂, 五氣朝元]'가 된 것입니다.

5. '제제신행(除諸身行)'입니다. 몸에 기가 충만하고 신체가 다 변화해서 공령(空靈)하게 되었습니다. 온 몸이 유연해졌고 내부 오장육부가 모조리 변화했습니다. 오늘날 양의사들이 하는 말로 하면 중추신경 계통이 변화했으며, 전면과 하나로 연결되어 있는, 도가에서 임맥(任脈)이라고 말하는 자율신경 계통이 다 변했습니다. 예컨대 자기가 간(肝)이 안 좋다든지 위(胃)가 안 좋다는 것을 아는 사람은 그때가 되면 다 좋아집니다. 여성의 유방의 종기 같은 경우도 그것이 서서히 변화했고 그 사실을 자신이 압니다. 심지어 말하기를 5,6십 세 된 여인들이 갱년기가 지났는데도 갑자기 흉부가 부풀어 올라 소녀처럼 충만해졌다고 합니다. 우리 이 자리에 있는 어떤 사람은 이 경계에 이르러서, 세포마다 다 변화했는데 그녀는 여러분에게 말하지 않고 자기만 알고 있을 뿐입니다.

'제제신행', 이때에 도달했을 때는 밀교에서 말하는 삼맥칠륜의 기맥도 통했고 생활습관이 이미 변화했습니다. 바로 여러분이 익히 들었던 '정만불사음(精滿不思淫)', 정(精)이 충만하여 음욕을 생각하지 않는다 입니다. 음욕 관념이 사라져버렸고 스트레스가 없어졌으며 좋아하지 않게 되었습니다. 물론 마지못해 성 관계를 가질 수는 있는데, 이때의 남녀 성 관계 때는 『능엄경』의 다음 말에 해당합니다. '어횡진시, 미동작랍(於橫陳時, 味同嚼蠟)', 부처님은 성교를 대단히 문학적으로 '횡진(橫陳)'이라고 묘사하고 있는데, 두 사람이 운동으로 요가를 하고 있는 것이나 다름없고 성욕 관념이 없다는 것입니다. '미동작랍(味同嚼蠟)', 그 맛이 밀랍을 씹는 것과 같아 무슨 맛이 없다는 것입니다.

수희(受喜) 수락(受樂)은 초선에 이른다

6. '**수희(受喜)**', 희열을 느낍니다. 하지만 아직 '수락(受樂), 쾌락을 느끼는 것'은 아닙니다. 낙(樂)은 뇌로부터 일어나고 세포마다 모두 상쾌하고 지극히 편안합니다. 왜 '희수(喜受)', '낙수(樂受)'가 아닐까요? 수(受)는 수음(受陰)인데, 특히 감각·촉수(觸受)에 중점이 있기 때문입니다. 희열[喜]을 얻거나 쾌락[樂]을 얻는 일이 당신은 보통 정좌하여 우연히 한 번 있는데, 보통 정좌에서의 희열과 촉수를 가지고 그 수희(受喜) 경계로 여기지 말기 바랍니다. 그건 아직 거리가 아주 멉니다! 정도의 차이가 아주 큽니다.

7. '**수락(受樂)**', 쾌락을 느낍니다. 초선(初禪)에 진입하면 '희열을 느끼고 쾌락을 느낍니다[受喜受樂].' 초선은 무엇일까요? 정식의 선정(禪定)이 온 겁니다. 어제 말했듯이 심일경성(心一境性)24)으로서

---

24) 마음을 하나의 대상에 집중하거나 마음이 집중되어진 상태.

'이생희락(離生喜樂)'입니다. 이때 당신의 잡념은 모두 청정해졌습니다. '리(離)'라는 이 글자에는 두 개의 의미가 있습니다. 첫째 의미는, 이 때야 비로소 알기를 나의 지성(知性)과 신체 감수가 나누어진 것이며, 기식(氣息)과 4대(四大)도 나누어질 수 있다는 것입니다. 두 번째 의미는, 비로소 알기를 이때에 만약 나의 이 한 호흡의 기가 오지 않아 죽어버린다면 곧바로 또 다른 생명의 경계로 넘어갈 수 있다는 것입니다. 그러므로 불경에서는 이 생명을 형용하기를, 영혼이 신체를 떠난 것은 '조지출롱(鳥之出籠)' 같아서 대단히 편안하다고 합니다. 마치 새장 속에 갇혀 있던 새가 내보내진 것처럼 육체 물질적인 장애를 초월하였습니다. 그러므로 말하기를 '이생희락(離生喜樂)'이라고 하는데 '희(喜)'는 심리적인 것이며 '낙(樂)'은 4대의 변화입니다. 이것으로 초선에 접근하였습니다.

만약 당신이 초선까지 닦아서 심리와 결합해서 당신의 성깔이나 개성, 병폐를 다 바꾸었다면, 지금 세상을 떠나더라도 색계의 초선천(初禪天)에 태어날 것입니다. 그것은 다른 종교에서 말하는 천당(天堂)의 천(天)이 아니라 그보다 훨씬 더 높습니다. 초선천은 이미 욕계를 뛰어넘은 색계천입니다. 욕계 중생은 모두 성욕의 관계가 있습니다. 그러나 색계에는 욕망이 사라졌고 모든 욕망이 청정해졌습니다.

여기에 문제가 하나 있습니다. 초선천에 도달했다면 이때의 경우를 정(定)을 얻었고 초선에 진입하였다고 하더라도 아직은 첫걸음입니다! 그렇다면 그 앞서의 공부는 설마 모두 선정이 아닐까요? 그것은 무엇일까요? 앞서의 공부도 정(定)을 얻음인데 무슨 정(定)

이라고 할까요? 서너 가지 명칭이 있습니다. 우리가 보통 정좌하는 것은 욕계정(欲界定)인데, 욕계의 5취(五趣: 천인·인간·축생·아귀·지옥) 중생은 다 그렇게 할 수 있는 것으로, 우연히 한 번 고요해져서 편안합니다. 또 미도정(未到定)이 있는데, 아직 정(定)에 도달하지 못한 일종의 경계입니다. 어떤 것들은 중간정(中間定)인데, 움직이는 것 같기도 하고 움직이지 않는 것 같기도 한 중간에 속하는 것입니다. 또 근사정(近似定)이 있는데, 근접하여 유사한 것입니다. 그러므로 여러분들이 정좌하여 수행하는 것도 정(定)을 닦는 것이며 잘못이 없습니다. 정말로 '제제신행'에 도달해서 '이생희락(離生喜樂) 수희수락(受喜受樂)'할 때에라야 비로소 초선에 진입합니다. 하지만 정정(靜定)이 왔더라도 소승의 정의 경계[定境]이며, 다시 『구사론(俱舍論)』에서 말하는 심리행위와 결합하여 전환변화[轉變]하여, 생각이 전환변화하고 지혜가 다 열렸다면, 아마 이 한 생애에 아라한까지 증득할 수 있을 겁니다. 아마 그럴 수 있다는 것입니다!25)

---

25) 이상 3계에 대하여는 역자 번역『능엄경 대의풀이』「제9권 천당과 지옥의 원리」, 또는 『생과 사 그 비밀을 말한다』 부록 「능엄경이 말해주는 중생의 생사윤회 인과 대원칙」을 참고하기 바란다.

심념의 경계

8. '**수제심행**(受諸心行)'입니다. 바로 앞의 '제제신행'까지의 이 다섯 단계는 모조리 기맥에서 돌고 있습니다. 그렇지요? '수제심행' 여기에서는 전환하여 마음의 경계로 전환하였습니다. 이해했습니까? 신체 4대와는 관계가 적어졌습니다. 지수화풍과의 관계는 변했고 감각감수는 달라졌습니다. '수제심행'은 초선에서 제2선(二禪) 경계로 나아가서, '이생희락'의 초선으로부터 제2선인 '정생희락(定生喜樂)'에 도달한 심념(心念)의 경계입니다. 당신이 '수제심행'에 도달하였을 때는 달라져서 2선의 '정생희락'을 감수(感受)합니다.

9. '**심작희**(心作喜)'입니다. 앞에서는 '수희수락' 아니었습니까? '심작희'에서의 '희'는 '수희수락'의 '희'와 같을까요 다를까요? 다릅니다. 위에서의 '수희수락'은 아직은 물질적 감각적 상태를 띠고 있습니다. 여기서는 심경의 상태로서 경계가 완전히 다릅니다. 왜 '심작희'라고 할까요? 심의식(心意識)이 '작의(作意)'하고 있기 때문입니다. 유식학에서는 이것을 '작의'라고 부릅니다. 이게 바로 '정생희락(定生喜樂)'입니다. 그러므로 '심작희'입니다.

10. '**심작섭**(心作攝)'입니다. '심작희'는 그래도 이해하기 쉽습니다. '심작섭(心作攝)'은 이해하기 어려운데, 온 허공과 대지가 하나로 돌아간 것입니다. 『능엄경』에서 말하기를, 한 털 끝에 큰 바다를

용납할 수 있다고 합니다. 마음이 미세하기[細]가 마치 터럭과 같고, 일념(一念)이 만년이요 만년이 일념인데, 이 모두는 마음[心]의 경계입니다. 경전에서도 말하기를, '확대하여 말하면 우주 전체를 포함하고, 축소하여 말하면 우리들 마음속에 잠재한다[放之則彌六合, 卷之則退藏於密]'고 했습니다. 보이지 않습니다. 즉, 겨자씨에 수미산이 들어가고 수미산에 겨자씨가 들어가는 것입니다. '심작섭', '정생희락'은 2선에 진입합니다.

11. '**심작해탈(心作解脫)**'입니다. 이때에는 정말로 해탈했습니다. 모든 번뇌의 뿌리가 청정해졌고 2선에서 3선(三禪)의 경계로 나아갔습니다.

이제 16특승을 얘기하며 그 절반이 지나갔습니다. 초선·2선·3선은 곧 4선(四禪)의 '사념청정(捨念淸淨)'에 도달합니다. 수행에는 다섯 가지 단계가 있는데, 계(戒)·정(定)·혜(慧)·해탈(解脫)·해탈지견(解脫知見)입니다. 계(戒)를 닦아 올바른 사람됨으로부터 시작하고, 정을 닦고, 혜를 닦고, 해탈을 얻어서 욕계의 속박을 해탈하고 3계의 속박을 해탈합니다. 공산당은 해탈을 해방(解放)이라고 좀 바꾸어 부릅니다. 수행이 진정한 해탈에 이르렀을 때에 진정으로 해방되고, 또한 자성을 보고 대자유(大自由) 대자재(大自在)를 얻습니다. 하지만 해탈 뒤에는 또 해탈지견을 얻어야 합니다.

관무상(觀無常) 관출산(觀出散)

여러분 주의하십시오, '지식입(知息入)', '지식출(知息出)', '지식장단(知息長短)', '지식변신(知息遍身)' 이 네 가지 다음에는 알거나 알지 못함을 상관하지 않습니다. '지(知)'는 당연히 있습니다! 움직인 적이 없습니다. '제제신행(除諸身行)'하고 그런 다음 '수희(受喜)·수락(受樂)·수제심행(受諸心行)'하여, 알거나 알지 못함이 없게 되었으며 심행(心行)의 노선으로 걸어갔습니다. 그렇지요? 다시 한층 나아가서 '심작희(心作喜)'인데 완전히 마음에 있게 되었고 신체를 상관하지 않습니다. 다시 그 다음은 '심작섭(心作攝)'·'심작해탈(心作解脫)'입니다. 당신에게 분명하게 다 말씀드렸는데, 선정 경계에 도달하면 바로 마음의 경계가 되었습니다. 불법은 '심(心)·의(意)·식(識)' 세 층으로 나누지 않습니까? 앞의 제6식은 '심(心)'에 속합니다. 제6의식 분별생각의 뿌리는 제7식인 '의(意)'에 있습니다. '식(識)'은 바로 제8식입니다.26)

12. **관무상(觀無常)**입니다. 아는 것[知]도 아니요 심(心)도 아니며 몸도 아닙니다. 모두 아닙니다. '관무상', 온갖 것[一切]이 무상함을 관(觀)하는 것으로 관혜(觀慧), 완전히 지혜의 경계입니다. 뒷부분의 이 몇 단계는 '관무상(觀無常)'·'관출산(觀出散)'·'관리욕(觀離

---

26) 남회근 선생은 다른 저작들에서 심,의,식(心意識)을 각각 배대하기를 제6식은 식(識), 제7식은 의(意), 제8식은 심(心)이라고 하고 있다. 따라서 심(心)을 제6식에, 식(識)을 제8식이라고 함은 타자상의 오류라고 보여진다.

欲)'·'관멸진(觀滅盡)'·'관기사(觀棄捨)'인데, 결코 이런 뒤 단계에 이르러서야 관하는 것은 아닙니다! 지혜가 있는 사람은 '지식입(知息入)' '지식출(知息出)'을 시작하자마자 이미 '관무상' '관출산'합니다. 특히 더욱 주의해야 할 것은, 호흡의 출입을 알고 호흡을 붙잡아 오려고 하지 말라는 것입니다. 안나반나는 한 번 들어오고 한 번 나가는 것으로 생멸법입니다. 우리들의 생각[念]도 붙잡아 오려고 하지 마십시오. 온갖 중생은 습성이 모두를 붙잡으려고 합니다. 어떤 분이 저에게 한바탕 꾸지람을 당했습니다. 그는 아직 잘 앉아 있는데 그가 수지타산이 맞을까요, 아니면 제가 수지타산이 맞을까요? 이러한 현상 경계들은 아직 있을까요 없을까요? 모두 지나갔습니다. 온갖 법[諸法]은 무상합니다, 영원하지 않고 모두 변화하고 있습니다. 우리는 다들 갓난애로 태어나서부터 지금에 이르기까지 벌써 수십 년이 지났습니다. 어떤 사람들은 엄마가 되었고 어떤 사람들은 남편이 되었습니다. 저마다 모두 무상합니다. 세간의 온갖 것은 무상합니다. 수행 정좌하는 것도 무상합니다. 방금 잘 앉아 있었던 것은 모두 사라졌습니다. 꿈같고 허깨비와 같아 지나갔습니다. 그러므로 '관무상'이라고 말합니다.

수행 방법은 하나의 지팡이에 불과합니다. 지팡이에 사로잡혀 있지 마십시오. 휠체어를 타고서 휠체어에 사로잡히지 마십시오. 온갖 법[諸法]은 무상합니다. 무상을 관하십시오. 그러므로 안나반나로부터 시작하여 출입식이 한 번 들어오고 한 번 나가는 것도 무상합니다! 부처님은 당신에게, 이 세계의 온갖 것[一切]은 모두 무상하고, 온갖 것은 모두 고통이요, 온갖 것은 공한 것이요, 온갖 것은 무아인 것이라고 일러줍니다. 무상(無常)·공(空)·무아(無我)는 3법인(三法印)인데, 부처님을 배우는 기본입니다. 당신이 어느 한 가지 방법으로 수행을 하지만 그 방법에 사로잡히지는 마십시오. 사로잡히면 무상(無常)을 유상(有常)으로 여긴 것이니, 그럼 틀린 겁니다. 그러므로 열두 번째 단계인 '관무상'에 이르러서야 비로소 관을 시작하는 것은 아닙니다. 사실 당신이 착수하기 시작하자마자 곧 무상을 관하고 있는 것입니다. 혜(慧)는 정(定)과 결합하여 닦습니다. 이 지혜가 있고나서 부처님 배우기를 말하고 토론해야 합니다.

13. '관출산(觀出散)'입니다. 어떤 사람은 기(氣)에 사로잡혀 있는데, 곧 '관출산' 하십시오. 평소에 편치 않는 것 모두를 내버리십시오. 허공 속으로 놓아버리십시오. 기가 어느 곳에 도달하든 말든 내버려두십시오. 당신에게 어떤 기가 하나 있다면 그것에 사로잡혀 있는 것입니다. 무상(無常)을 관하지 않고, 그것을 깨뜨릴 지혜가 없고, 출산(出散)을 관하지 않은 것입니다. 당신은 신체에 병이 있고 더 나아가 쇠로하여 죽기 마련인데, 출산(出散)을 관함으로써 그것들을 모두 흩어서 내버립니다. 온갖 것은 공(空)합니다. 죽음도 공하고 늙음도 공하고 병도 공하니, 내보내 흩어버립니다. 그러므로 부처님이 수행자에게 분부하는 게송이 하나 있습니다. '제행무상(諸行無常)', 온갖 작위(作爲) 온갖 행위는 영원한 것이 아닙니다. 모두 무상하여 변해가는 것입니다. '시생멸법(是生滅法)', 한 번 오면 한 번 갑니다. 마치 호흡처럼 한 번 들어오면 한 번 나가는 것이

모두가 생멸법입니다. '생멸멸이(生滅滅已)', 들이쉬지도 않고 내쉬지도 않아 절대적으로 청정합니다. 호흡도 정지하고 불생불멸입니다. '적멸위락(寂滅爲樂)', 적멸이 즐거움입니다. 지혜 있는 사람은 이 게송을 보자마자 이치도 도달하고 공부도 도달합니다. 그런데도 무엇을 토론하겠습니까! 그래도 토론이 있다면 이미 생멸 속에 있는 것입니다. 생겨나지도 않고 소멸하지도 않습니다. 오지도 않고 가지도 않습니다. 그러므로 당신에게 무상을 관하라고 합니다. 이것이 '혜관(慧觀)'입니다. 눈으로 보는 것이 아니라 지혜로 해탈하고 '관출산' 하는 것입니다.

관리욕(觀離欲) 관멸진(觀滅盡) 관기사(觀棄捨)

14. **'관리욕(觀離欲)'**입니다. 욕계를 뛰어넘습니다. 이 세계는 모두 자기의 탐욕·성냄·어리석음[貪瞋癡]의 욕망인데 온갖 것을 해탈해버리면 아무것도 없습니다. '무상을 관하고, 출산을 관하고, 이욕을 관찰합니다.' 사실 여러분이 관료가 되고 장사를 하는 것도 이 도리입니다. 마땅히 벌어야 할 것을 벌면, 벌어 온 것은 당신에게 속합니다. 마땅히 벌지 않아야 할 것을 1천억을 벌었고 수만 억을 벌었다면 어떠할까요? 최후에는 역시 다른 사람의 것입니다. 그러므로 저는 말합니다, '묘항(廟港) 이곳의 선당(禪堂)은 장래에 누가

쓸까요? 인연이 있는 사람이 쓸 것인데 누가 알겠습니까!' '제행은 무상하여 생멸법이라, 생멸이 소멸하고 나니 적멸이 즐거움입니다.' 당신이 마땅히 해야 할 것을 하고나면, '무상을 관하고 출산을 관하고 이욕을 관하십시오.'

15. '관멸진(觀滅盡)'입니다. 무엇이 '멸진'일까요? 주의하십시오! 뭐든지 다 사라져버렸는데, 어느 두 가지가 사라졌을까요? 수(受: 감각)가 소멸하였고[滅受], 상(想)이 소멸하였습니다[滅想]. 수(受)와 상(想) 두 가지가 사라져버렸고 생각도 청정해져서 잡념 망상이 없습니다. 무슨 토론이 없습니다. 분별이 없으며 감각도 없습니다. 지각도 공해져서 적멸청정(寂滅清淨)합니다. 대아라한은 멸진정(滅盡定)에 진입합니다. 9차제정(九次第定) 가운데서 마지막 정(定)인데 절대 청정한 열반입니다. 밀종이든 선종이든 무슨 종이든 여기에 이르러서는 멸진정을 증득하여 아라한 과위를 얻습니다. 만법 온갖 것은 모두 공한 것으로 소용이 없습니다. 멸진함에는 무엇을 가지고 멸할까요? 당신의 지성(知性: 아는 기능/역주)으로부터 지혜 성취에 도달하여 모든 망상을 소멸시킵니다. 모든 지각과 감각을 소멸시켜서 온갖 것이 다 공해졌습니다. 멸진을 관하여 멸진정을 얻습니다. 대아라한이 멸진정을 얻으면 궁극[究竟]에 도달했을까요? 아닙니다.

16. '관기사(觀棄捨)'입니다. 이것은 마지막 하나인데 역시 버려야 합니다. 도(道)를 얻음은 무슨 도를 얻었을까요? 도가 없습니다.

도조차도 버립니다. 나가 성불하면 누가 성불했을까요? 성불한 사람이 없습니다. 자기에게 도가 있고 학문이 있고 성취가 있다고 여긴다면, 이미 개소리입니다. 최후에는 '관기사', 온갖 것을 놓아버립니다.

세 조로 나누어지는 16특승

우리는 16특승 중 앞의 ① 지식입(知息入) ② 지식출(知息出) ③ 지식장단(知息長短) ④ 지식변신(知息遍身) ⑤ 제제신행(除諸身行) 이 다섯 개를 한 조(組)로 가정하고, 그 다음의 ⑥ 수희(受喜) ⑦ 수락(受樂) ⑧ 수제심행(受諸心行) ⑨ 심작희(心作喜) ⑩ 심작섭(心作攝) ⑪ 심작해탈(心作解脫) 이 여섯 개를 또 한 조로 가정합니다. 이 모두는 언어와 문자상으로 이렇게 표현하는 것입니다. 공부를 해보면 한 생각 사이에 이어지는 것이지 이렇게 나누어지지 않습니다. 하지만 뒤의 ⑫ 관무상(觀無常) ⑬ 관출산(觀出散) ⑭ 관리욕(觀離欲) ⑮ 관멸진(觀滅盡: 수受와 상想이 다 소멸한 것입니다) ⑯ 관기사(觀棄捨) 이 다섯 개가 또 한 조입니다.

16특승의 앞 다섯 개가 한 조이고, 뒤의 다섯 개가 한 조이며, 중간의 여섯 개가 한 조입니다. 뒤의 이 한 조는 유물(唯物)이나 유심(唯心)을 말하지 않았습니다. 신체 4대와의 관계를 말하지 않았고 심념과의 관계도 말하지 않았습니다. 모두 말하지 않았고 단독적으로 성립하였습니다. 바꾸어 말하면 당신이 초보적으로 공부할 때 처음에 자리에 올라 다리를 틀고 앉아 호흡이 들어오면 호흡이 들어오는 줄 알면서[知息入] 당신은 이미 무상을 관합니다[觀無常]. 왜냐하면 생각생각 사이의 이 숨[息]은 믿을 수 없는 것으로 오고 감이 무상한 것이기 때문입니다. 그러므로 관무상(觀無常)·관출산(觀出散)·관리욕(觀離欲)·관멸진(觀滅盡) 이것은 지혜입니다! 관(觀)은 혜학(慧學)입니다.

중간의 여섯 개의 심법과 그 앞의 다섯 개는 지관(止觀)의 학에 속하면서 지(止)에 편중되며, 관(觀)으로부터 지(止)를 얻는 것은 정학(定學)입니다. 뒤의 '관무상·관출산·관리욕·관멸진·관기사'이 다섯 개는 혜학으로서, 지(止)로부터 관(觀)을 합니다. 생각 생각 사이에 수시로 관(觀)이 있습니다. '지식입·지식출'을 아직 해내지 못했다면 뒤 이런 관(觀)들을 상관하지 않는다는 말이 아닙니다. 그러면 당신은 틀립니다. 수행의 첫걸음은 지(止)와 관(觀)을 구하는 것인데, 그 즉시[當下]가 바로 그것입니다. 그러므로 16특승을 이렇게 또렷이 분석하면 다들 쉽게 이해하게 됩니다.

왜 여러분들에게 이 16특승을 닦고 이 길을 걸어가고 공부하라고 요구할까요? 당신이 부처님을 배우든 도가를 닦든 어떤 법문을 배우든 온갖 수행은 바로, 제가 늘 말하는 것인데, 견지(見地: 이해)·공부(工夫: 정定)·행원(行願: 사람됨과 일처리)로서 한 가지도 빠져서는 안 되기 때문입니다.

제 5 절
수행법과 관계가 있는 일

10종의 일체입(一切入)

요가와 밀종

경(境) 행(行) 과(果)

기(氣) 지식(止息) 식(息)을 다시 말한다

누가 퇴보하고 있는가

10종의 일체입(一切入)

우리가 안나반나를 얘기하면서 육묘문을 닦는 방법을 얘기했는데, 아직은 초보적인 한 걸음에 해당합니다. 중요한 16특승 법문도 얘기했습니다. 불경에 당신이 반드시 알아야할 것이 있는데, 바로 십일체입(十一切入)입니다. 이 십일체입에 관하여 소승에서 분명히 얘기합니다만 이론을 얘기하는 불교학자들은 이런 공부 방면의 일에 대하여 주의를 기울이지 않습니다. 여러분이 수행을 얘기하고 안나반나를 닦고자 하면 십일체입을 분명히 알아야 합니다. 절대 그것을 십일(十一), 체입(切入) 이렇게 잘못 읽어서는 안 됩니다. 그러면 틀립니다. '십(十)'이란 열 가지의 정신적 물질적 기능으로 심물일원(心物一元)적인 것입니다. 모든 처소 어떤 곳이나 뚫고 들어가고 뚫고 들어오는 것입니다. 그래서 '십일체입'이라고 부릅니다. 이것은 무엇일까요? 바로 '청(青)·황(黃)·적(赤)·백(白)·지(地)·

수(水)·화(火)·풍(風)·공(空: 허공/역주)·식(識)'입니다.

'청(靑)·황(黃)·적(赤)·백(白)'은 색상입니다. 지금 날이 어두워졌는데, 당신은 밖에 나가 하늘을 보면 하늘이 무슨 색깔입니까? 보통 밤은 깜깜하다고 여깁니다. 당신은 틀렸습니다. 당신은 과학적인 눈이 없고 광학(光學)을 모른 겁니다. 밤은 깜깜한 것이 아닙니다! 파란[靑] 것입니다. 아주 짙은 파란색입니다. 진정으로 까만색은 없습니다. 우주공간 속의 블랙홀도 짙은 청색입니다. 우주공간 속에 블랙홀이 있을까요 없을까요? 저는 수십 년 전에 말하기를 '반드시 있습니다. 존재합니다.' 했지만 일부 과학자들은 인정하지 않았습니다. 저는 과학을 배운 사람이 아니지만 블랙홀이 있다고 말해도 듣는 사람이 없더니, 지금은 저 영국의 호킹 박사가 있다고 말하자마자 다들 있다고 말합니다.

'적(赤)'은 빨간색입니다. 이 부분에 대해서는 색을 연구해야 합니다. 다들 학교에서 배운 적이 있듯이 색깔은 빨강색[紅]·주황색[橙]·노란색[黃]·초록색[綠]·파란색[藍]·남색[靛]·보라색[紫]이 일곱 가지로 나누어집니다. 보라색이 가장 진하게 되면 청흑(靑黑)색으로 변합니다. 주의하기 바랍니다, 검은 색도 없고 흰색도 없다니 이상하지요! 모든 색깔을 한군데 집중하면 흑색으로 변하고 백색으로 변하는데, 검은색과 흰색 이 두 가지는 별개의 것입니다. 빨간색이 오래되면 주황색으로 변하고 다시 한 번 변하면 노란색으로 변합니다. 서서히 변화하는데, 이것은 화학에 속합니다.

그러므로 십일체입에서 '청·황·적·백' 이 네 가지 색은 어떻게 변하여 나온 것일까요? '지(地)·수(水)·화(火)·풍(風)·공(空)'

이 다섯 가지 물리작용의 변화에서 온 것입니다. 마지막으로 '식(識)'이 하나인데 심리적이고 정신적인 것입니다. 이것은 물리에 속하는 것이 아닙니다. 이렇게 이해하셨지요! 우리 학우들 중에는 철학을 강의한 사람도 있고 불학을 강의한 사람도 있는데, 아예 잘 연구하지 않았고 경전도 보지 않았습니다. 보통 불학원에 다니면 솔직히 말해서 학교에서 그럭저럭 보냅니다. 개론도 다 읽지 못했는데 무슨 학(學)이나 무엇을 배웠다고 할 수 있겠습니까? 책은 자세히 읽어야 합니다. 이 열 가지 것 중에서 십분의 일이 유심적인 것입니다. 바로 이 '식(識)'이 유심적인 것입니다. '청·황·적·백·지·수·화·풍·공'은 유물적인 것입니다.

주의하십시오! 이 열 가지는 일체입(一切入)입니다. 당신이 여기 앉아서 정좌를 하고 있으면 당신의 심신 안팎과 전체 우주 모든 것을 다 뚫고 들어옵니다. 모두 당신의 심신을 뚫고 들어오기 때문에, 그래서 이것을 열 가지 일체입이라고 합니다. 심지어 강판(鋼板), 우주선, 그 어떤 것도 막을 수 없으며 모든 곳을 뚫고 들어옵니다. 예를 들어 우리들의 지금 이 건물에는 벽이 있습니다. 그 벽이 막을 수 있을까요? 막지 못합니다. '지수화풍공'은 마찬가지로 뚫고 들어옵니다. 그러므로 우리들의 신체는 왜 노쇠하여 갈까요? 물리의 침식 변화가 다 뚫고 들어온 것을 받기 때문입니다. 당신이 여기 앉아서 정좌하고서 공부를 하다보면 경계가 있는데, 모두 이러한 물리적인 영향 간섭을 받고 있습니다.

그러기에 저는 특별히 중점을 제시하여, 안나반나법문을 닦음에 있어 당신으로 하여금 먼저 10종일체입을 인식하여 생리와 물리와 관계가 있는 영향 그리고 16특승을 닦는 데 대한 영향을 이해하라고 합니다. 왜냐하면 16특승은 중요하며 정(定)을 가장 얻기 쉬운 법문이기 때문에 이런 것들에 모두 특별히 주의할 필요가 있습니다. 실제로 '지식입 · 지식출 · 지식장단 · 지식변신'하여 '제제신행'에 도달할 때에 신체의 장애는 시큰거리고[痠] · 아프고[痛] · 부풀고[脹] · 저리고[麻] · 가려움[癢] 등등인데, 이것은 생리상의 4대가 변화해서 오는 것입니다. 만약 모두 이런 문제들이 없어졌다면 그것은 당신이 안정(安靜)되었기 때문입니다. 『대학(大學)』 속의 말을 사용하면 바로, '마음이 지성[知: 知性, 아는 기능]에 머문[止] 뒤에야 안정[定: 安定]이 있고, 안정이 있은 뒤에야 평정[靜: 平靜]할 수 있고, 평정이 있은 뒤에야 경안[安: 輕安]할 수 있고, 경안이 있은 뒤에야 혜지[慮: 慧智]가 열릴 수 있고, 혜지가 있은 뒤에야 명덕을 얻을 수 있다[知止而後有定, 定而後能靜, 靜而後能安, 安而後能慮, 慮而後證得].'[27]의 경계에 도달한 것입니다. 이것은 신체 방면인 4대나 5대(지수화풍공)의 변화에 편중하여 말한 것입니다.

---

27) 이 『대학』 단락에 대한 남회근 선생의 강의 내용은 『선과 생명의 인지 강의』 중 「제2일 강의 넷 째 시간」과, 그 '부록 「5. 인지에 관한 남회근 선생의 법문을 간단히 말한다」를 참고하기 바란다.

요가와 밀종

앞에서 말했듯이 부처님의 호흡법문이 발전 변천하여 비밀한 수행법이 되었는데, 인도의 요가도 일종의 수행법으로서 역시 초보에서 수행 시작에 모두 관계가 있습니다.

호흡을 얘기하고 있는데, 여러분이 보았듯이 우리들은 많은 돈을 들여 여러 차례 인도의 사부(師父)를 청하여 여러분들에게 요가와 호흡법을 가르치게 했습니다. 여러분도 잘 배우지 않아서, 여러분에게 콧속을 씻으라고 가르쳐주어도 씻지 않고 여러분에게 목구멍을 씻으라고 가르쳐주어도 씻지 않습니다. 당신은 모두 그럴 필요가 없고 그저 부처님을 배우기만 하면 좋다고 여깁니다. 무엇이 불법일까요? 이런 것들이 모두 불법입니다! 모두 부처님을 배우며 수행하는 방법입니다. 그러므로 불법이라고 부릅니다. 돈을 써서 외국의 요가 대가를 청해 당신을 가르치게 하고, 왜 자기가 가르치지 않을까요? '밖에서 온 스님이 경전을 잘 독송한다'는 관념을 갖고 있기 때문입니다

요가 수행법은 날마다 아홉 구멍[九竅]을 청결하게 해야 합니다. 얼굴에 있는 7개의 구멍, 아래 대소변보는 2개의 구멍을 모두 깨끗하게 해야 합니다. 예컨대 다들 도시에서 사는데, 공기가 오염되어 있으니 날마다 콧구멍을 깨끗하게 씻어야 합니다. 요가를 배우면서 콧구멍을 씻어야 할 뿐만 아니라 뇌도 함께 씻어야 합니다. 일부 학우들은 저를 따라 배웠고, 일부 학우들은 감히 시도하지 않습니

다. 완전히 깨끗한 냉수를 코로 빨아들여 입으로 푸~하고 뿜어냅니다. 머릿속을 씻고 콧구멍을 씻는 데는 아주 깨끗한 물이 필요합니다. 처음 한두 번은 당신은 뇌가 아픈 것을 느낄 테지만 실제로는 뇌신경에는 더러운 것이 많습니다. 서너 번 이후에는 아주 후련할 것입니다. 이것이 콧구멍을 씻고 뇌를 씻는 방법입니다. 심지어는 뒷날 익숙해져서 배우기 힘든 공부를 이루어 우유를 사용해서 씻고 마셔도 되는데, 한 줄기의 기(氣)가 콧속으로부터 뚫고 나옵니다. 그러나 일반적으로 우유를 이용하지 않고 맑은 물을 사용합니다.

티베트에 이르러서 밀종은 16특승을 기(氣) 수련·맥(脈) 수련·명점(明點) 수련·졸화(拙火) 수련으로 변화시켰습니다. 당신이 어느 것이든 진정으로 밀종을 닦는다면, 기를 수련하고 맥을 수련하고, 명점을 수련하고 졸화를 수련하여 성공한다면, 최후에 떠나갈 때 이 육체를 무지갯빛 몸으로 변화시켜 광명으로 변하여 사라져버려서 육체 전체를 화장할 필요가 없습니다. 예를 들어 우리들 이 시대에 50년 전 티베트에는 두 사람의 라마가 이렇게 빛으로 변하여 떠나버렸습니다. 이것은 티베트에서 군대를 이끌던 부대장이 직접 보았던 사실입니다. 이것이 바로 기 수련·맥 수련·명점 수련·졸화 수련의 성취입니다.

밀종에서의 기 수련 방법과 16특승의 출입식은 사실 같은 것입니다. 우리 같은 경우 티베트에서 황교(黃教)·홍교(紅教)·백교(白教)와 모두 접촉해본 적이 있기 때문에 바로 이해합니다. 왜냐하면 백교의 공갈(貢噶) 사부님과는 우리가 또 많은 자료들과 방법들을 교환해본 적이 있기 때문에 이런 이론은 인도의 요가이며 밀종에서 채용된 것이라는 것을 압니다. 하지만 지금은 많은 것들이 남아 있지 않습니다. 그러므로 밀종을 닦는 행자가 이런 공부를 닦고자 해도 해내기 어렵습니다.

경(境) 행(行) 과(果)

예컨대 당신이 선당(禪堂)에 들어가 정좌하고 안반법문을 닦습니다. 하지만 연습하기 시작한 것입니다. 걷고 머물고 앉고 눕고 하는 모든 동작 중에서 이 경계 속에 있어야 합니다. 그것은 광명이 청정한 것인데, 이것이야말로 부처님을 배우는 경계에 도달한 것입니다. 그리고 당신의 날마다의 경(境: 경계)·행(行: 수행)·과(果: 과위)가 어떠한지도 모두 또렷합니다. 오늘은 어제 저녁에 말한 것을 다시 보충하겠습니다. 제가 경·행·과를 제시한 것은 밀종을 배우거나 선(禪)을 배우거나 온갖 법문을 배움에 대해서도 모두 중요한 것입니다. 과거 수업 때는 말하지 않았습니다. 왜냐하면 헛되이 말한 것이기 때문입니다. 오늘은 정식으로 선당에서 16특승을 닦기 때문에 여러분들에게 주의하라고 합니다. 한 푼의 공부를 하면 한 푼의 수확이 있습니다. 두 푼의 공부를 하면 두 푼의 수확이 있어서 한 걸음 한 걸음마다 그 경·행·과가 있습니다.

그런데 이 세 글자가 어찌 수행에만 그치겠습니까? 우리가 독서를 하는 것도, 글자를 쓰는 것도 배움을 추구하는 것도, 어떤 공부를 하는 것도 모두 그 경·행·과가 있습니다. 그러나 이 세 글자를 세간법에 사용하면 결코 타당하지 않습니다. 왜냐하면 진정한 경·행·과는 실증(實證)하는 것이요 실제 닦는 것이기 때문입니다. 그러므로 16특승은 실증하고 실제로 닦아야 합니다. 실증하고 실제 닦고 난 뒤에 당신의 기질을 변화시켜서 당신의 신체로 하여금 영원히 생로병사 속에 있지 않게 할 것입니다. 적어도 생로병사를 가볍게 할 것입니다. 자신이 업력이 무겁고 업병(業病)이 그렇게 무거워 해탈하지 못한다는 것을 안다면 참회해야 합니다. 그래서 먼저 당신더러 준제법(準提法)을 닦으라고 합니다. 진언을 외우려면 먼저 참회를 닦고 먼저 공덕 등등을 배양하라고 합니다.

만약 수행에 경계가 없다면 우리가 무엇을 닦는 것이겠습니까? 당신이 붓글씨를 쓰든 독서를 하든 날마다 진보가 있다면, 그게 바로 하나의 경계입니다! 만약 경계가 무엇인지조차도 분명히 인지하지 못한다면 어떻게 되겠습니까? 주의하십시오! 경계의 도리는 내용이 없는 공허한[空洞] 도리가 아닙니다. 사실상 철학의 도리를 말하면 내용이 없는 공허한 이론도 하나의 경계가 있습니다. 예컨대 우리가 영화 보기를 얘기해보면, 좋은 연기를 하거나 나쁜 연기를 하거나 동작과 표정에는 하나의 경계가 있습니다. 당신이 열심히 공부하거나 하지 않거나 모두 경계가 있습니다. 그러므로 절대로 경·행·과에 주의해야 합니다.

부처님을 그렇게 많은 햇수를 배우고 정좌를 그렇게 오래 했으면서도 경계도 없고 공부도 없어서 경·행·과가 아무것도 얘기할 만 것이 못된다면, 그것은 소용이 없습니다.

예컨대 『달마선경』 중의 16특승 속의 한 단락에 대해서 저는 여러분들에게 말한 적이 있기를, 이 단락은 여러분들이 그 경계에 도달했거든 다시 여러분에게 말씀드리겠다고 했습니다. 더 나아가 저들 몇 사람의 출가자들에게도 그렇게 말했습니다. 이 단락을 제가 말하지 않는 원인은 여러분들이 이런 경계가 없기 때문입니다. 예컨대 지(止)를 닦고 관(觀)을 닦으면서 안나반나를 닦아 '제제신행(除諸身行)'에 도달했을 때에 대하여 『달마선경』은 당신에게 '류광참연하(流光參然下)'라고 한 마디 일러줍니다. 당신의 심신과 법계의 광명이 합하여 하나가 되었다는 것입니다. 그것은 경계입니다. 반드시 그렇게 되는 경계입니다. 그때에 당신이 앉아 있으면서 온몸 안팎이 빛인데, 어떤 종류의 빛일까요? 이 문제는 매우 깊고 대단히 많습니다. 불경에서는 묘사하기를 '청색청광(靑色靑光) 황색황광(黃色黃光)....'이라고 하는데, 그것은 당신의 공력(功力)입니다.

예컨대 오늘 어떤 사람이 저에게 말하기를, 자신은 오늘 매우 진보해서 무엇이든 다 이해한 것 같다고 했습니다. 저는 듣고서 어! 라고 한 소리 하고 그가 진보하기를 바랐습니다. 그러나 저는 그의 정도(程度)를 압니다. 그는 정말로 이렇게 빠르게 초월할 수 있을까요? 예컨대 '지식변신(知息遍身)'은 전신이 호흡이 자유롭습니다. 또 '제제신행(除諸身行)'도 그 자체의 경계가 있습니다.

무엇이 경계일까요? 예컨대 당신은 호흡이 들어오고 염두가 전일하게 되었습니다. 어떤 사람의 경우 오늘 좀 진보가 있다고 느끼고는 말하기를, '저는 오늘 매 호흡이 들어오고 나가는 것을 또렷이 아는 정도까지 이르렀습니다.' 라고 했는데, 이것은 그의 오늘의 경계입니다. 제가 말했습니다, '당신은 이거야말로 진보이다.' 왜냐하면 그는 평소에 내내 바쁜 중에 있고 생각이 산란하다가 그는 정말로 전일하게 되었기 때문입니다. 그렇다면 이게 바로 그의 경계이며 그 자신이 감각이 있을 것입니다. 당신이 공부가 깊어져서, 예컨대 '지식입(知息入)'에 이르러서 당신은 자기의 호흡이 천지허공과 함께 서로 왕래하는 것을 느끼고, 호흡이 들어와 발바닥까지 도달하고 머리 꼭대기까지 도달하는 것을 자기가 느낍니다. 이 경계는 맹자(孟子)가 말한 '나는 호연지기를 잘 기른다[我善養浩然之氣]', 그리고 장자(莊子)가 말한 '천지와 더불어 정신이 서로 왕래한다[與天地精神往來]'이기도 합니다.

예컨대 수행을 말해보겠습니다. 당신이 정말로 '제제신행(除諸身行)'에 까지 성취한 뒤에 '심작희(心作喜)·심작섭(心作攝)'합니다. 16특승에서 지(止)와 관(觀) 이 경계에 도달하기만 하면 당신 자신은 자기의 몸 내부와 외부의 광명이 하나로 합하여 온통 광명입니다. 진짜로 이 경계가 있습니다. 경계가 없는 것이 아닙니다. 경계가 없다면 수행은 뭐 하려 하겠습니까? 예컨대 여러분은 여기서 정좌하는데 반시간 동안 다리를 틀고 있으면 편안하거나 아프거나 하는 감각이 있습니다! 이게 바로 당신의 경계입니다. 경계는 반드시 옵니다. 혹은 몸이 많이 편안한 것을 느꼈다면 편안한 것도 하나의 경계요 고통스러운 것도 하나의 경계입니다. 시큰거리고 아프고 부풀고 저리고 가려운 것도 모두 경계입니다. 당신은 반드시 감수(感受)하는 경계가 있습니다.

여러분 중 『달마선경』을 연구한 분이 와서 이 단락을 물은 적이 있었는데 저는 당시에 말하기를, 이후에 다시 얘기하자고 했습니다. 그래서 오늘에야 당신에게 말합니다. 비밀을 당신에 말해주지 않는 것이 아닙니다. 여러분들은 모두 도달하지 못했고 경험한 적이 없기 때문입니다. 이게 바로 공부요 경계에 도달한 것입니다. 진정으로 '류광참연하(流光參然下)'의 경계이면 밀종에서는 '관정(灌頂)'이라고 부릅니다. 이때는 불보살이 진정으로 당신에게 관정을 한 것입니다. 위의 허공으로부터 온통 부어내립니다. 마치 샤워할 때 머리 꼭대기부터 물을 뿌려 내림과 같아서 시원하고 자재합니다. 이게 바로 경(境) · 행(行) · 과(果)입니다. 그러므로 수행은 경 · 행에 주의해야 하며 당신의 공부와 결합해서 최후에는 과를 증득해야 합니다. 그래서 수도는 최후에 나한과 보살과를 증득하며 줄곧 성불에 도달하는 것은 내용이 없는 공허한 것이 절대로 아닙니다.

기(氣) 지식(止息) 식(息)을 다시 말한다

부처님은 당신에게 말씀하시기를 안나반나를 닦으려면 무엇보다 먼저 생명의 기(氣)를 인식해야 하는데, 대원칙은 장양기(長養氣)·보신기(報身氣)·근본기(根本氣) 세 가지로 나누어진다고 합니다.

첫 번째는 장양기입니다. 이것은 중문 번역인데 바로 사람을 살아있게 하고 성장하게 하는 것입니다. 마치 식물의 비료나 동물의 음식처럼 당신을 보양하여 당신의 신체에 생명의 신진대사(新陳代謝)가 있게 하는 것입니다. 신진대사 네 글자는 바로 안나반나입니다. 사망하는 세포는 털구멍으로부터 배출되고 새로운 세포가 생장하는 것인데, 사실상 바로 안나반나입니다. 이것은 기를 장양(長養)하는 것에 속합니다. 우리들의 한 번 들이쉬고 한 번 내쉼은 바로 장양기에 속합니다.

장양기에 관하여는 또 '풍(風)·천(喘)·기(氣)·식(息)' 네 층으로 구분하는데, 이것은 대 과학입니다.

먼저 '풍'을 얘기하겠습니다. '풍'은 기본 원칙인데, 중국에서 말하는 '풍'은 바로 기류(氣流)의 기(氣)로서 인체 내에서는 호흡으로 변합니다. 사람의 호흡은 첫 번째 자리이므로 '풍'이 첫 번째 자리입니다.

일반적인 호흡은 '천(喘)'입니다. 천기(喘氣)[28]의 '천'인데 호흡 기관이 좋지 않은 일종의 병을 천식 병이라고 합니다. 일반인들은 신

---

28) 헐떡거리다. 숨이 차다.

체가 건강하지 않고 경미한 천식도 있어서 호흡이 목구멍까지만 도달하거나 허파의 표층까지만 도달합니다. 호흡에 소리가 있는 것으로, 특히 잠잘 때나 감기 걸렸을 때 그 소리가 더욱 거칠어지는데, 이것이 '천'에 속합니다. '천'은 밖의 '풍'과 신체 내부의 '풍'이 서로 모순되고 가로막고 서로 투쟁하는 것으로 기도를 통하게 하기 위해 발생하는 것입니다.

이것은 장양기의 단계를 말하는 것인데, '천'은 풍대의 작용에 속합니다. 장양기는 생명의 기능으로서 지구의 대기층과 하나로 연결되어 있습니다. 그러므로 만약 높은 공중을 넘어 대기층의 밖에서라면 이 기가 변화하는데, 그것이 진공(眞空)[29]입니다. 그러기에 우주인은 훈련을 받아야 합니다. 만약 산소를 지니지 않고 높은 하늘에 도달하여 대기층 밖으로 넘어가면, 오직 4선정(四禪定)을 얻은 사람이라야 아마 관계가 없을 것입니다. 아마 그럴 것입니다! 왜냐하면 안나반나의 호흡인 장양기가 필요하지 않기 때문입니다.

장양기의 세 번째 단계는 '기(氣)'입니다. '기'의 단계에서는 '천(喘)'하지 않습니다. 예컨대 정(定)을 닦는 사람이 정좌하여 잘 앉아 있을 경우 마치 코가 호흡하지 않는 것 같거나 느리고 경미하게 오고가는 가는 것처럼 느껴지는데, 이것이 '기'에 속합니다. 그러므로 수행 방면에서 말하는 '기'는 보통 공기의 기가 아닙니다. 중국 고대에서 이 기(炁)는 무(无)자 아래에 점이 네 개로서[灬] 불이 없는 것을 炁라고 했습니다. 마치 작용이 없는 것 같지만 아직 오고감이 있습니다. 오래도록 느리게 우연히 한 번씩 왕래하는 작용이 있는

---

29) 공기 따위의 물질이 전혀 없는 공간.

데 마치 느낌[感受]이 없는 것 같습니다. '풍'이 없고 '천'이 없는 것, 그것을 '기'라고 부릅니다.

한 걸음 더 나아간 것이 바로 '식(息)'입니다. 이 '식'은 미세하게 들어가고 나오며 왕래하는 것인데 '기(氣)'조차도 사라졌습니다. 신체 내부의 장애도 모조리 사라졌습니다. 시큰거리고 아프고 부풀고 저리고 가려운 등등의 감수도 조금도 없어져서 완전히 고요합니다. 마치 호흡이 조금도 없는 것 같으면서 '식'이 온몸에 두루 가득합니다. 그런 다음 세포마다, 더 나아가 구규(九竅)—머리의 일곱 구멍에다 대소변의 두 구멍을 더합니다—온몸의 세포 하나하나마다 자연히 모두 오고가며 충만하여 마치 대기 허공과 서로 통하는 것처럼 느낍니다. 그게 바로 '식'의 경계입니다. 이것은 제가 지금까지 얘기한 적이 없었습니다. 왜냐하면 중생이 어리석고 사리에 어두워[愚昧] 말해도 이해하지 못하기 때문입니다.

우리 보통사람은 어느 때 이르러서야 호흡을 알까요? 베개를 베고서 잠들고 싶은데 아직 잠들지 못했을 때 자기의 호흡을 들었습니다. 이때에 자기의 호흡을 들으면 들을수록 잠들지 못합니다. 잠을 이루지 못하는 사람은 호흡을 가장 또렷이 듣습니다. 평소에는 또렷이 듣지 못합니다. 털구멍의 호흡은 더욱 말할 필요가 없습니다.

지식(止息)을 다시 얘기하겠습니다. 뚜렷한 예(例)가 하나 있습니다. 사물을 바라보며 주의를 기울일 때 호흡은 경미해져서 정지할 수 있습니다. 왜냐하면 주의력이 집중되었기 때문입니다. 또 몹시 두려울 때나 혹은 매우 기쁜 일을 만나게 되었을 때 그 찰나에는 호흡이 정지할 수 있습니다. 왜 정지할까요? 당신의 생각이 전일해졌기 때문입니다. 이것이 지식(止息)의 도리입니다.

그러므로 사람의 정신 생각이 어느 한 점에 집중되었을 때는 호흡이 자연히 생각과 한데 결합하는데, 이것을 전일한 정신이라고 합니다. 한 과학자가 어떤 문제를 사고할 때나 혹은 한 문학가가 한 편의 문장을 쓸 때 사고(思考)를 집중하고 있을 때는 호흡이 거의 모두 정지해 있습니다.

이런 원리를 이해했다면 당신이 수행할 때 생각 염두를 완전히 공령(空靈)하도록 놓아버리면 호흡이 서서히 충만하고 그 스스로 자연히 정지하게 됩니다. 이것을 지식(止息)이라고 부릅니다.

누가 퇴보하고 있는가

안나반나의 '지식입(知息入)'으로부터 시작하여 모두 16개 조목인데, 한 조목 한 조목마다 당신에게 이 특승법문을 말해주면서 수행은 오직 이 한 길[路]이 가장 좋다고 합니다. 무슨 선(禪)이나 무슨 밀(密)이나 모조리 뒤엎어버리고 바로 이 한 길로서, 부처님이 말씀하신 하나의 성공하는 법문입니다. 그러므로 『달마선경』은 대단히 수고롭게 당신에게 이 한 길을 일러줍니다. 그리고 더욱 주의해야 하겠는데, 그는 이 법문을 말하기 전에 말하기를, 수행자는 물러나기[退] 대단히 쉽다고 합니다. 날마다 발심 수행한다고 말하지만 날마다 물러납니다. 한 걸음 걷고 세 걸음 물러납니다. 물러나지 않더라도 줄어드니[減] 바로 좀 서서히 물러나는 것입니다. 비교적 좋은 경우도 그곳에 머물러 있는[住] 채 진보하지 않습니다. 이게 바로 물러나고 줄어들고 머물러 있는 것입니다.

『달마선경』은 먼저 몇 십 개의 상황을 말했습니다. 대략적으로 3,4십 개를 말했는데, 자세히 분석하면 매 한 개마다는 모두 물러남입니다. 당신은 자신이 수행하며 열심히 공부하고 있다고 생각하지만 사실상 당신은 날마다 퇴보하고 있습니다. 퇴보하지 않으면 물론 바로 진보입니다. 그러므로 『달마선경』은 매우 이해하기 어렵습니다. 이게 바로 비밀의 법문인데, 물러나고 줄어들고 머물러 있음입니다. 머물러 있음은 바로 멈추고 있음입니다. 멈추고 있어서는 안 되고 상승 진보해야 합니다. 앞으로 나아가야 합니다. 최후의 멸진정에 도달해서도 내버려야 '온갖 것이 다 공하다[一切皆空]'를 증득할 수 있습니다. 진정으로 공(空)의 경계에 도달해야 비로소 공성(空性)을 봅니다.

여러분은 육묘문에서부터 16특승까지의 수행법을 먼저 자세히 기억해두고 자기가 한 걸음 한 걸음 실험하며 밀고 나아가야 합니다. 이것이 대단히 중요합니다. 이것은 문제를 토론하는 것이 아닙니다. '제행(諸行)은 무상하니, 생멸법이다, 생멸이 소멸하니, 적멸이 즐거움이다[諸行無常, 是生滅法, 生滅滅已, 寂滅爲樂].'를 기억해두십시오.

다음으로, 상(相)에 집착한 일부 사람들은 닦은 게 정신병을 이루어서 말하기를, 정좌하며 빛을 보았네, 신상(神像)을 보았네, 부처님을 보았네, 귀(鬼)를 보았네, 신(神)을 보았네 합니다. 그런 신 이야기나 귀 이야기를 하는 사람들은 그게 단지 심리와 물리의 작용일 뿐이라는 것을 그 자신이 모르고 있습니다.

『달마선경』은 '안반(安般)이란 두 가지이다[安般者二種].'라고 말합니다. 저는 이제 농축하여 여러분들에게 말씀드립니다. 『달마선경』에서 무엇보다도 먼저 말하기를 수행은 퇴전(退轉)하기 쉽다고 합니다. 일반인들은 시작할 때는 몹시 수행하기를 원하지만 서서히 모두 퇴보합니다. 3,4십 가지의 퇴보가 있는데, 실제로는 그 정도에 그치지 않습니다. 예컨대 여러분들은 요 며칠 동안 여기에서 매우 정진하는 것으로 보입니다만 차를 타고 집으로 돌아가고 나기만 하면 이미 퇴보했습니다. 저처럼 이렇게 노력하고 부지런한 사람은 아직 없습니다! 일반인은 하지 않을 것입니다.

만약 진심으로 수행한다면 여전히 시시각각 노력하고, 시시각각 반성 검토하며, 더더욱 절실하고 진지하게 증득을 추구해야 합니다. 그래야 자기의 발심을 저버리지 않습니다.

(부록)

선관(禪觀) 연구

남회근 선생이 안나반나를 말한다

기리마난다 경(Girimananda Sutta)

들숨날숨에 대한 마음챙김(出入息念)

저자와 번역자 소개

선관(禪觀) 연구

남회근 선생 강의
석명광(釋明光) 기록

1. 정좌 자세—칠지좌법

(1) 정좌와 칠지좌법(七支坐法)

정의 힘[定力]을 닦음은 일체의 사업을 성취하는 기초가 됩니다. 불법에서 보면 정(定)을 익히는 것은 불교의 학문[內學]에서나 불교 이외의 학문[外學]에서나 공통 방법[共法]입니다. 정(定)을 닦고 익히는 공부는 선정(禪定)을 닦고 익히는 가운데 얻는 것으로, 모든 선정 법문은 마땅히 먼저 정좌(靜坐)로부터 입문해야 합니다.

중국의 유불도(儒佛道) 삼가와 인도의 바라문교, 그리고 요가 등의 정좌 자세는 종합해보면 약 96종이나 전해오는데, 그 가운데는 각종 자세와 방법들이 들어 있습니다. 불법에서 보통 이용하는 자세는 비로자나불 칠지좌법을 원칙으로 합니다. 이 자세는 간단히 가부좌라고도 부르고 보통 반족좌법(盤足坐法)이라고도 부릅니다.

(2) 칠지좌법의 요점

칠지좌법이란 지체(肢體)의 일곱 가지 요점을 가리키는 것으로, 다리·척추·어깨·손·머리·눈·혀 이렇게 일곱 부위가 그것입니다.

1) 쌍족가부좌(雙足跏趺坐): 쌍족가부좌를 할 수 없으면 반가부좌[單盤]를 이용합니다. 반가부좌에서 왼발을 오른쪽 허벅지 위에 올려놓는 것을 여의좌(如意坐)라고 하고, 오른발을 왼쪽 허벅지 위에

올려놓는 것을 금강좌(金剛坐)라고 합니다. 정좌를 익히기 시작할 때 반가부좌도 되지 않을 경우 그냥 양다리를 서로 교차하여 앉는 자세도 무방합니다

2) 척추를 곧게 폅니다. 허리를 자연스럽게 세우고 가슴을 폅니다. 신체가 약하거나 병이 있는 사람은 초보 단계에서 곧게 펴야 한다는 데 너무 집착하지 말아야 하며, 지나치게 힘을 써서는 더욱 안 됩니다. 공부가 도달하면 자연히 펴집니다.

3) 좌우 양손을 둥글게 맺어 단전(아랫배의 아래) 위에 두 손바닥을 위를 향하게 하여, 오른손을 왼손 바닥 위에 놓고 양 엄지손가락을 서로 가볍게 맞댑니다. 이것을 '결수인(結手印)'이라고 하고, 이런 손 자세를 '삼매인(三昧印: 정인定印이라는 뜻)'이라고 합니다. 이와는 반대로 왼손을 오른손 위에 놓은 손 자세는 '미타인(彌陀印)'이라고 합니다.

4) 좌우 양쪽 어깨는 적당히 평평하게 펴고, 너무 밑으로 쳐지게 해서는 안 됩니다.

5) 머리는 반듯이 하고 후두부를 약간 뒤로 당겨 바르게 합니다. 앞턱은 안으로 당기되, 고개를 숙이는 것이 아니라 목 부분의 좌우 대동맥 혈관 활동을 가볍게 누를 정도로 당깁니다.

6) 눈은 바르게 뜨고 시선은 똑바로 앞을 봅니다. 눈을 치뜨면 산란(散亂)하기 쉬우면서 오만한 태도에 가깝고, 내리뜨면 혼침(昏沈)하기 쉽습니다. 두 눈을 가늘게 떠서 감은 듯 뜨는 듯이 합니다. 시야는 전방의 세 걸음 내지 다섯 걸음 거리 떨어진 곳에 적당히 고정합니다. 그러나 초보자는 눈을 감는 것이 좋습니다. 공부가 도

달하면 자연히 가늘게 뜨는 모습이 됩니다.

7) 혀는 상악(上顎—위턱 두 앞니의 뒷부분 입천장)에 가볍게 대되, 아직 치아가 나지 않은 갓난애가 깊이 자고 있을 때의 혀 모양처럼 합니다.30) 침이 나올 때는 천천히 삼켜야 합니다.

(3) 정좌 환경과 주의사항

1) 정좌할 때는 공기를 반드시 소통시켜야 합니다. 그러나 바람이 곧바로 몸에 불어오도록 해서는 안 됩니다. 그럴 경우 장래에 풍습병(風濕病)에 걸리게 됩니다.

2) 정좌할 때는 밝기를 너무 어둡게 해서는 안 됩니다. 그럴 경우 혼침에 빠지기 쉽습니다. 너무 밝아도 안 됩니다. 그럴 경우 산란에 빠지기 쉽습니다.

3) 기후가 서늘하거나 추울 때에는 두 무릎과 후두부를 덮어서 따뜻하게 해야 합니다. 더운 날이라도 맨 무릎으로 내놓아서는 안 됩니다. 에어컨이나 선풍기 아래에서 정좌해서는 안 됩니다.

4) 정좌하는 곳은 물기 없는 바위나 판자 바닥 혹은 다다미가 제일 좋습니다. 그렇지만 적당하게 두껍고 부드러운 방석을 깔고 앉아야 합니다.

5) 처음 정좌를 배울 때에는 대부분 쌍족가부좌가 되지 않으니

---

30) 참고로 인도 요가술에 의하면, 혀는 입천장에 말아 붙인다. 혀끝으로 입천장 윗니 부분에서 목구멍 쪽으로 훑어 가다보면 두들두들한 부분을 지나 쏙 들어가면서 매끈한 곳이 있는데 혀를 말아서 혀끝 아래쪽을 그 부분에 댄다.

반가부좌로 하는 것이 마땅합니다. 반가부좌할 때는 엉덩이 부분에 반드시 방석을 깔아야 합니다. 방석의 높낮이는 각각 신체 상황에 따라 정하되 편한 정도가 원칙입니다. 방석이 너무 높거나 낮으면 신경이 긴장하게 됩니다. 방석도 적당히 부드러워야 합니다. 그렇지 않으면 정좌하는 심정과 효과에 영향을 미칩니다.

6) 정좌할 때는 약간 미소 짓는 얼굴이 제일 좋습니다. 사람은 웃고 있을 때 모든 신경이 자연히 느긋해지기 때문입니다.

7) 정좌 초보자는 배부르게 식사를 하고 나서 바로 정좌하지 않아야 합니다. 그럴 경우 소화불량이 될 수 있습니다. 배가 고플 때에 정좌해도 되지만 너무 배가 고플 때는 정신이 분산되므로 해서는 안 됩니다.

8) 정좌 초보자는 억지로 너무 오래 앉아 있어서는 안 됩니다. 짧은 시간씩 여러 차례 하는 것이 원칙입니다.

9) 정좌 초보자가 시작할 때에는 거울에 자기의 자세를 비춰보고 조정해도 됩니다. 그러나 거울을 들여다보면서 정(靜)을 닦아서는 안 됩니다. 앉은 다음에는 윗몸을 천천히 앞으로 구부렸다가 원자세로 돌아옵니다. 그런 다음 머리를 자연스럽게 위 아래로 천천히 움직여서 몸을 바르게 합니다.

10) 시계나 안경 등 몸에 차거나 끼고 있는 일체의 속박 물건들은 벗어버립니다.

(4) 칠지좌법에 대한 전설

불경 기록에 의하면 칠지좌법은 실전(失傳)된지 오래되어서, 뒷날 5백나한(五百羅漢)들이 수 년 동안 수행했지만 한결같이 입정(入定)할 수 없었답니다. 아주 먼 옛날부터 이런 정좌입정 자세가 있다는 것을 알고는 있었지만 끝내 그 요령을 얻지 못했답니다. 그런데 한 번은 설산 깊은 곳에서 한 무리의 원숭이들이 이 방법으로 좌선하고 있음을 발견하고 그대로 배워 익힘으로써 도(道)를 증득하고 아라한과를 얻게 되었답니다. 이 신화 같은 전설은 전해 온지 오래되었는데 고증할 필요는 없습니다. 요컨대, 이 자세가 생물의 자연법칙에 부합한다는 사실을 의심할 필요가 없습니다. 그리고 이 자세는 대체적으로 태아가 모태 속에 있을 때의 자세로서 편안하고 평온합니다.

2. 정좌의 기본지식

정(定)을 닦는 공부는 선정에서 오고, 선정의 수습(修習)은 정좌를 가장 기본으로 합니다. 그러므로 정좌의 외형 자세는 각종 수행(불가나 도가 그리고 외도)의 공통적인 방법입니다. 많은 정좌 자세 중에서는 칠지좌법이 가장 중요합니다. 일반적으로 우리가 보는 제불보살의 좌상(座像)은 모두 칠지좌법을 기본자세로 하고 있습니다. 외형 자세가 각종 수행의 공통적인 방법이라는 것을 이해하는 것

말고도 수행증득 면에서 성취를 하고자 한다면 역시 다음 몇 가지 점에 대한 기본지식을 갖추어야 합니다.

(1) 반드시 생리(生理)와 의학적 이치를 알아야 한다

보살 경계를 증득하려면 반드시 5명(五明)31)을 익혀 통해야 합니다. 의방명(醫方明)은 5명 중에 하나입니다. 마음과 물질은 그 뿌리가 동일하므로[心物一元] 신체가 건강하지 않으면서 도를 닦아 과위를 증득하려 하는 것은 불가능합니다. 두통을 예로 들면, 두통을 구성하는 원인은 많습니다. 눈·귀·위… 등 두통을 일으키는 원인은 여러 가지가 있을 수 있습니다. 위장이 좋지 않아서 그렇다면 위장약을 먹어 두통을 치료할 수 있습니다. 또 수인(手印)을 맺는 것은 생리 면에서 어떤 영향을 일으킬 수 있을까요? 물리적으로 보

---

31) 5명(五明)은 고대 인도의 5가지 학문을 의미한다. 브라만에서 시작하여 불교 이론으로 확립되었다. 『유가사지론』 제38권에서는 5명을 보살이 배워야 하는 5가지 학문으로 규정하고 있다.
  1. 성명(聲明): 언어, 언어학, 문자학, 훈고학, 문학을 비롯한 학문, 즉 언어의 표현 및 쓰기, 저술 능력을 의미한다.
  2. 인명(因明): 논리학, 논변술, 이미 내명을 증명한 보살, 이를 통해 바르지 않은 이론을 논박할 수 있고, 불교를 믿지 않는 자에게는 믿음을 주고, 믿음을 믿는 자에게는 신앙을 더욱 굳게 한다.
  3. 내명(內明): 불교 철학에서 교리학, 철학은 5명의 으뜸이고 불교에 있어서 경, 율, 논 삼장을 의미한다. 내명은 이미 실증된 보살에 대해서 스스로 수행하고 다른 사람의 깨달음을 돕는 역할을 한다. 브라만에게는 4가지 베다 이론을 깊이 연구하는 것을 말한다.
  4. 의방명(醫方明): 의학, 약학, 나아가 주술(다라니) 등을 통해 몸을 강하게 하고 다른 사람의 질병을 치료하여 중생을 구할 수 있다.
  5. 공교명(工巧明): 예술, 과학, 공예, 농업을 비롯한 학문, 즉 일상생활에 필요한 기예를 의미한다.

면 만물은 모두 에너지를 방사(放射)하고 있는데, 정좌할 때에 삼매인을 맺으면 인체의 신경 좌우측이 에너지를 방사하여 상호 선회(旋回)하는 작용을 합니다. 즉, 음양(陰陽)이 교류함으로써 신체가 방사하는 에너지가 감소하여 자연히 정신이 왕성해집니다. 정좌 초습자가 삼매인을 맺기 시작하여 일단 공부가 어느 상황에 도달하면 자연히 삼매인 모양이 삼각형인 생법궁(生法宮)32)으로 변하는데 그 이치가 무엇일까요? 인체 생명의 근원(根元)이 아래부위(고환 뒤로부터 항문 앞까지)의 삼각지대(三角地帶)에 자리 잡고 있기 때문입니다. 밀종에서는 삼각형 그림 기호를 만다라(曼茶羅)의 일종이라고 부릅니다. 만다라를 의역하면 '도장(道場)'이라는 말입니다. 인체의 생법궁은 여러 군데 있지만 이 삼각지대의 해저륜(海底輪)이 매우 중요한 하나입니다.

이상의 이런 문제들은 생리와 의학적 이치를 반드시 알아야 이해할 수 있습니다. 그러므로 중국의 고전의학인 『황제내경(黃帝內經)』과 『난경(難經)』, 더 나아가 현대의 생리학·해부학·인체과학·인체광학·인체전기학 등은 수도자가 마땅히 알아야 할 상식입니다.33)

(2) 정좌 자세의 교묘한 운용

칠지좌법은 다들 이용하는 방식이지만 개인마다 생리구조에 차

---

32) 삼맥칠륜도를 참고하기 바란다.
33) 『중의학 이론과 도가역경』,『도가밀종과 동방신비학』,『정좌수도강의』『참동계 강의』 등을 참고하기 바란다.

이가 있으므로, 실제 정좌 자세에서는 앉는 자세와 다리를 트는 것과 수인을 맺는 것, 이 세 가지 면에서 적당하게 조절할 수 있습니다. 다리가 긴 사람이라면 쌍족가부좌를 하고, 왼팔이 길고 오른팔이 짧다면 삼매인을 맺는 게 마땅합니다. 오른 다리가 길고 왼 다리가 짧다면 금강좌를 하는 것이 마땅합니다. 정좌 초습자는 반가부좌가 마땅하고 방석의 높낮이는 각자의 신체 상황에 맞춰 정하되 편안한 정도로 하는 것이 원칙입니다. 수인도 체격에 따라 정할 수 있습니다. 그렇지만 물건을 이용해 높게 받치거나 낮게 놓아서는 안 됩니다. 수인에는 원래 여러 가지 다른 형식들이 있습니다.

(3) 올바른 정좌 효과

칠지좌법을 기본으로 하되 자기 신체 구조를 고려하여 자기에게 적합한 정좌 자세를 한 가지 선택합니다. 매일 꾸준히 닦아 익히다 보면 시일이 얼마 지나지 않아 아랫배가 충실해진 것을 스스로 느낄 수 있습니다. 일반인들이 말하는 단전의 기(氣)가 충만해지고 얼굴빛이 훤합니다. 이때부터는 적어도 병을 물리치고 수명을 늘리는 효과를 얻을 수 있습니다. 여기에다 올바른 선정을 수행하여 게으르지 않고 정진하면 자연히 심신이 자비희사(慈悲喜捨)의 4무량심(四無量心)으로 넘치는 장엄한 모습을 띠게 됩니다.

3. 수증과 방법

(1) 수증(修證)의 중요성

불법을 배움에 있어서는 수행 증득이 중요합니다. 불법에 포함된 경(經)·율(律)·논(論) 3장(三藏)은 모두 자기를 바로잡아[修正] 어떻게 범부를 뛰어넘어 성인의 경지에 나아갈 것인지 그 이치를 설명하는 것입니다. 지금은 말법시대로서 수행한 사람 중에 진정으로 과위를 증득한 자가 확실히 적습니다. 거의 없다고 할 수 있는데, 혹시 제불보살이 하신 말씀에 잘못이 있어서 그럴까요? 그렇지 않습니다. 부처님은 자신이 몸소 깨달은 실상반야(實相般若)의 참지혜를 말씀하시는 분[眞語者]이요, 자신이 몸소 깨달은 제법실상(諸法實相)의 이치를 말씀하시는 분[實語者]이요, 시방삼세의 모든 부처님과 똑 같이 말씀하시는 분[如語者]이요, 중생을 속이는 말씀을 하시지 않는 분[不誑語者]이요, 궁극적으로는 일체중생이 다 부처가 되도록 이끌기 위한 가르침이지 이와는 다른 말씀을 하지 않는 분[不異語者]이시니, 여실히 믿고 법대로 수행하면 반드시 성과(聖果)를 증득합니다.

(2) 수증의 길

수증의 길로는 마땅히 세 가지 일을 분명히 알아야 합니다. 첫째는 발심(發心)입니다. 위로는 불도를 구하고 아래로는 중생을 교화

하면서 보리를 증득하지 않고는 맹세코 성불하지 않겠다는 것입니다. 둘째는 성불의 도리[成佛之道]를 알아야 합니다. 먼저 반야(般若)와 유식(唯識: 법상法相), 그리고 중관(中觀)에 대해 분명한 인식이 있어야 합니다. 셋째는 진실하게 수증해야 합니다. 알고 있는 도리에 따라 확실히 수행하고 밝은 스승을 참방 지도받아 곧바로 보리의 묘한 길[菩提妙路]로 나아가야 합니다.

이상 두 가지 이유에서 금년에 성유식론(成唯識論)과 선관연구(禪觀研究) 두 부문의 강의과정을 개설합니다. 아울러 학우들은 일기를 쓰기 바라며 수행 과정에서 진정으로 성과(聖果)를 증득하기를 기대합니다. 선관연구과정 내용은 세 부분으로 나뉩니다. 먼저 선(禪) 수행의 길을 강의하고, 그 다음에는 선 수행의 각 수행법문[行門]을 강의하고, 마지막으로 다른 종파들의 수행법문을 강의하겠습니다.

(3) 수행의 핵심 이치

"마음을 한 곳으로 통제(집중)하면 이루지 못할 일이 없다[制心一處, 無事不辦]."라고 부처님은 말씀하셨습니다.

무슨 일을 하거나 배움을 추구해도 성취가 잘 되지 않는 것은 모두 마음을 한 곳으로 통제하지 못하기 때문입니다. '마음을 한 곳으로 통제함'은 현교(顯教)나 밀교, 외도(外道) 할 것 없이 정(定)을 닦는 데 이용하는 공통된 방법입니다. 마음을 한 곳에 통제할 수 있다면 신통능력을 갖출 수 있지만 불법의 해탈과는 무관합니다. 염불의 일심불란(一心不亂) 법문도 마음을 한 곳에 통제함으로써 증득한 효과입니다.

(4) 불법의 기초

"제행(諸行)34)은 무상하니, 생겨났다 소멸하는 법이라, '생겨났다 소멸하는 법'이 소멸하니, 적멸이 즐거움이다[諸行無常, 是生滅法, 生滅滅已, 寂滅爲樂]."

생각(思想)·염두(念頭)는 생멸법입니다. 어떻게 함으로써 염두(念頭)가 일어나지 않게 할 것인가? 그 방법이 바로 청정함의 기초가 됩니다. 염두가 일어나지 않음은, 예컨대 놀라 넘어졌을 때, 억누르는 것이 아니라, 마음을 '비고 밝은 곳[空明處]'에 통제하는 것입니다. 이렇게 마음을 한 곳에 통제하여 공부가 도달하면 자연히 기질이 변화하고 신통능력을 갖추게 됩니다. 하지만 불제자가 신통으로 사람들을 미혹시키면 보살계를 범한 것입니다. 신통(神通)도 망념이 발생시키는 것이기 때문입니다. 통(通)함은 도(道)의 꽃이지 도의 열매(果)가 아닙니다. 신통은 수행의 자연적인 부속품이지 주체가 아닙니다.

(5) 선·선종·선학

근래에 많은 사람들이 선종의 공안을 연구하면서 이를 문학화·

---

34) 인연 화합으로 형성된 모든 것, 즉 모든 물질적 정신적 현상.

철학화하여 분석하고 깊이 토론합니다. 이와 같은 것은 결코 선(禪)이 아니라 굳이 부른다면 선학(禪學)이 됩니다. 선종은 학설이 아닙니다. 이는 간단한 논리입니다. 선은 실제 수증을 중시하는 것으로 '언어의 길이 끊어졌고 마음이 갈 곳이 사라진[言語道斷, 心行處滅]' 경지입니다. 선종의 초보 행지(行持) 법문은 엄격히 말하면 역시 '마음을 한 곳에 통제하는' 이치입니다. 설사 돈오선(頓悟禪)일지라도 그렇습니다.

(6) 십념법

대소승 경전에서 말하고 있는 각종 수행 법문은 모두 십념법(十念法)을 떠나지 않습니다. 십념법이란 염불(念佛) · 염법(念法) · 염승(念僧) · 염계(念戒) · 염시(念施) · 염천(念天) · 염아나반나(念阿那般那: 출입식出入息) · 염신(念身) · 염휴식(念休息) · 염사(念死)입니다. 이제 간단히 설명하겠습니다.

1) 염불

염불은 염주를 들고 입으로 나무아미타불… 하고 외는 것만을 말하지 않습니다. 그렇게 말하면 불법을 비방하는 것이나 다름없습니다. 정토염불의 실제 의미를 이해하려면 반드시 먼저 세 가지 경을 이해해야 합니다. 즉 『아미타경』과 『관무량수불경』 그리고 『무량수경』입니다. 여기에다 『능엄경』의 「대세지보살 염불원통법문(大勢至菩薩念佛圓通法門)」, 그리고 『반야심경(260자)』, 『대승기신론』을 합해서 '5경1논(五經一論)'이라고 하는데, 정토종 염불법문의 이론 기초가 됩니다. 소위 염불이란 간단히 말하면 생각 생각이 부처님의 이치(理)·상(相)·경계(境界), 다시 말해 본체[體]·현상[相]·작용[用]에 있는 것입니다. 범부는 염불하면 망상이 잡다한데, 청정한 마음으로 염불하는[淨心念佛] 경지에 진정으로 이를 수 있다면 한 생각 사이에 바로 성위(聖位)를 증득할 수 있습니다.

2) 염법

법(法)은 곧 불교의 교리[佛理]를 말합니다. 즉, 대소승 경전에서 논하는 교리[理]입니다. 염법이란 부처님이 설한 법을 마음속에서 항상 생각하고 언제나 참구하면서 날마다 수행하고 있는 것입니다. 예를 들어 37조도품(三十七助道品) 중 4념처(四念處)를 사유할 경우, 몸을 생각하면서는 '몸이 깨끗하지 못하다'고 관찰하고[觀身不淨], 느낌을 생각하면서는 '느낌은 괴로움이다'라고 관찰하고[觀受是苦], 마음을 생각하면서는 '마음은 무상하다'고 관찰하고[觀心無常], 법을 생각하면서는 '법은 무아다'고 관찰하는 것[觀法無我]입니다. 『반야심경』의 이치를 생각하는 것도 법을 생각함에 해당합니다. 그렇다면 날마다 15시간 동안 깨어 있는 것도 생각 생각이 법에 있는 것은 아닐까요? 진정으로 수행하는 사람은 날마다 24시간 내내 법에 의지하여 수행합니다. 잠자리에 들어서도 마음속으로는 둥근 해[日輪]를 관상(觀想)하면서 여전히 정(定)을 익히고 있습니다. 그러므로 수행이란 상당히 빈틈없이 신중한 것입니다.

3) 염승

승(僧)이란 승가(僧伽)로서, 청정대해중(淸淨大海衆)의 승을 말합니다. 염승이란, 예를 들면 5백나한이 어떻게 성과(聖果)를 얻었는지를 생각하는 것입니다. 도제(道濟)선사, 즉 제공활불(濟公活佛)은 어떻게 세상과 사람들을 구제했는지 생각하거나, 또 목련존자나 문수보살, 관세음보살 등을 모범으로 삼아 본받고 수행하는 것이 모두 승가를 생각함에 해당합니다.

4) 염계

계율이란 행위규범으로 무상보리의 근본입니다. 수행자는 24시간 중 어느 때나 항상 자기의 신체[身]·언어[口]·마음[意] 이 세 가지의 행위가 규범 속에 있는지 생각해야 합니다.

5) 염시

염시(念施)란 항상 보시할 것을 생각하는 것입니다. 물질적으로만이 아니라 생리적·심리적·정신적으로도 보시하는 것입니다. 즉 우리가 지니고 있는 것은 무엇이나 공헌하고 희사하는 것입니다. 대승에서의 보시를 실천할 수 있는 사람은 몇 되지 않습니다. 우리가 흔히 말하는, '의(義)를 좋아하여 아낌없는 것[慷慨好義]'도 바로 보시입니다. 그러나 일반인들 중에는 의를 좋아하는 사람은 많이 있지만, 진정으로 의를 좋아하여 아낌없는 행위를 할 수 있는 자는 몇 사람 안 됩니다. 이른바 도움을 준다는 것도 모두 조건적인 것이거나 명예나 이익을 위해서입니다. 설사 자신에게 동전 한 푼이나 밥 한 그릇 밖에 없어도 이를 오로지 참된 정성에서 아무조건 없이 희사할 수 있다면 이야말로 진정한 염시 행위입니다. 그리고 희사 공헌하고도 마음에 아무런 미련을 갖지 않고 지나고 나면 즉시 비워버려야 보시의 도리라 할 수 있습니다.

6) 염천

3세인과(三世因果)와 6도윤회는 불교의 기본이론입니다. 이 이론은 나와 남의 생명 과정의 유전(流轉) 현상을 설명하는 것입니다. 유전 현상은 그 자성(自性)이 본래 공(空)하기에 인연에 따라 생겨나고 인연에 따라 소멸합니다[緣生緣滅]. 그러나 『반야심경』에서 말하는 '생겨나지도 않고 소멸하지도 않으며, 더럽지도 않고 깨끗하지도 않다[不生不滅, 不垢不淨]'는 것은 아닙니다. 우리들에게 나타나는 태어남과 죽음이라는 과정은 자기 생명의 분단(分段) 현상으로서 생명이 일으킨 작용일 뿐입니다. 그러므로 본래(本來)로 되돌아가야 비로소 생명의 진제(眞諦)입니다. 천상세계는 6도(六道)의 하나로서, 인류가 거주하는 지구 이외의 세계 생명을 가리킵니다. 소위 '천인(天人)'들이 사는 곳을 말합니다. 그런데 천인들의 생김새가 우리 인류 중생의 모습과 비슷한 것 같지는 않습니다. 밀종에서 표현하는 불상(佛像)이 천인인지 아닌지도 역시 말하기 어렵습니다. 하지만 최신 공상과학에서의 관념과 많은 부분이 유사하고 현대 물리학이나 우주과학 등에서의 관념과도 많은 부분이 서로 근접합니다.

그러므로 오늘날에 불법을 배움은 이미 과거 19세기 불법과 철학 수준에 머물러 있지 않습니다. 이미 불학과 과학을 결합시키는 새로운 추세에 진입했습니다. 불법의 관점에서 볼 때 사람이 천상계에 태어난다는 것은 간단한 일이 아닙니다. 선근(善根) 복덕을 갖추는 게 필수적입니다. 기독교나 회교 같은 다른 종교에서 수행하는 것은 천상세계를 생각하는 법문에 해당합니다. 그들이 수행하는 바가 궁극인지 아닌지는 종교철학의 이론이나 관념, 사상의 문제입니다. 일반 민간에서의 배배(拜拜)35)도 염천 법문으로 단지 정도의 차이가 있을 뿐입니다. 만약 사상관념이 정확하면 정교(正敎)이지만, 틀리다면 비정교(非正敎)에 속합니다.

7) 염아나반나

천태종에서는 지관(止觀)에서의 지법(止法)을 중시하는데, 바로 십념법 중의 아나반나로부터 시작합니다. 티베트의 밀교 총카파 대사가 달라이 라마와 판치엔[班禪]에게 전해주고 난 이후부터의 지관 법문은 천태종과 거의 동일한 노선으로서, 역시 아나반나 출입식(出入息)을 닦는 것으로부터 입문합니다. 이 법을 사념하는 데는 우리의 몸이란 4대(四大)인 지수화풍(地水火風)의 화합으로 이루어진 것임을 반드시 알아야 합니다. 이런 4대에 허공[空]이 더해져 신체가 구성되고, 다시 여기에 식(識)이 더해져 6대(六大)가 됩니다. 여기에 또 다시 각(覺)이 더해져 완전한 인체로서 7대(七大)가 구성됩니다. 그러므로 육체적인 생명이 정신 영혼의 작용이 있게 되어 지각(知覺)과 감각(感覺)이 받아들이는[納受] 작용이 있습니다.

---

35) 대만이나 민남(閩南) 지역에서 명절날 행해지는 제례의식.

정좌수식(靜坐數息)은 풍대(風大)로부터 시작합니다. 인체에서 풍대 작용은 호흡의 왕래입니다. 호흡으로부터 시작하는 수행법문은 아주 많습니다. 세계적으로 보면 현교나 밀교, 인도의 요가, 그리스·이집트 그리고 중국의 도가 등에서 닦는 출입식 등의 법은 200여 가지가 있는데, 정말 재미있습니다. 그 안에는 오늘날 유행하는 무슨 법이네 무슨 기공이네 하는 것들이 다 포함됩니다.

밀종의 황교(黃敎)와 천태지관법은 대체로 출입식을 어떻게 이용하여 정(定)을 익힐 것인가에 대하여 설명합니다. 예컨대 천태종의 소지관(小止觀)인 육묘문(六妙門)도 염아나반나로서 출입식으로부터 입문하는 것입니다. 소위 육묘법문이란, 첫째 수(數)·둘째 수(隨)·셋째 지(止)·넷째 관(觀)·다섯째 환(還)·여섯째 정(淨)이 그것입니다.

(7) 맺는 말

불법을 배움에 있어 중요한 것은 수증인데 수행법은 십념법을 벗어나지 않습니다. 십념법 중에서도 염아나반나는 갖가지 선정 수행법문들(불교의 현교와 밀교 그리고 기타 각 종파와 외도를 포함합니다)로 나아가기 위해 공통적으로 배우는 방법입니다. 염아나반나는 신체의 4대 중 풍대관인 호흡으로부터 입문하는 것입니다. 천태종 지관의 육묘법문(六妙法門), 즉 소지관(小止觀)도 아나반나의 일종입니다. 자꾸 변모하여 일반 내공(內功)의 근본이 되었습니다. 하지만 아나반나는 삼승(三乘)36)이 도를 얻는 중요한 방법입니다.

그러므로 육묘법문을 수행하면 첫째는 자신이 성과(聖果)를 증득할 수 있고, 둘째는 중생을 제도하는 방편이 될 수 있으니 알지 않으면 안 되며 배우지 않으면 안 됩니다.

(이상은 『선정과 지혜 수행입문』에서 전재)

---

36) 성문승 · 연각승 · 보살승

남회근 선생이 안나반나를 말한다

대안반수의경(大安般守意經)
실제 수행의 요약

1. 안반(安般)

안반은 고대 범어 번역음입니다. 온전한 명칭은 안나반나(安那般那, 범어음은 아나파나)인데, 출입식(出入息)을 가리킵니다. 안나는 내쉬는 숨이고 반나는 들이쉬는 숨입니다. 안나반나는 호흡을 이용하여 수행하는 방법인데, 석가모니불이 몸소 전수해준 것으로 하나의 실제의 수지 방법입니다. 불학이 융성 발전한 뒤로 이런 수증 공부는 도리어 중시 받지 못하고, 다들 호고무원好高鶩遠)이라는 잘못을 하나 범했습니다. 즉, 모두들 높은 길을 걸어가고 싶어 하고 곧바로 깨달아 부처를 이루고 싶어 한 것입니다.

2. 식(息)

안나반나 법문은 수식관(數息觀)이라고 합니다. 무엇을 식(息)이라고 할까요? 바로 우리의 생명이 자연히 호흡이 정지하여 내쉬지도 않고 들이쉬지도 않는 중간에 머무르는 그 단계입니다. 심념을 완전히 내려놓아 호흡이 조용하고 정지한[停止] 청정한 휴식입니다. 의도적으로 억누르는 것이 아님을 식(息)이라고 합니다.

우리 인체 생명 생리작용의 하나의 중대한 요소를 풍대(風大)라고 하는데, 지수화풍 4대(四大)의 하나입니다. 우주에서는 기류(氣流)이며 바람입니다. 풍은 소리가 없으며 색깔도 없습니다. 물질도 아니지만 정신도 아닙니다. 바람이 움직인 뒤에 소리를 들을 수 없습니다. 바람 소리는 물질과 마찰해서 나는 소리이지 바람의 소리가 아닙니다. 바람이 금속에 부딪치거나 물에 부딪치면 나는 소리는 다릅니다. 그러므로 바람에 소리가 있다고 여기지 말기 바랍니다. 바람은 무성(無聲)·무색(無色)·무형(無形)·무상(無相)의 것입니다. 바람이 정지한 상태는 마치 우리가 지금 실내에 밖의 바람이 들어오지 않아 고요하고 답답한 것 같습니다. 식(息)은 바람이 조용한 경계에 근접한 것입니다. 그러나 이 고요함은 가짜 정지(靜止)입니다. 손을 움직이자마자 저 식(息)의 경계는 기류로 변하고, 좀 더 커지면 바람으로 변합니다.

안나반나의 수행은 당신 더러 먼저 식(息)의 도리를 인식하게 합니다. 호흡의 왕래가 헐떡거리지 않고 코 호흡소리도 조용해졌으며 자기의 신체 내부와 외부가 모두 움직이고 있는 것, 이를 식(息)이라고 합니다. 안나반나 출입식을 닦음은 이 식(息)을 닦는 것입니다. 코에서 왕래하는 호흡을 닦는 것이 아닙니다. 이것이 중요합니다.

3. 의(意)

『대안반수의경』은 그 중점이 수의(守意)에 있습니다. 안나반나는 도구입니다. 의(意)는 어떠한 물건일까요? 의는 신체의 어느 곳에 있을까요?

의(意)는 제6의식에서 의념(意念) · 생각[思想]으로 나타나고, 의근(意根)은 제7식에 있습니다. 의(意)의 작용 기관은 두뇌에 있습니다. 그러나 주의해야 합니다, 우리가 여기 앉아있으면서 밖의 자동차 소리와 신체 밖의 환경을 들을 수 있는데, 실제로는 의는 신체 밖에 있지도 않고 신체 안에 있는 것도 아니며 중간에도 있지 않습니다. 안과 밖 중간 이 전체가 의(意)입니다! 우리가 현재 가지고 있는 부모가 낳아준 신체에서 의(意)가 뇌 속에서 움직이고 생각이 여기서 움직이고 있는 것을 느끼는데, 이 생각이 움직임은 의(意)의 분별 작용입니다. 분별하는 생각을 움직이지 않게 하면, 생각이 오면 곧 내던져 버리고 움직이지 않으면, 수면도 없으며 가뿐하고 상쾌합니다. 이 뇌를 상관하지 말고 이 신체도 상관하지 마십시오. 그러면 이 의(意)와 안과 밖이 전체이며 온통인 것임을 체험할 수 있습니다.

4. 수의(守意)

진정한 수의(守意)는 바로 대승 불법의 관심(觀心)입니다. 매 생각이 오면 마음속에서 무슨 생각 · 감각 · 지각이 일어나는데, 이게 바로 심의식(心意識)이 움직이고 있는 것입니다. 이 움직임이 망상(妄想)인데, 이를 깨끗이 쓸어버려야 합니다. 누가 이를 쓸어버릴까요? 당신이 자기가 생각하고 있다고 '아는 그것', 그것이 진의(眞意)로서 제6의식의 맑고 명백한 의(意)입니다. 당신의 생각은 의식상의 뜬 거품으로 물위의 한 층의 기름과 다름없습니다. 그러므로 자기의 이 생각 동력에 속지 말기 바랍니다. 기름 면을 맑게 제거하면 그 맑고 밝은 것이 바로 방금 내가 가리킨, 사면팔방으로 다 '아는 그것'이야말로 본의(本意)입니다.

　당신의 그 의(意)는 자기가 생각하고 있다는 것을 아는데, 그것은 청정합니다. 이론상으로는 '지(知)'라고 하며 '지성(知性)'이라고 하며, 명심견성의 성(性)입니다. 이 '지(知)', 이 '의(意)'는 꼭 머릿속의 작용인 것은 아닙니다. 그것은 있지 않는 곳이 없습니다. 그러므로 안나반나 수의(守意)는 먼저 안반을 말하지 않고 당신더러 언제 어디서나, 정좌하는 것뿐만 아니라 평소에 길을 걷거나 사람됨이나 일처리에 있어, 언제나 이 청정함을 보호 유지하라고 가르칩니다. 수의(守意)란 이 경계를 지키며, 정(定)도 이 경계에 정(定)으로 있는 것입니다. 이 청정함을 지키고 있으면 온갖 잡념이 사라져 버립니다. 이게 바로 지(止)이며, 바로 정(定)입니다. 그렇게 정이 오래 지속되면 초선(初禪)·2선(二禪)·3선(三禪)……으로 나아갑니다. 진정으로 정(定)에 들어갔다면 꼭 다리를 틀고 앉는 것은 아닙니다. 서 있어도 되고 앉아 있어도 됩니다. 때로는 정(定)에 들어 3일 동안 내내 움직이지 않고 잡념이 오면 곧 쓸어버립니다. 심지어 쓸어버린 뒤에는 쓸어버릴 필요 없이 잡념이 사라져버리며 망상도

없습니다. 이게 바로 수의(守意)입니다

사실은 '수(守)'라는 글자를 하나 더한 것은 문자적인 표현을 위해서인데, 불수의(不守意)라고 하는 게 비교적 더 좋습니다. 당신이 하나의 '지킨다'는 의미의 '수'를 꽉 붙들어 쥐고 있으면 틀립니다. 수의(守意)는 당신더러 이 청정함을 잊지 말라는 것이지, 따로 하나의 '수'를 더하라는 것은 결코 아닙니다. '수'를 하나 더한다면 바로 머리 위에 머리를 더하는 것입니다.

5. 수식(隨息)

의(意)를 인식한 뒤에 수식을 말해야 합니다. 무엇을 '수(隨)'라고 할까요? 호흡을 따라가는 것이 아닙니다. 지금 우리가 의념이 청정하고 머리가 청정합니다. 이 호흡의 왕래 장단을 따라가지 마십시오. 들어오고 나가는 것을 다 압니다. 당신이 알면, 수(隨)라고 합니다. 수(隨)의 의미는 바로 심념과 기(氣)가 하나로 배합한 줄 아는 것입니다. 잡념이 있자마자 재빨리 쓸어버립니다.

자리에 올라 앉아 느슨하게 합니다. 온몸을 느슨하게 하고 오직 기(氣)에만 상관하고 육체는 상관하지 않습니다. 오로지 놓아버리기만 하고 눈은 감습니다. 의념이 이렇게 보태지도 않고 빼지도 않으면, 자연히 청정하고 의(意)가 여기에 있으며, 자연히 호흡을 지닙니다. 애를 쓰지 마십시오. 왜냐하면 의념이, 이미 '이게 바로 의(意)라는 것'을 감각했기 때문입니다. 이 마음은 청정한 것입니다. 무엇을 구하지 않고 늘어나지도 않고 줄어들지도 않습니다. 지성

(知性)과 자연스러운 호흡 왕래를 결합하고 힘을 쓰지 마십시오. 천천히 풍(風)으로부터 기(氣)로 변하고, 기로부터 식(息)으로 변하며, 식의 경계에 도달하면 마치 염두도 공(空)해졌고 머리도 생각하지 않게 됩니다. 기식(氣息)이 정지한 것 같습니다. 이게 바로 식(息)의 경계입니다. 물론 처음 배울 때는 이런 경계가 드뭅니다. 때로는 한 찰나 사이에 지나가버립니다. 그러나 상관없습니다. 천천히 여기에 멈추어 있음[止]을 연습합니다. 여기에 멈추어 있은[止] 뒤에도 여전히 호흡이 있습니다. 최후의 호흡은 미약합니다. 심지어 미약하여 호흡이 없음에 도달하고, 없음에 도달한 뒤에도 당신의 신체 내부는 움직이고 있음을 감각합니다. 그것을 '내식(內息)'이라고 합니다. 그것이 오랫동안 정(定)의 상태에 있은 뒤로는, 도가가 말하는 기경팔맥(奇經八脈), 임맥(任督)과 독맥(督脈), 밀종이 말하는 삼맥칠륜(三脈七輪)이 지식(止息)의 경계에서 서서히 모두 통합니다. 그러나 이를 상관하지 말고 당신은 그냥 지식(止息) 경계만 상관하십시오.

(부기) 수식(數息)

당신이 호흡을 틀어쥐고 있으면 머리가 틀림없이 맑게 깨어있습니다. 만약 혼침(昏沈)이라면 재빨리 코의 호흡에 주의를 기울입니다. 먼저 방금 전의 수의(守意)를 이용하지 말고, 먼저 출입식(出入息)을 헤아리십시오. 출입식이 붙잡아져 지식((止息)에 이르면 머리가 청정해지고 염두도 청정해집니다. 선종에서 흔히 비유하여 말하기를 우리의 마음은 원숭이 같다고 합니다. 또, 한 마리의 소와 같아서 이 야생 소가 멋대로 달리는데 무엇으로 이를 매어놓을까요? 호흡을 고삐로 삼아 이를 매어 돌아오게 해서, 서서히 이 소를 관리하고 길들이며 훈련시킵니다. 그리하여 천천히 복종하게 되어 소가 함부로 달리지 않고 여기 꿇어앉아 있습니다.

(이상은 실수안반수의경 적요(實修大安般守意經」摘要))

남회근 선생과 피터 세인지와의 대화

남선생님 : 당신이 정좌하고 있을 때 기가 멈추었고[氣住] 코의 호흡이 멈추었다면, 이때는 서서히 아랫배가 움직이고 있음을 느낄 것입니다. 마치 태아가 코로 호흡할 필요 없이 탯줄로 호흡하는 것처럼 그럴 겁니다. 하지만 일반인들은 그렇게 해내지 못합니다. 이 단계에 이르면 한 가닥의 기(氣)가 앞으로 향하여 돌진합니다. 배꼽 아래 치모(恥毛) 위에 있는 한 가닥의 선의 위치를 우리는 과거에 청춘선(靑春腺)이라고 했는데, 기가 여기로 돌진하면 성욕이 올라와서 해결하지 않으면 안 되어 결과적으로 배설해버립니다. 이때 만약 성욕을 범하지 않을 수 있다면 신체는 자연히 날마다 좋아집니다. 저의 소년 시기에는 항상 청춘선 여기가 후련했습니다. 당신도 젊었을 때 그렇게 느꼈습니까?

오늘은 당신을 위해 안나반나 수행 방법을 말하겠습니다. 이것은 불학에서 공법(共法)이라고 합니다. 불공법(不共法)이 아닙니다. 왜 그럴까요? 인도의 쿤달리니 요가나 기타의 요가 문파, 바라문교, 티베트 밀교, 소승, 대승 더 나아가 기타 세계의 모든 종교에서 정(定)을 닦고 정(靜)을 구함을 말함에는 모두 공통적으로 이 노선을 걸어가기 때문에 공법이라고 부릅니다. 불법이 기타 종교와는 공유하지 않는 법인 불공법은 반야지혜의 성취를 말합니다. 하지만 여전히 공법과 배합하여 수행해서 옵니다.

이제 우리는 명사를 다시 한 번 설명하겠습니다. 내쉬는 숨을 '안나'라고 하며 들이쉬는 숨을 '반나'라고 해서, 중문으로는 출입식(出入息)이라고 합니다. 지난번에 말했듯이 사람이 모태 중에서는 코로 호흡하지 않기 때문에 태아는 출입식이 없습니다. 그러나 태아 자신은 한 가닥 생명의 기능이 있고 스스로 식(息)이 있어서 생이 있고 멸이 있는데, 생멸 현상입니다. 비유하면 전류와 마찬가지입니다. 이는 단지 비유일 뿐임을 기억해두기 바랍니다. 그러나 생명은 중간에 끊어지는 것이 아니라, 계속 이어져 끊어지지 않는 것입니다.

태아가 출생해서 탯줄을 자르고 입속의 더러운 것을 파내면 입을 열고 와~ 하고 한 소리를 내는데, 원래는 생명 속의 기를 내쉬는 것입니다. 그런 다음 코가 첫 번째 한 입의 기[一口氣]를 들이쉽니다. 최후에 죽을 때는 최후의 한 입의 기를 내쉬고 있는 것입니다. 불경·밀교·도가 모두가 분명하게 설명하지 않은 점은, 영아가 태어나서 죽을 때까지 모두 호흡이 자연스럽게 오고가지만, 태아가 콧구멍과 털구멍이 없는 호흡은 단지 오늘날 말하는 한 줄기의 에너지에 의지하여 부단히 팽창하고 수축하면서 생명이 점점 성장한다는 것입니다. 진정한 수식(修息)은 그 작용을 닦는 것이지, 호흡왕래의 작용을 닦는 것이 아닙니다. 이점을 먼저 분명히 설명합니다.

오늘날 일반적인 호흡 수행 방법은 수식관(數息觀)이라고 하는데, 수식(數息), 수식(隨息), 지식(止息)으로 나누어집니다. 일본 선종을 포함한 대다수의 사람들이 호흡 왕래를 식(息)으로 여깁니다. 그들이 말하는 수식(數息)은, 들이쉬지도 않고 내쉬지도 않는 저 생명 본원의 식(息)을 가리키는 것이 아닙니다. 중문에서의 식(息)은 휴식한다는 뜻입니다. 『역경』 관념의 식(息)은 성장한다는 뜻입니다. 호흡 왕래 때 소모 방사하는 작용으로 들이쉬고 내쉬는 것은 생멸법입니다. 그러나 식(息)은 소모하는 것이 아니라 들어오지도 않고 나가지도 않은 정지하고 있는 것입니다. 이것은 생사를 끝마치는 법문입니다!

중국 천태종은 호흡과 식(息)의 관계를 네 가지로 나누어 대단히 분명하게 말해놓았습니다. 한 번 들어오고 한 번 나가는 급하고 짧은 것은 폐 부위에 곧 도달합니다. 예컨대 달리고 있을 때의 가쁜 호흡인데, 이를 천(喘)이라고 합니다. 가쁘지 않는 왕래의 호흡은 풍(風)이라고 합니다. 비교적 깊고 길며 조용해진 호흡, 예컨대 정좌하고 있거나 잠들었을 때의 호흡으로, 가늘고 자신조차도 그 소리를 듣지 못하고 단지 코끝에 감각만 있는 호흡을 기(氣)라고 합니다. 당신이 남이 잠자고 있는 모습을 관찰해 보아, 만약 아직 호흡이 왕래하고 있다면 이 사람은 진정으로 잠들지 못했으며 뇌 속이 완전히 휴식하지 못했습니다. 그렇게 한 찰나 동안 이 사람이 내쉬지도 않고 들이쉬지도 않는다면, 그 때에는 진정으로 잠이 들었습니다. 그 때의 식(息)의 경계는 완전히 고요해졌습니다. 보통사람은 정좌하고 있거나 잠을 자고 있을 때 이런 경계를 만나는 것은 잠시이고, 곧 바로 호흡왕래의 경계로 돌아와서 기가 또 들어왔다 나갔다 합니다. 사람이 정좌하고 있을 때 그의 곁에서 그 사람의 호흡이 거친 것을 들어볼 수 있는데, 그건 아예 산란 속에 있는 것인데 어디 정좌이겠습니까! 경험이 있는 선생님은 보자마자 듣자마자 이 사람이 진정으로 정좌하고 있는지 아닌지를 압니다.

당신이 8,9세의 어린이에게 좀 주의를 기울여보면 아이 몸의 폐 부위와 위 부위가 원만하여 한 가닥 선으로 내려오며, 호흡이 들어오면 전신에 두루 미칩니다. 진정으로 공부를 수련하는 사람은 기를 흡입할 때 복부가 거두어 들어가는 것을 압니다. 권법을 하는 사람은 주먹을 내밀면서 허! 하고 한 소리를 하는데, 이는 기를 방출하여 힘을 증가시키는 것으로, 아무 소리도 내지 않고 주먹을 내미는 것보다 힘이 큽니다. 그러나 이는 단지 풍의 작용일 뿐 식(息)의 작용은 아닙니다. 기가 정말로 충만할 때는 내쉬지도 않고 들이쉬지도 않은 상태가 되며, 한 생각이 움직이자마자 작용을 일으킵니다.

보통사람의 호흡은 모두 폐 부위의 작용입니다. 단지 절반의 호흡만을 쓰는 것이므로, 식(息)은 말할 것도 없고 기(氣)라고조차도 할 수 없습니다. 기의 정도까지 수련하면 신체는 절대로 건강할 것입니다. 선정 공부가 있는 사람은 호흡이 폐 부위에 있지 않고 단전에 있는데, 이는 자연스러운 것입니다. 어린이가 성장해서 남녀 성관계가 있고 난 뒤에는 기가 파괴되어버리고 호흡은 절반만 있는 상태가 됩니다. 단전호흡이란 모태 속에서 탯줄로 자연스럽게 호흡하는 것을 가리킵니다. 그러나 아직은 기(氣)일 뿐 식(息)이 아닙니다.

예컨대 어떤 분의 딸은 14,5세인데, 최근 몇 개월 동안 엄마를 따라 정좌를 했답니다. 엄마에게 말하기를, 사실은 사람의 호흡은 낮이나 밤이나 내내 뱃속 여기서 호흡한다고 했답니다. 성인이 언제나 이런 정도로 호흡할 수 있다면 이 사람은 틀림없이 건강합니다. 그리고 한 걸음 더 나아가 수련하여 장생(長生)에 도달하는 것도 이곳으로부터 수련하기 시작해야 합니다.

왜 내가 당신에게 이런 것들을 얘기할까요? 내가 보니 당신은 보고서에서 말하기를 자신이 정좌하고 있을 때 호흡이 정지(停止)했다고 했기 때문입니다. 사실은 아직 정지하지 않았고 다만 거의 정지에 가까워졌을 뿐입니다. 그래서 자세하게 당신을 위해 한번 말했습니다. 하지만 주의하십시오, 만약 공부가 지식(止息)의 경계에 도달했다면 심신에 많은 변화가 일어날 것입니다. 이에 대해서는 천천히 다시 말하겠습니다. 당신은 알아야합니다, 염두와 식(息)은 별개의 것입니다. 가령 우리가 염두마다 식과 배합할 수 있다면 곧 선정에 진입합니다.

여러해 전에 제가 아마 25,6세였을 때일 것입니다. 어느 날 나의 선생님을 모시고 산보를 하는데, 선생님이 갑자기 내 손을 잡고서 물의셨습니다. "생각이 먼저 움직이느냐 아니면 기가 먼저 움직이느냐?" 내가 조금도 생각해보지 않고 대답했습니다. "물론 생각이 먼저 움직입니다." 그는 내 손을 놓으면서 말하기를, "훌륭하다, 너는 정말로 아는구나. 내가 여러 선배들에게 물어본 적이 있었는데, 그분들은 모두 기가 먼저 움직이고 나서야 염두가 움직인다고 했다. 그런데 그렇지 않다."

그러므로 염두와 기는 두 개의 것인데, 호흡이 움직이지 않고 염두가 전일하여 산란하지 않을 수 있음을 심식상의(心息相依)라고 하고, 밀종에서는 심기합일(心氣合一)이라고 합니다. 염두가 산란하지 않고 오직 한 가지 염두가 기와 하나로 합함이 중요합니다. 이여자 아이 경우 비록 월경이 있었더라도 심념이 비교적 청정하기 때문에 단전호흡을 이루기가 쉬웠던 겁니다. 나이가 많아질수록 마음이 산란해지고 생각이 움직일수록 기(氣)도 짧아져서 단전호흡을 이루기 쉽지 않습니다.

정좌할 때 먼저 기를 하반신에 충만하게 할 수 있고, 이어서 사지에 도달하고, 그런 다음 코에서 호흡이 사라지면 거의 지식(止息)하게 됩니다.

때로는 사람이 어떤 일에 극도로 마음을 집중할 때도 잠깐 동안 호흡이 멈추는 상황이 있을 수 있습니다. 극도로 놀라게 되었을 때도 그럴 수 있습니다. 이것은 심념이 고도로 집중되어서 그러한데, 기본적으로 모두 심념의 관계로서 염두가 청정해졌고 호흡도 느려졌기 때문입니다. 이점을 이해하면 당신의 심신에 대해서 큰 도움이 있을 것입니다.

그러므로 첫째, 자기 호흡의 장단을 알아야 합니다. 불경에서 말하기를 "식(息)이 길면 긴 줄 알고 식이 짧으면 짧은 줄 안다[息長知長, 息短知短]", 식이 온몸에 충만한 것도 알아야 하고, 식이 온몸의 각 세포마다에 도달하여 변화하는 것도 알아야 한다고 하는데, 이 안다는 '지(知)'는 마음의 지(知)입니다. 하지만 일반인들은 해석을 틀리게 하여, 식을 호흡으로 여기고는 주의력을 들어오고 나가는 호흡에 두어서 다시 기 수련으로 변해버리는데, 이는 틀려도 크게 틀린 것입니다! 식이 길고 식이 짧음을 알아야 한다는 것은, 내쉬지도 않고 들이쉬지도 않는 잠시 정지한 길이를 알아야 한다는 것입니다. 시작할 때는 이 잠시 정지한 기간이 짧지만 서서히 오랫동안 연습하면 염(念)도 정(定)의 상태가 되면서, 그것과 배합할 수 있으면 기는 당신의 온몸에 충만할 수 있습니다. 오늘 많은 것을 얘기했으니 당신은 가서 연습해보세요, 내일 다시 계속하겠습니다.

남선생님 : 나는 당신이 이전에 배운 적이 있어서 호흡법문을 이용할 수 있다고 압니다. 이제는 식(息)의 이치를 이해해야 합니다.

피터 세인지 : 저는 이 문제에 대해서 선생님께 가르침을 청합니다. 저의 호흡이 전부 고요해졌을 때 저는 일체가 모두 고요해졌다는 것을 또렷이 압니다. 그렇지만 저의 코 호흡이 정지하였을 때 저는 여전히 복부의 중심, 대체로 단전의 위치는 여전히 호흡을 하고 있는데, 이것은 선생님이 첫날 말씀하신, 세포도 팽창 수축 기능이 있다는 것인지요?

남선생님 : 당신의 이 질문은 어제의 강의를 알아듣지 못했다는 것을 나타냅니다. 이 법문은 확실히 어렵습니다! 내가 먼저 당신의 질문에 답을 하고 나서 안나반나 법문을 한번 얘기하겠습니다. 당신은 너무 호흡의 출입에 주의를 기울이고 있습니다. 내가 당신에게 가르쳐준 것은 큰 호흡 법문이었는데, 당신은 오로지 코의 호흡에 집착해서 기공 수련이 되어버렸습니다!

우리가 지금 얘기하고 있는 것은 선정(禪定)입니다. 당신이 정좌할 때 먼저 염두를 느긋하게 놓아버리십시오! 무엇이든 상관하지 마십시오! 과거 · 현재 · 미래를 모두 내던져 버리십시오! 자연스럽게 호흡하되 시작할 때 코로 호흡하고, 당신이 고요해지면 호흡도 길게 변하고 서서히 자연스럽게 단전호흡으로 될 것입니다. 당신이 단전에 주의를 기울이거나 지키고 있을 필요가 없습니다. 밀종과 도가는 당신더러 단전을 지키라고 하겠지만, 우리가 지금 얘기하고 있는 것은 안나반나 법문이기에 그것을 이용하지 않습니다.

피터 세인지 : 저의 경험으로는 그것이 자연스럽게 발생하는 것이지, 인위적으로는 발생할 수 없는 것입니다.

남선생님 : 맞습니다. 어제 당신에게 말해주었듯이 당신은 호흡이 깊고 길게 변했음을 알아야 합니다. 이제 당신을 위해 안나반나의 요점을 한 번 중복하겠습니다! 이 법문은 중국의 천태종에 의해서 유위(有爲) 공부를 무위(無爲) 공부와 하나로 배합한 것인데, 자리에 앉은 뒤 심신을 모두 놓아버려서 일체를 상관하지 않으며 먼저

잠시 청정하게 합니다. 설사 가상적인 청정이라도 상관없습니다.

그런 다음 당신은 신체 내부를 조정하여 깨끗이 정리합니다. 일반인들은 식욕과 성욕을 끊지 못해서 신체가 모두 병폐가 있기 때문에 항상 수행의 장애가 됩니다. 천태종은 육자구결(六字口訣)을 이용해 신체 내부를 깨끗이 정리했습니다. 이 법문은 가장 시초에 불법을 따라서 중국에 전해 들어온 것이지, 천태종 조사가 창조한 것은 아닙니다. 뒷날 중국의 도가도 배워서 이용했습니다. 여섯 글자와 대응되는 인체 기관은 이렇습니다 :

허우(呵) ―――심장(心)

후(呼) ――――위장(胃)

후이(噓) ― 간(肝)

취이(吹) ――― 신장(腎)

희이(嘻) ― 삼초(三焦, 호르몬계통, 갑상선, 흉선胸腺 , 신상선腎上腺)

쓰(呬) ――――폐(肺)

이런 글자들 자체는 의미가 없습니다. 당신이 한 글자를 단숨에 길게 읽되 소리를 내서는 안 됩니다. 당신은 단지 그 발음의 입 모양을 빌려 입안의 발음이 들리지 않게 하거나 혹은 내쉬는 소리를 기준으로 삼습니다. 내가 하는 것을 보십시오(남선생님이 시범을 보이다).

당신이 단숨에 아(呵)~ 하고 소리를 토해낼 때 심장 부위의 업기(業氣)·병기(病氣)가 모두 토해져 나오는 것을 관상(觀想)합니다.

단숨에 다 토해내고는 입을 다물면 신체는 자연히 기를 들이쉬어 들어오는데, 당신은 지휘할 필요가 전혀 없으며 힘을 쓸 필요도 없습니다. 만약 당신이 다시 기를 토해낸 뒤에도 여전히 애를 써서 기를 들이쉰다면 잘못된 방법입니다. 기타 다섯 글자도 마찬가지입니다.

자, 당신이 매번 안나반나를 연습할 때는 첫째, 염두를 모두 내던져버리고 신체를 느슨하게 합니다. 둘째, 육자구결로 신체속의 기관을 조정하거나 혹은 기타 편하지 않는 곳이 있으면 역시 내쉬는 기의 방법으로써 깨끗이 정리합니다. 예컨대 당신이 명치가 답답하다고 느껴지면 심장과 폐의 문제일 가능성이 있는데, 곧 허우(呵)나 쓰(呬) 자를 이용합니다. 허리 부위가 좋지 않을 때는 신장의 문제일 수 있으니 취이(吹) 자를 이용합니다. 그 나머지 방법도 그런 식으로 합니다. 여기에는 특정의 동작을 배합해도 좋습니다. 무공 수련을 하고 검법을 수련하면서는 토하는 기를 입속의 취검(吹劍)으로 수련할 수 있는 공부가 하나 있습니다. ...우리 여기서는 다 말할 수 없습니다.

육자구결을 전부 실행하는데도 적지 않는 시간을 써야합니다. 내부를 깨끗이 청소하고 기(氣)의 길이 막힘없이 통하면 자연히 안나반나 호흡에 진입합니다. 그러나 특별히 호흡에 주의를 기울일 필요는 없습니다. 첫째 날 말했듯이 풍대는 5대 가운데 가장 중요한 것이며, 모든 병은 기가 통하지 않기 때문에 일어난 것입니다.

당신이 깨끗이 정리했는데도 아직 어느 부위가 좋지 않다면, 다시 안나반나로 병기·업기를 배출합니다. 당신이 만약 생각이 고요해지지 않는다면, 내쉬는 기를 정말로 잘 연습하면 생각 번뇌도 감소할 것입니다. 우리 사람들이 크게 번뇌하거나 극도로 피로할 때 어떻게 하던가요? 길게 한숨을 내쉬지요? 그렇지요? 한숨을 내쉬면 후련해집니다. 남녀가 그 일을 하고나서도 한숨을 쉬곤 합니다. 그런 다음 마치 두 마리의 죽은 돼지처럼 잠을 자면 후련해집니다. 사람이 죽을 때는 최후의 한 입의 기[一口氣]가 나가고, 사람이 태어날 때도 첫 번째 한 입의 기가 나갑니다.

다시 정좌를 말하겠습니다. 육자구결 연습을 마치면 자연스럽게 호흡하고, 오직 지성(知性)이 그 호흡을 바라보고 있습니다. 지성은 머릿속에 있는 것이 아니라는 것을 기억하고 있으십시오. 호흡이 깊고 길게 변한 것을 당신은 아주 또렷이 압니다. 만약 당신의 염두가 계속 일어나고 당신의 호흡이 짧다는 것을 당신도 매우 또렷이 압니다. 불경은 분명하게 말하기를, 호흡에는 긴 가운데 긴 것이 있고, 긴 가운데 짧은 것이 있고, 짧은 가운데 긴 것이 있다[呼吸有長中長, 長中短, 有短中短, 有短中長].라고 합니다. 왜 이와 같을까요? 불경은 그 이유를 말하지 않았습니다. 그것은 당신의 신체 건강과 관계가 있습니다. 만약 정좌 시에 당신의 호흡이 갑자기 길어졌다 갑자기 짧아진다면, 이는 당신이 그날 정서가 불안정하고 먹었던 음식이 정상이 아니었거나, 심지어 날씨 변화조차와도 관계가 있습니다.

호흡이 거칠 때는 당신은 코끝에서 느끼고 점점 점점 미간 중심에 이르고, 마지막에 비로소 머리꼭대기에 도달하는 것을 느낍니다. 당신이 여전히 고요해질 수 없을 때는 당신은 마치 어떤 것이 들어오고 나가는 것 같음을 느끼지만, 사실은 공기가 정말로 당신의 머리꼭대기에 들어오고 나가는 것이 결코 아니라, 모두 당신의 마음속의 느낌입니다. 당신의 염두가 정(定)의 상태에 머무른다면 그런 감각이 없을 것인데, 그게 바로 식(息)입니다.

그러므로 당신은 연습할 때, 단지 호흡의 길고 짧음과 들어오고 나감을 알고, 이것을 바라보기만 하고, 염두를 상관하지 마십시오. 마치 실내에 앉아서 아이가 이리저리 뛰어다니는 것을 바라보고 있는 것처럼, 당신은 그가 어디에 있는지를 알되 그를 도우러 갈 필요는 없습니다. 이것도 마치 물속의 고기가 이리저리 다니는 것을 바라보고 고기가 어디에 있는지를 알면서 그것을 건드려야 할 필요가 없는 것과 같습니다. 호흡의 장단, 진출을 바라보고 있으면 서서히 갈수록 깊어지고 갈수록 길어져, 내쉬지도 않고 들이쉬지도 않는 상태에 도달한 것이 바로 지식(止息)입니다.

지식(止息) 후에는 온몸에 기가 충만했을 압니다. 만약 어느 곳이 통하지 않음을 느낀다면, 의념으로써 관(觀)을 해서 그 부위의 업기·병기를 내보냅니다. 심지어 방귀를 뀌어 그것을 내보냅니다. 가장 성가신 것은 기(氣)가 성(性) 기관에 이르렀을 때인데, 그때는 그것을 상관하지 말고 이를 바라보는 염두도 없애버리면, 그것도 사라집니다. 당신이 그것을 바라볼수록 그것을 도와주는 것이어서 그것은 갈수록 강해져, 마침내 당신은 참고 있지 못하게 되어 찾아가 배설할 수밖에 없습니다. 이런 문제가 나타났을 때는 당신은 어떻게 처리해야 할지를 알아야 합니다. 이해합니까?

당신이 온몸에 기가 충만해졌다면 염두를 모두 내던져버리고,

서서히 기(氣)도 안정되었다면 이때에 내쉬지도 않고 들이쉬지도 않는 가운데 항상 머물 수 있습니다. 사실은 역시 절대로 호흡을 하지 않는 것이 아니라, 단지 한참 동안 만에 한 번씩 호흡을 하는 것입니다. 만약 이때에 기가 들어올 경우, 기를 내보내면 신체가 공령해집니다. 이때 몸속은 광명이 떠오를 것입니다. 아마 머리 부위나 등, 혹은 가장 좋은 상황은 하반신에서 일어나는 것입니다. 이때 침 분비가 특히 왕성할 것입니다. 삼킬 필요 없이 자연히 내려갈 것입니다. 이게 바로 감로(甘露)로서 가장 좋은 양성 호르몬입니다. 천천히 신체의 감각조차도 사라지고 광명정(光明定) 속으로 진입한 것입니다.

나는 당신을 위해 여기까지만 말할 수 있습니다. 많이 말하면 도리어 당신에게 해를 끼칩니다!

많은 사람들이 들이쉬는 숨이 생명을 충실하게 할 수 있다고 여기고는 흡기를 연습하는데, 정말로 어리석기 짝이 없습니다. 진정한 비법은 꼭 그 반대입니다. 버려야합니다! 그것을 내보내야 합니다. 대승도(大乘道)는 보시(布施)라고 하는데, 자기의 기(氣) 심지어 생명까지 일체 중생에 주는 겁니다.

연습 중에 가장 어려운 것은 허리 부위 이하 발까지, 발가락까지입니다. 두 조(組)가 가장 통하기 어렵습니다. 일단 통하면 대단히 편안한 감각이 생기고, 이어 즐거운 느낌이 일어나는데, 성적 쾌감보다 훨씬 좋을 것입니다. 즐거운 느낌이 오른쪽 넓적다리에서 머리로 올라가고, 뇌로부터 일어나는 즐거운 느낌 때는 비할 바 없이 환희하여 형용할 길이 없습니다. 이 단계에 도달하면 신체는 장애가 되지 않습니다. 일반인들이 정좌하면 아무래도 여전히 신체상 여기저기 편하지 않음을 느끼는 것은 ,바로 몸이 있음을 느끼기 때문입니다. 그래서 신체가 장애로 변했습니다. 신체가 장애가 되지 않으면 다음 단계는 보리(菩提)를 닦아야 합니다. 그렇지 않으면 신통이나 초능력이 생겨날 것입니다. 여기까지가 공법(共法)이며 외도(外道)도 닦아 도달할 수 있습니다. 신체상의 감각인 아프고 부풀고 저리고 가려운 등등의 신체상의 감각은 30여종이 있는데, 우리는 다음에 다시 말하겠습니다. 오늘 얘기한 것은 당신이 1년 동안 소화하기에 충분합니다.

피터 세인지 : 정말 그렇습니다, 정말 그렇습니다.

남선생님 : 요가를 연습하는 여러분이 만약 근육 스트레칭이 안 될 때는 호흡 방법을 이용하여 스트레칭 하도록 도와줄 수 있습니다. 당신이 기(氣)를 연습해서 가득할수록 스트레칭 하기가 어렵습니다. 기가 뇌 속으로 달려가는 게 제일 놓아버리기 어렵습니다. 하반신의 기보다 훨씬 놓아버리기 어렵습니다. 뇌 속의 기를 놓아버릴 수 있다면 머리가 모두 비워지고 무슨 지혜든 다 일어납니다. 진정한 문제는 위에 있지 아래에 있지 않습니다. 아래의 문제는 모두 가짜입니다. 모두 위로부터 온 것입니다. 그러므로 머리를 잘라버리면 무슨 문제든 다 없어집니다. 이것은 우스갯소리가 아닙니다. 부처님이 가르쳐주신 백골관 수행법에는 두개골을 잘나내어 거꾸로 돌려 복강의 공간에 놓아 넣는 관상이 있는데, 만약 관을 할

수 있다면 무슨 고혈압 같은 것들은 곧 없어집니다. 오늘은 여기서 멈추니 가서 연습해보시지요.

남선생님 : 만약 진정으로 인지(認知) 과학을 얘기하면, 바로 과거 그리스 철학이 말하는 인식론(認識論)입니다. 이른바 인식론은 지각하고 생각할 수 있다는 것 자체에 대한 연구입니다. 바꾸어 말하면 바로 중국 문화가 말하는 지성(知性)입니다. 즉, 일체를 알 수 있는 능지지성(能知之性)이란 무엇인가인데, 이것이야말로 본주제입니다. 물론 영혼 등의 문제도 포함됩니다.

.....생명이 인식하는 과정에 대해서는 너무나 번거롭고 너무나 미세합니다. 예컨대 우리의 하나의 생각 · 하나의 염두 · 하나의 감각 · 하나의 반응은 모두 식(識)의 작용인데, 그 중에 이 '지성'의 작용이 큽니다.

.....어떻게 이 지성을 이해해야 할까요? 교실에서 이론을 얘기하는 것은 번거롭습니다. 우리는 현실을 가지고 얘기하면 평범하고 실제적입니다. 지금 우리 한 무리의 사람들은 이 탁자를 둘러서 앉아 있고 촛불이 그 가운데 있습니다. 우리는 모두 이를 '알고 있습니다.' 이 둥근 탁자 · 이 환경 · 이 촛불을 다들 알고 있습니다. 이 모든 것을 아는 최초의 찰나, 이것들이 둥근 탁자 · 촛불 · 사람 등등 이다 라는 것을 아직 모두 분별하기 전, 바로 이 한 찰나에는 아무 것도 생각하지 않았습니다! 이 찰나적으로 일체를 다 '아는 그것'이 바로 지성입니다. 이 한 찰나는, 하나의 생각을 더하지 않았고, 이 것은 누가 말하고 있는지를 느끼지 않아서 모두 분별(分別) 구분[分

辨]하지 않았습니다. 바로 이 한 찰나, 그것이 '지성'입니다. 이것을 이해하셨지요! 그러나 이 한 찰나 사이에 의식의 분별 작용이 즉시 일어났습니다. 찰나는 너무나 빠르며, 찰나는 하나의 별명입니다. 60개의 찰나가 손가락 한번 퉁기는 사이입니다. 한 찰나 사이에 의식은 960개의 변화가 있으며, 굴러 움직이는 전동(轉動)이 몹시 빠른 회전형 약동입니다. 하지만 자신은 모릅니다. 하나하나의 변화가 연쇄적으로 일어나서 모든 것에 대한 우리의 인지(認知)·변별(辨別)을 이룹니다. 석가모니는 수 천 년 전에 말씀하시기를, 대략 말씀하신 겁니다, 우리는 밤낮 24시간 동안 의식은 총 13억 번의 전동이 있으며, 의념 하나하나마다 모두 하나의 몸(하나의 형상形象)에 감응(感應)한다고 했습니다. 그러기에 어떤 사람의 경우처럼 몹시 피곤하여 하품을 한 번 하는 것은 이 의식이 이미 몇 만 번이나 굴렀는지 모릅니다.

그래서 일부 라마나 스님들로서 수행 폐관한 분들이나 기공이나 갖가지를 하는 분들이, "아! 내가 정(定)을 얻었고 청정하구나, 몇 시간 동안 앉아있었다."라고 스스로 생각하지만 실제로는 모두 거기서 운동회를 열고 달리면서 얼마나 많이 굴렀는지 모릅니다! 만약 지혜로써 이를 또렷이 인지한다면 '반야'라고 합니다. 반야바라밀은 바로 지혜의 성취입니다.

조금 전에 기(氣)에는 세 종류가 있다고 말했습니다. 불학은 의념(意念)도 대체로 심(心)·의(意)·식(識) 세 종류로 나눕니다. 심(心)은 그 지성의 본능(本能: 고유 기능/역주)입니다. 의(意)는 지성이 일으킨 의념의 작용입니다. 그런 다음 이 인식 작용을 일으켜, 인지하고 구분하는 것을 제6의식 혹은 분별의식(分別意識)이라고 합니다.

태아는 모태 안에서 생각이 없을까요? 의식이 있을까요 없을까요? 태아는 심(心: 아뢰야식인 제8식)이 있고 의(意: 말나식인 제7식)의 작용이 있지만, 제6의식은 없습니다. 태아는 3,4개월 이후에 제6분별의식이 일어납니다. 그러므로 5개월 단계에서는 외부의 대화나 동작, 외부의 환경에 대하여 모조리 다 알고 모두 이해합니다. 그렇지만 좋은 기억이 없어 잠시 만에 지나가 버립니다. 오늘날의 생리학은 태아가 모태에서 분별의식이 있다는 것을 이미 알고 있습니다.

.....우리들의 생각 감정에 대해 낮에 하나의 아는 작용이 있는데, 이 아는 작용은 생각에 속하지 않습니다! 우리들의 생각정서 후면에는 자연히 '아는 그것'이 하나 있습니다. 이 '아는 그것'은 결코 생각으로부터 나오는 게 아닙니다! 우리가 잠에서 깨어나기만 하면, 혹은 갓난애가 이제 태어나서 배가 고프면 먹을 줄 알고 괴로우면 울 줄 아는 이 '앎'은 생각이 아닙니다!

이 이른바 생각을 분석해보면 대체로 6개 부분이 있습니다.

첫째는 '근본심(根本心)'이라고 하는데, 우리 자신이 생각을 움직여 어떤 일을 하려는 최초의 동기입니다. 우리의 이 근본심이 작용할 때는 동시에 하나의 기능이 수반되는데, 그것을 '수행심(隨行心)'이라고 합니다. 예컨대 우리가 어떤 맛있는 것을 보면 곧 먹고 싶어지는 것은 본능적인 것인데, 이것이 근본심입니다. 그러나 그것을 먹고 싶지만, 먹어도 좋을지 먹어서는 안 될지, 먹을 수 있는지 없는지를 모르는 마음이 따라서 오는데, 이것이 '수행심'입니다.

셋째 마음은 연대해서 오는 것입니다. 이렇게 많은 사람들 앞에서 먹으면 남들이 웃을까봐 마음속에서 많은 차별적인 관념이 일어나는데, 이를 '사찰심(伺察心)'이라고 합니다.

넷째 부분 작용도 동시에 옵니다. 자기가 먹겠다고 결정하고 틀림없이 먹겠다고 하는 것을 '확정심(確定心)'이라고 합니다.

다섯째는 총섭심(總攝心)인데, 사찰하는 차별 의식을 모두 거두어 근본심으로 돌아가 행위를 발생시켜서 가서 먹는 것입니다.

여섯째는 '희구심(希求心)'입니다. 그런 다음 먹어보니 맛이 있어서, 방법을 생각해 내어 그것을 하나의 상품으로 바꾸어 많은 사람들로 하여금 맛있다고 느끼게 하는 것입니다.

그래서 우리의 이 하나의 생각은 1초 동안에 동시에 5,6개의 부분이 작용을 일으키고 있다고 말하는 겁니다.

그러나 근본심으로부터 줄곧 희구심에 이르기까지의 전동 하나하나마다를 자기가 다 '아는'데, 이 '앎'은 자연적인 것으로 본래에 있으며, 잃어버린 적도 없고 오염된 적도 없습니다. 생각은 앎이 아닙니다. 생각과 '앎'은 모두 마음의 작용입니다.

여러분처럼 세계 각지에서 뛰어다니면서 그렇게 많은 좋은 일을 하는 것은, 모두 이 지성의 작용입니다.

오늘날 과학의 탐구토론은 여전히 철저하지 않으니 당신은 믿지 마십시오. 과학자는 확정된 결론이 없기에, 오늘은 여기까지 이해하고 내일 새로운 발견이 있게 되면 어제 것을 뒤엎지만, 쇠로(衰老)와 사망 이전에 그 지성에 대해서는 아예 인식하지 못하고 있습니다.

지성 문제와 생명 문제는 우리의 사상을 영도하는 가장 중요한 한 가지 것입니다. 이 한 가지 것은 우리 인류가 자기 수양으로써 인식할 수 있지, 물질문명이나 기계에 의지해서 인식하는 것이 아닙니다.

.....정자와 난자 이 두 개가 만나고, 거기다 영혼이 하나 더해 들어가면 생명으로 변합니다. 이 영혼은 지성을 근원으로 하여 옵니다. 태아는 모태 안에서 3개월~5개월이 되면 이미 외부의 일을 압니다. 다만 몽롱해서 쉽게 잊어버립니다. 왜 이것을 설명할까요? 불경에서 말하기를 이 지성은 영원히 지니고 오는 것이라고 하기 때문입니다.

.....정(靜)은 많은 무궁한 힘을 포함하고 있습니다. 우리는 다들 수양하고 정(靜)을 배우고자 하는데, 최고의 원리는 다른 방법에 의하는 것이 아니라 바로 자기를 반성하고 관조(觀照)하고, 심지어 어떠한 판단도 더하지 않고 자기를 관조하고 관찰하는 것입니다.

.....당신에게는 자기가 분석하고 있다는 것을 알고, 자기가 듣고 있다는 것을 알며, 자기가 생각하고 있다는 것을 아는, 이 하나의 '그것'은 움직인 적이 없으며 이 '그것'은 또렷합니다. 이 '그것'은 당신이 일부러 힘을 들일 필요가 없고 당신이 일부러 찾을 필요가 없이 당신은 자연히 자기가 생각한다는 것을 압니다. 바로 '그것'을 당신이 장악하고 있는 것입니다.

그러므로 당신이 고요해졌을 때 망상이 많은 것을 두려워 마십시오. 당신의 그 지성이 망상을 바라보며 이것을 장악하십시오. 앞

생각은 이미 지나갔고 미래는 아직 오직 않았으니 그저 현재만 바라보고 있습니다. 세 단계로 나누어 항상 이렇게 반성하고 체험해가되, 시간이 길어지면 당신은 공령(空靈)해지게 될 것입니다. 영감(靈感)이나 직각(直覺)도 망상입니다. 만약 이 망상이 없다면 과거는 이미 과거가 되었고, 미래는 아직 오지 않았으며, 그 즉시는 공령하면서 직각의 망상이 없으면서 안에서 알 수 있는 것, 이를 '지혜'라 하고 '반야'라고 합니다.

남선생님 : 진정으로 생명 과학을 연구하고 가장 처음 제시한 사람은 석가모니입니다. 나의 관점에서 여러분에게 말씀드리는데, 불학 전체를, 밀종 · 선종 · 불학의 소승 · 대승 등을 포함한 각 문파를 종합하여 하나의 결론을 내릴 수 있는데, 그것은 바로 오로지 생명 과학을 말한다는 것입니다.

석가모니는 왜 출가했을까요? 인류의 생명 문제를 해결하고 싶어서였습니다. 이 생명 문제는 사실은 전 세계 모든 종교가 추구하는 공동 목표이기도 합니다. 작게 말하면 인류 자신의 생명 문제요, 확대하여 말하면 전체 우주 인류의 생명 문제를 해결하는 것입니다. 우주가 어떻게 생겨난 것인지, 이 세계가 어떻게 형성된 것인지 등등입니다. 우주 전체는 두 부분으로 조성되었다고도 말할 수 있습니다. 하나는 물리세계요, 하나는 정신세계입니다. 철학사상에서 옛날에 플라톤은 정신세계와 물리세계로 이원론(二元論)을 제시했는데, 사람으로 말하면 바로 생리와 정신입니다.

과거에 부처님은 물리와 생리를 5대 부분으로 귀납했습니다. 이

전에 당신에게 말했듯이 지수화풍공(地水火風空) 5대류가 있습니다. 지금 우리는 5대 중의 풍대에 편중해서 말하겠는데, 바로 기(氣)의 문제입니다.

먼저 풍을 말하겠습니다. 풍은 기본 원칙입니다. 풍은, 중국에서는 말하는 바로 기류의 기이며, 인체에서는 호흡으로 변했다고 말합니다. 사람의 호흡이 첫째 자리이기 때문에, 그래서 풍이 첫째 자리입니다. 우리는 거친 호흡을 천(喘: 헐떡거릴 천/역주), 천기(喘氣)라고 합니다. 거친 호흡보다 느린 것은 호흡의 기(氣)라고 합니다. 호흡의 기보다 느려서 자기도 들을 수 없고 감각할 수 없으며, 코로도 호흡을 하지 않은 것 같은 것을 식(息)이라고 합니다. 이 모두는 풍대의 범위에 속합니다. 풍(風)·천(喘)·기(氣)·식(息)의 순서가 이러하다는 것을 명확히 하십시오!

이런 견해는 단지 현존 생명의 풍대와 기(氣) 그리고 식(息)의 관계에 대해서만 해석한 것입니다. 진정한 불법은 풍·천·기·식에 관하여 현존 생명에 대해서만 말하는 것입니다. 만약 기식(氣息)이 정상이 아니면, 쇠로·병·사망과 관련됩니다. 생명은 바로 이러하기 때문에 수행은 당신더러 먼저 이것에 주의를 기울이라고 합니다. 이것은 다 문제가 없어졌지요? **(피터 세인지 : 예)**

내가 방금 세 번이나 강조하기를, 이것은 현존 생명에 대해서 말한 것이라고 했습니다. 그렇다면 불학에서는 이 방면에 명칭이 하나 있는데, 장양기(長養氣)라고 합니다. 현존 생명의 기는 이런 상황인데, 이는 아직 생명 본유(本有: 선천적으로 있는/역주)의 기는 아닙니다. 당신이 이번에 왔기에 우리는 먼저 여기로부터 토론합니다.

　태아는 모친의 탯줄을 통해 영양을 얻지만 생명의 성장은 주로 기(氣)입니다. 기는 태아에 대해서는 호흡이 아닙니다! 석가모니는 당시 인도에서 범어로 말씀하셨지만 뒷날 인도에는 보존되지 않았고, 모두 중국에서 번역된 불경 속에 있습니다. 이 기는, 방금 우리가 말한 기는 장양기라고 합니다. 그러나 태아의 이 기는 장양기라고 하지 않고, 보기(報氣)라고 하며 보신기(報身氣)라고도 합니다. 과보로 온 것입니다. 중국 도가는 이를 원기(元氣)라고 하는데, 호흡의 기가 아닙니다. 태아는 모태 중에서 아직 호흡이 없습니다.

　38주를 지나 최후의 하나의 기가 태아를 거꾸로 구르게 하면 출태 합니다. 의사가 가위로 탯줄을 자르고 입안의 핏덩이를 꺼내면 외부의 기가 태아의 코로부터 들어갑니다. 영아는 와~ 하면서 생명의 보기(報氣)를 내쉬고 코가 기를 들이쉬는 게 바로 장양기 호흡의 시작입니다. 이 장양기는 들어오고 나가고를 반복하면서 정지하지 않습니다. 줄곧 반복해가다 최후에 이르러서 한 입의 기가 들어와 나가지 않거나, 혹은 한 입의 기가 나가고 다시 들어오지 못하게 되면, 호흡이 정지하자마자 사람은 사망합니다. 그러므로 우리는 이 기, 풍·천·기·식이 현존 생명이 살아있는 단계에 존재한다고 말합니다.

　영아가 탯줄이 잘리자 마자부터 이 장양기가 언제 어디서나 이용되고 있는 것을 호흡이라고 합니다. 산소를 들이쉬어 신체 내에 이르러 이산화탄소로 변하고, 신체는 이산화탄소를 필요로 하지 않아서 반드시 배출해야 합니다. 그래서 내쉽니다. 한 번 내쉬고 한 번 들이쉬면서 영원히 그렇게 호흡합니다.

지금 당신이 정좌 수도 하면서 호흡이 비록 매우 가늘고 완전히 지식(止息)하였더라도 여전히 장양기 속에서 하는 것이지, 아직은 태아 때의 그 생명 자체의 원기는 인식하지 못했습니다.

그러므로 먼저 풍 · 천 · 기 · 식을 이해하고, 더 나아가 내쉬지도 않고 들이쉬지도 않고 완전히 지식(止息)에 도달하여 거의 태아 때의 그 상황까지 회복해야, 당신은 비로소 진정한 생명이 필요로 하는 그 원래의 원기를 인식합니다.

생명 속의 그 본원(本元)의 기를 인식해야만, 비로소 진정한 선정 수행 공부를 하기 시작했다고 하는 것이며, 비로소 이 생명을 통제할 수 있고 비로소 생명을 변화[轉變]시킬 수 있습니다.

이렇게 해서 인도의 요가는 발생했고, 밀종에 의해 흡수되어 밀종의 그런 법문들로 변했으며 선정 수행의 방법들로 변했습니다. 요가, 밀종, 선정 이런 것들은 모두 이 원기(元氣)의 도리를 흡수해서 비로소 기맥 문제를 말했는데, 바로 기와 맥의 관계입니다. 맥은 신체상의 생리적 변화입니다.

요 몇 년 간 여러분은 정좌했고 모두 진보가 있으며 수양이 있습니다. 그러나 여전히 장양기 중의 후천적인 호흡상에서 공부하고 있습니다. 비록 이미 조금의 효과가 있다고 하지만 여전히 궁극은 아닙니다. 기는 반드시 지식(止息)에 도달한 뒤에야 신체가 병통 장애로부터 비로소 절대적인 건강 상태로 회복될 수 있습니다. 영아가 막 출태 할 때의 그런 유연함을 회복한 것이나 다름없고 그렇게 건강해졌다면, 이때야 선정 수행이 시작되고, 그래야 비로소 한걸음 더 나아가 생명을 인식할 수 있습니다.

생명을 인식하고 난 뒤에라야 후면에 여전히 있는 그 에너지로 진입합니다. 그 에너지를 잠정적으로 기(氣)라고 부르며, 불학에서는 종자기(種子氣)라고 합니다. 오늘날 양자물리학(量子物理學)이 말하는 그 최후의 최후 것과 유사한데, 이 단계에 도달하려면 매우 어렵습니다.

남선생님 : 부처님은 말씀하시기를 사람 전신의 기맥은 대체로 10만8천 가닥이 있다고 합니다. 한 덩이 소갈비를 예로 들면, 한 가닥 한 가닥 근다발섬유[肌束纖維]가 바로 한 가닥 맥입니다. 그러므로 사람 몸에 도대체 얼마나 많은 가닥의 맥이 있는지에 대해 당신은 그 개념이 있게 되었습니다.

종자기의 기는 비어있는 것으로 양자물리학과 통합니다. 종자기는 심물일원적인[心物一元] 것으로 염력(念力)이며 심력(心力)이기도 합니다.

피터 세인지 : 저는 태아의 성장이 마치 꽃의 종자가 성장 변화하는 것 같으며, 우주의 이치도 마찬가지라고 생각합니다.

남선생님 : 맞습니다.

피터 세인지 : 유물론은 출생 이전의 것을 해석할 수 없고, 단지 이미 태어났거나 이미 죽어버린 것을 설명할 수 있습니다.

남선생님 : 맞습니다.

피터 세인지 : 선생님, 지식(止息)의 경계에 도달하는 방법이 무엇이 있는지요?

남선생님 : 안나반나 수행법이란 호흡을 이용해서 닦기 시작하는 것입니다. 그저께 첫 번째로 당신에 얘기하기를, 영아가 출생하여 탯줄을 자르고 나자마자부터 후천의 호흡이 시작된다고 했습니다. 후천 생명의 존재는 이 풍대 호흡이 지탱하는 것이며 이 호흡은 궁극적인 것이 아닙니다! 우리들 생명이 살아있는 이 단계에서 이를 장양식이라고 합니다. 그러므로 지금 이를 이용하여 닦음에 있어 첫째 인식해야 하기를, 문제는 여전히 염두에 있기 때문에 생각이 움직이자마자 호흡이 따라서 온다는 것입니다. 염두가 절대로 청정해졌어야 비로소 지식(止息)에 도달합니다. 당신은 호흡상에서만 지(止)를 추구하고, 게다가 염두를 하나 더했기 때문에 더욱 지식(止息)에 도달할 수 없습니다. 지식이란 그 관건이 지심(止心)이지, 호흡의 문제가 아닙니다.

남선생님 : 세상에는 수지(修持)하는 방법은 많고 많은데. 대체로 수지 방면을 말하면, 가장 많은 방법은 인도에 있었습니다. 2천여 년 전에 진시황(秦始皇) 시대에 인도에는 이미 중국과 교류가 많았습니다. 인식해야 할 한 가지 점인데, 호흡이든 관상(觀想)이든 갖가지 공부를 하든 도가든 밀종이든 많은 종류의 방법이 모두 다 의

념(意念)으로 하는 것입니다. 즉, 생각이라는 이 마음으로 하는 것입니다.

안나반나 수행법은 최초로 돌아가 바로 생리상의 호흡을 이용해 이 마음과 배합하여 수지하는 것입니다. 당신은 전문으로 닦고 싶다고 했는데, 방금 당신은 이 점을 분명하게 알아듣지 못한 것 같습니다. 안나반나를 닦으면서 호흡을 알 수 있는 것도 마음이며, 이 방법으로 호흡이 자연스럽게 정지(停止)하여 모종의 경계에 도달할 수 있는 것도 유심(唯心: 심물일원心物一元의 심心)의 작용입니다. 그러므로 마음을 인식해야 합니다. 호흡상에서만 지식(止息)을 추구하지 마십시오, 먼저 이 개념을 분명하게 해야 합니다. 이것이 첫 번째 점입니다.

두 번째 점을 당신에게 말해주겠습니다. 호흡이라는 문제는 바로 기(氣)입니다. 우리가 또렷하게 느끼는 것은 코의 기의 왕래인데, 사실은 코의 기만 왕래하는 것이 아닙니다. 개략적으로 말하면 전신의 10만8천 개의 털구멍 도처에서 모두 호흡하고 있지만 일반인들은 호흡을 인식하지 못합니다. 마치 물고기가 물에서 있으면서 물을 인식하지 못함과 다름없습니다. 물고기도 호흡하고 있어서 그 물이 들어왔다 뿜어내지고 있지만, 물고기는 물속에서 물을 못 알아봅니다. 사람이 공기 중에서 호흡하고 있으면서 공기와 호흡을 모릅니다. 예컨대 당신이 보듯이 다들 모두 바쁘게 움직이고 있지만, 우리가 말하고 동작하는 게 모두 이것에 의지하고 있으면서도 보지 못합니다. 고도(高度)의 지혜가 없는 사람은 호흡을 보지 못하고, 단지 남이 말하는 것만 듣고 호흡 작용이 하나 있다고 이론 관념상 느낄 뿐입니다. 매우 높은 지혜가 있는 사람은 호흡을 또렷이 볼 것입니다.

우리 보통사람은 어느 때에 이르러서야 호흡을 알까요? 베개를 베고 있으면서 잠을 자고 싶은데 아직 잠들지 않았다면 자기가 호흡하는 것을 듣습니다. 이때에 자기 호흡을 들으면 들을수록 잠들지 못하게 됩니다. 불면인 사람이 호흡을 가장 또렷이 듣습니다. 평소에는 또렷이 듣지 못하며 털구멍의 호흡은 더욱 말할 필요가 없습니다. 이것이 두 번째 점입니다.

세 번째 점인데, 어떻게 지식(止息)할까요? 뚜렷한 예가 하나 있습니다. 사물을 보면서 매우 주의를 기울일 때 호흡은 경미해지고 정지할 것입니다. 왜냐하면 주의력이 집중되었기 때문입니다. 또 몹시 두려울 때나 혹은 매우 기쁜 일을 만났을 때 그 찰나에 호흡이 정지할 수 있습니다. 왜 정지할까요? 왜냐하면 당신의 생각이 전일해졌기 때문입니다. 이것이 지식의 이치입니다.

결론입니다. 사람이 정신생각이 어느 한 점에 오로지 주의를 기울이면 호흡은 자연히 생각과 한데 결합하는데, 이것을 전일한 정신[專一精神]이라고 합니다. 과학자가 어떤 문제를 사고하거나, 혹은 문학가가 한 편의 문장을 쓰면서 사고를 집중하고 있을 때, 호흡은 거의 정지하게 됩니다.

이런 도리를 이해했다면, 당신이 수행할 때 생각염두를 완전히 놓아버려 공령하게 하고, 자연스러움에 맡겨두고 자기 호흡의 왕래를 아는 것이 바로 안나반나를 닦는 것입니다. 그런 다음 생각이 잡념이 전혀 없고 완전히 공령해졌다면, 이 호흡은 점점 충만해지고 그 스스로 자연스럽게 정지합니다. 이것을 지식(止息)이라고 합니다.

호흡의 이치는 깊습니다. 방금 말한 것은 대략적인 일면입니다. 여러분 직업이 있는 사람은 하루 내내 밖에서 언제나 긴장하고 있는데, 그 긴장된 정서는 바로 사유(思惟)가 대단히 깊은 이 한 생각입니다. 수시로 긴장하기 때문에 신체 내부 세포의 호흡이 모두 정지할 수 있고 병을 형성할 수 있습니다. 내가 예를 하나 들어 당신에 들려주겠습니다. 이 예는 재미있고 실재적입니다. 나를 따라 배우는 어떤 젊은이가 있습니다. 남편이 있고 그녀도 공부를 합니다. 그녀는 아이를 낳고 싶지 않았습니다. 남편은 그녀가 출가해버릴까 걱정해서 방법을 생각해내 그녀에게 임신을 시켰습니다. 그녀는 매우 원하지 않았습니다. 임신한 뒤에 그녀는 여전히 공부를 하고 있었으며 출산 때에 이르러 언짢아서 공부를 하기 시작하여 염두를 전일하게 했습니다. 염두가 전일해지자 호흡이 곧 정지했고 결과적으로 태아가 움직이지 않아 태어날 수 없었습니다. 태아가 살아있는데 왜 움직이지 않고 있는지 의사가 이상하게 느꼈습니다. 그녀 자신은 알고 있었습니다. 한 번 웃고는 염두를 놓아버리자 태아가 곧 태어났습니다. 그러므로 여러분이 일하면서 그렇게 긴장하고 있기 때문에 수시로 사람은 병이 나고 쇠로해지며 생명이 파괴될 것입니다. 일반인이 수시로 긴장하니 역시 수시로 호흡이 정지하는데, 이는 생명을 파괴하는 쪽으로 걸어간 것입니다.

수도하고 싶다면 염두를 공령하게 하고 자연스럽게 호흡을 들으며 언제나 자기가 호흡하고 있다는 것을 압니다. 뿐만 아니라 도와주지도 않고 긴장하지도 않습니다. 그런 다음 호흡이 서서히 정지하고 염두와 배합합니다. 이것을 수도(修道)라고 하며, 공부(工夫)한다고 합니다.

만약 이렇게 공부 수도한다면 당연히 전일하게 닦아야 합니다. 전일이란 바로 모든 사회적 관계[萬緣]를 놓아버려서 마치 출가자처럼 전문적으로 닦고 있는 것입니다. 하지만 재가자는 그렇게 하기 어렵습니다. 그러나 역시 반드시 한 단계의 전문적인 수행이 있어야 합니다. 그리고 다시 세속에 들어와 일을 해야 합니다. 만약 당신처럼 일반적으로 사회에서 일하면서도 이것을 하고 싶다면, 반드시 항상 짧은 시간을 내서 하루 이틀 사흘 혹은 1주일 동안 수시로 실험하고 있어야 합니다. 서서히 단기적인 실험을 쌓아가는 것이 초보적인 것입니다. 평시에 갖가지의 욕념도 줄여야 합니다. 그렇지 않으면 생각이 공령해지기 어렵습니다.

당신이 이런 것들을 이해했고 호흡을 하고 싶고 정(定)을 닦고 싶다면, 주의하십시오! 관념을 호흡에 사로잡혀 있지 않게 하십시오. 호흡에 주의를 기울이고 싶다면 출기(出氣: 안나)에 주의를 기울이고, 입기(入氣: 반나)에 주의를 기울이지 마십시오. 기공을 연마하는 일반인은 대단히 큰 잘못을 하나 범합니다. 바로 흡기를 한 가지 물건으로 삼아 붙잡아 들이고 보호유지하고 있다는 것입니다. 사실은 꼭 그 반대여야 합니다. 수도하고 싶거나 혹은 심신에 도움이 되기를 바란다면 출기에 주의를 기울여야 합니다. 놓아버리면 버릴수록 휴식합니다. 이게 제일 좋은 수행입니다. 그러므로 호흡법은 휴식정(休息定)에 도달하여, 완전히 내려놓고 배합하는 방법입니다. 예컨대 사람이 고통스럽고 번뇌할 때나 피로할 때 아~이야~...하고 한 소리하면 곧 후련해지는데, 호흡을 놓아버렸기 때문입니다. 보세요, 노동하는 소나 말이 가장 지쳤을 때 피로하여 흐헤~흐헤~ 하며 기를 내쉬는 소리를 함으로써 역시 놓아버려서 대단히 후련합니다. 그래서 호흡 법문은 출기에 주의를 기울여 그 한 생각을 놓아버려서, 심념을 출기와 함께 모조리 놓아버려야 제일 좋습니다. 이 방면을 체험해야 합니다. 호흡을 닫고 있고 정지해야 옳다고 여기지 말기 바랍니다. 그것은 완전히 틀린 것입니다. 병이 날 것이며 정신적인 병으로 변하거나 신체적인 병으로 변할 것입니다. 그래서는 안 됩니다. 이런 것들을 깊게 토론하기 시작하면 많아집니다.

피터 세인지 : 저의 보고 중에 몇 가지 문제가 있습니다. 첫째는 안나반나 방법의 문제인데, 저는 아직 식(息)이 어떻게 된 것인지를 또렷이 알지 못합니다.

남선생님 : 안나반나는 범어이지만 현재의 인도어가 아닙니다. 인도의 현재의 범어도 라틴어로 바꾸어놓은 범어이지, 고대의 범어가 아닙니다. 인도의 당시 언어문자는 수 십 종이 있었으며 불경은 당시에 주로 범어로 기록한 것이지, 현재 말하는 팔리어문이 아니었습니다. 나는 오늘 철저히 분명하게 말하겠으니, 당신은 미국을 인지과학·생명과학 연구 방향으로 이끄는 면에서, 학파를 창조하는 한 사람이 되기 바랍니다.

안나반나는 두 개의 발음이며 두 개의 의미입니다. 중국의 번역에서 안나는 출기(出氣)로서 내쉬는 것입니다. 반나는 흡기(吸氣)로서 들이쉬는 것입니다. 이것은 사람의 입장으로 말한 것입니다. 모든 생물, 온갖 동물·식물을 포함한 모든 생물도 호흡이 있습니다. 들어오고 나감은 생물에 대해 말하며 이 명칭을 사용합니다. 사람에 대해 말하면, 호흡에 편중하여서 한 번 들이쉬고 한 번 내쉬고, 한 번 내쉬고 한 번 들이쉽니다. 우주에 대해 말하면 안나반나가 아닙니다. 한 번 움직이고 한 번 고요한 것으로, 동정(動靜)과 생멸(生滅) 두 명칭은 서로 다릅니다. 우주만유는 생겨났다가 또 사라지고, 사라졌다가 또 생겨나는, 파동식 약동(躍動)입니다. 그 현상이 일어남은 동(動)이고, 사라짐은 정지(靜止)입니다. 전체 물리세계는 바로 생멸·동정입니다.

사람의 호흡에 대해서 말하면 안나반나는 바로 일왕일래(一往一來) 하는 것입니다. 이것을 이해하려면 반드시 모든 불경으로부터, 밀종과 현교(顯敎)로부터 연구해야 합니다. 이른바 밀종은 달라이 라마 한 파만이 있는 것이 아닙니다. 달라이 라마 일파는 후기의 것으로, 명나라 왕조 이후로서 겨우 5백 년에 불과합니다. 티베트의 진정한 밀종은 1,400년 전에 당나라 왕조 때 시작된 것으로, 홍교(紅敎)에서 시작된 것입니다. 밀종이든 현교이든 진정한 밀교의 수지는 모두 안나반나 위에 있으며, 선종이나 밀종 모두 그렇습니다. 그러나 모든 불경에서는 모두 과학적인 이치를 분명하게 설하지 않았습니다. 이것은 엄중한 문제입니다.

그때는 불교가 아직 중국에 오지 않았으며, 간단히 노자의 두 마디 말인, "하늘과 땅 사이는 마치 풀무와 같구나[天地之間, 其猶橐籥乎]!"를 이용하였는데, 이는 원칙을 분명하게 말한 것입니다. 당신이 미국에서 어릴 때 풀무[風箱]를 본 적이 있습니까? (**피터 세인지** : 본 적이 있습니다) 풀무의 손잡이를 잡고서 밀고 당기면 후푸후푸 하는데, 밀면 바람이 불어 들어가 불이 커지고 당기면 불이 좀 작아집니다. 중국 토속 명칭으로는 풀무라고 하는데, 노자의 문자에서는 '탁약(橐籥)'이라고 합니다. 그는 말하기를 전체 우주에는 하나의 생명의 힘이 있어서 일호일흡(一呼一吸), 일생일멸(一生一滅), 일래일왕(一來一往) 한다고 하는데, 그것은 바로 후푸후푸입니다. 우리의 지금 살아있는 생명은 코라는 풀무 입에 의지하여 이렇게 호흡하고 있는 것입니다.

그래서 노자는 말하기를 천지사이 우주는 호흡을 하고 있다고 합니다. 지구도 호흡을 하고 있고 태양도 호흡을 하고 있으며 만물, 예컨대 식물 광물도 호흡을 하고 있습니다. 식물의 호흡은 우리들과 다릅니다. 만약 삼림 속에 앉아 있기를 좋아한다면 위험합니다. 거의 모든 식물이 밤에 방출하는 것은 모두 이산화탄소이고 낮에 방출하는 것은 산소입니다. 그러므로 기 수련자나 혹은 운동하는 사람이 저녁에 삼림 속에서 신선한 공기를 호흡한다고 여기는 것은 잘못된 것입니다. 이 원칙을 먼저 이해했습니다.

부처님은 사람들에게 안나반나를 닦으라고 가르쳤습니다. 방금 내가 말했듯이, 선종과 밀종이 정(定)을 닦는 데 있어 모두 이 기본 방법을 사용합니다. 그러나 기본 방법은 지금까지 내가 아는 바로는, 선을 닦든 밀법을 닦든 진정으로 이해하고 진정으로 도달한 사람은 없습니다. 왜냐하면 첫걸음의 인식이 모두 분명하지 않기 때문입니다.

도가 도교는 뒷날 발전해서 하나의 주문이 있는데, 불교가 들어온 이후에 불교의 많은 형식을 모방해서 이루어진 것입니다. 당시 불가와 도가 두 개의 문화는 대항하였으며, 뒷날 도교에는 한 가지 위대한 주문이 있게 되었는데, 금광주(金光咒)라고 합니다. 그 첫 부분에 있는 두 마디 말은, 이것을 다음과 같이 분명하게 말하고 있습니다. "천지현종(天地玄宗)", 천지는 미묘한 것이며, "만기근본(萬氣根本)", 이 기, 안나반나 호흡에는 만 가지 다른 기가 있고 그 현상에는 만 가지가 있다는 말입니다. 만 가지는 대략적인 숫자를 말합니다. 예컨대 현재의 과학으로 말하면 산소 · 탄소 등등입니다. "천지현종(天地玄宗) , 만기근본(萬氣根本)" 이 두 마디 말을 인용하여 먼저 하나의 기본적인 이해를 삼았습니다.

그러므로 만물에는 모두 기가 있으며 각각 다릅니다. 사실은 기는 바로 생명 에너지입니다. 예컨대 상당한 수지(修持)가 있는 사람은, 만약 두 사람이 있을 경우 그의 곁에 있는 사람이 병이 있다면, 방사하는 병기(病氣) 냄새가 다른 것을 그는 벌써 느끼고는 곁에 앉아있는 게 견디기 어렵습니다. 만물은 모두 기를 방사하기 때문에 그녀는 늘 말하기를 "선생님, 당신은 얼른 담배 피우십시오!"라고 합니다. 나는 어느 사람이 병이 있으면서 내 앞에 있다는 것을 압니다. 그녀는 내가 담배를 피워 물리치라고 합니다. 나는 말합니다, "두렵지 않습니다. 나는 이미 습관이 되었고 모두 이를 변화시켰습니다."

그러므로 세인지 당신도 방금 안나반나를 질문하면서 현재까지 당신은 아직 잘 모르겠다고 했는데, 이로써 당신은 진정한 학자이며 진지하게 연구한다는 사실을 알 수 있습니다. 이 문제를 잘 물었습니다. 맞습니다. 저 라마들이나 정식으로 닦는 사람들을 포함한 일반인들은 세심하지 못하여 모두 개념을 분명하게 알지 못합니다.

부처님은 당신에게 말해주시기를, 안나반나를 닦음에는 먼저 하나의 인식이 있어야 한다며, 생명의 기는 대원칙으로 장양기(長養氣), 보신기(報身氣), 근본기(根本氣) 이 세 가지로 나눈다고 합니다.

첫째 한 가지는 장양기입니다. 이것은 중문의 번역인데, 사람을 살아있게 하고 성장하게 하는 것입니다. 식물의 비료나 동물의 음식처럼 당신을 보양하여 당신의 신체에 생명의 신진대사가 있게 하는 것입니다. '신진대사(新陳代謝)' 네 글자가 바로 안나반나입니다. 죽은 세포는 모두 털구멍을 통해서 배출되고 새로운 세포가 생장하는 것이, 사실은 바로 안나반나입니다. 이것은 장양기에 속합니다. 우리의 한 번 내쉬고 한 번 들이쉼은 장양기에 속하며 성장 보양하는 것인데, 장양이란 두 글자는 바로 그 의미입니다. 그러므로 다들 중문을 보고 이해했다고 생각하지만 사실은 이해하지 못했습니다.

장양기에 관한 내용을 상세하게 말하면 많습니다! 하나의 대 과학입니다. 장양기 안에서 또 네 가지 층차가 있는데, 풍(風)·천(喘)·기(氣)·식(息)이 그것입니다.

먼저 풍(風)을 말하겠습니다. 풍은 기본적인 원칙입니다. 풍은 중국에서 말하기를 바로 기류(氣流)의 기(氣)라고 합니다. 인체 내에서는 호흡으로 변합니다. 사람의 호흡이 첫째 자리입니다. 그래서 풍이 첫째 자리입니다.

천(喘)을 설명하겠습니다. 예컨대 우리들의 호흡은 일반적으로 천이라고 하는데, 천기(喘氣)의 천입니다. 일종의 호흡 기도의 병을 효천병(哮喘病)이라고 합니다. 일반 보통사람은 신체가 모두 충분히 건강하지 않아도 가벼운 정도의 효천병이 있는데, 호흡이 목구멍까지만 도달하고 폐의 이 표층까지만 도달하는 것입니다. 호흡에 소리가 있는 것, 특히 잠을 잘 때 고요해지면 또렷이 들립니다. 감기로 코가 막혔을 때 그 소리는 더욱 거칠어지는데, 이게 천에 속합니다. 천은 외풍과 신체 내부의 풍이 서로 모순되며 저애하고 서로 다투면서 기의 관도(管道)를 소통시키기 위하여 발생하는 것입니다. 그러므로 이것을 얘기한다는 것은 이렇게 간단하지 않습니다. 뇌과 의사가 참가하고 측정 기구가 도착하면 우리 다시 얘기하기로 하지요.

그러므로 일반적으로 호흡은 비강(鼻腔)으로 호흡하는 것입니다. 비강 속에는 많은 맥이 있는데, 오늘날 말하는 신경에 해당하며 가늘고 가늘며 수백 가지의 맥이 있습니다. 닦아서 어느 한 부위의 호흡에 도달하면, 비강으로 호흡하는 것이 아니라 이 부위에 의지해서 호흡합니다. 당신이 해골을 하나 가지고 보면 코 여기에 구멍이 하나 있는데, 삼각형이며 그 주변에서 호흡하고 있습니다. 이것은 대체적으로 말한 것이고 아직 자세히는 당신에게 말하지 않습니다. 여러분은 아직 그 정도에 도달하지 못했기 때문입니다.

그러므로 나이가 많을수록 기는 짧아지고, 사망할 때에 이르면 이 기가 단지 후두까지만 도달합니다. 이 후두골이 잠겨 있어 최후에는 늙어갈수록 수축되어 가고, 완전히 수축되면 기가 끊어지면서 어~ 한 소리하고 곧 죽어서 장양기는 없어집니다.

피터 세인지 : 제가 병원에서 보았는데, 저의 부친이 임종 시에 바로 그러했습니다.

남선생님 : 그렇습니다. 이 후두는 특히 주의해야 합니다. 이 부분은 여성의 하부 치골과 같습니다. 여성이 아이를 낳으면 골반이 확대되고 천골미골(薦骨尾骨) 관절이 뒤로 이동하며 치골(恥骨) 사이의 섬유 연골이 당겨 열려지기(일부는 인지認知가 다르다) 때문에 고통스럽습니다. 아이가 출생하고 1개월 뒤에 서서히 다시 복원됩니다. 그러므로 장양기는 당신의 공부가 도달하면 후두가 열리고 수명에 대해서도 통제하는 작용이 있습니다.

그러므로 기를 수련해야 합니다. 그렇지 않고 나이가 많아지면 물 한 모금을 마셔도 사레가 들어 죽을지 모릅니다. 왜냐하면 후두가 갈수록 수축되어 가기 때문입니다. 그러므로 후두가 열려야 됩니다. 공부가 도달하면 여기가 열릴 것입니다. 그런 뒤에 호흡이 뇌에 있게 되고, 공부가 도달하면 최후에는 뇌 꼭대기가 열립니다. 이는 공부가 도달했을 때를 말하는 것입니다. 일반인들은 쇠약해져 늙어지기 쉬워서 자리에 앉아 있으면 머리를 수그리고 잠을 자며 머리가 흐리멍덩한데도 잠자지 않은 것으로 아는데, 사실은 모두 잠을 잤습니다. 왜냐하면 뇌의 산소가 부족해졌기 때문입니다. 방금 우리들의 저 아저씨가 하품을 했는데, 머리에 산소가 부족해졌기 때문입니다.

이것은 장양기의 단계를 말하는 것이며, 천(喘)은 풍대의 작용에 속합니다. 장양기는 생명의 기능으로서 지구 대기층과 서로 관련되어 있습니다. 그러기에 만약 고공을 벗어나 대기층 밖에서라면 이 기가 변화하는데, 그것이 공기 따위의 물질이 전혀 없는 진공(眞空)입니다. 그러므로 우주인은 훈련을 받아야합니다. 만약 산소를 휴대하지 않고 우주에 가면서 대기층 밖으로 벗어나면, 오직 4선정(四禪定)을 얻은 사람만이 아마 관계가 없을 것입니다. 아마 그럴 것이다 입니다! 왜냐하면 장양 호흡의 안나반나가 필요하지 않게 되었기 때문입니다.

장양기로서 세 번째 단계는 기(氣)입니다. 기의 단계에서는 천(喘)하지 않습니다. 예컨대 정(定)을 닦는 사람이 정좌가 잘 되어 마치 코에 호흡이 없는 것처럼 느껴지거나 느리고 경미하게 오고 간다면, 이것은 기(氣)에 속해졌습니다. 그러므로 수지 방면에서 말하는 기는 현재 미국에서 번역한 그런 게 아닙니다. 예전에 미국에 있을 때 내가 말하기를, 이 기는 번역이 불가능하다고 말했던 것은 바로 이런 이유에서 입니다. 왜냐하면 보통 공기의 기가 아니기 때문입니다. 중국 고대에 이 炁(기)자는 无(무)자 아래에 네 점灬이 있는데 화(火)가 없다는 말입니다. 마치 작용이 없는 것 같지만 여전히 왕래가 있는데, 오래 지나고 느려서 가끔 한 번씩 왕래 작용이 있습니다. 마치 느낌이 없고 풍(風)이 없고 천(喘)이 없는 것 같은, 그것을 기(氣)라고 합니다. 이것은 사람의 입장에서 말하는 것입니다.

한 단계 더 나아가면 바로 식(息)입니다. 당신이 조금 전에 무엇이 식이냐고 질문을 했는데, 당신이 분간을 잘못 하는 것도 당연합니다. 이 식은 이어서 방금 말했듯이, 미세하게 들어오고 나가는 것이며 기(氣)조차도 없고 신체 내부의 장애는 모조리 사라졌습니다. 고통스러워 견디기 어려움도 없고 시리고 아프고 부풀고 저리고 가렵고 등등의 느낌이 조금도 없습니다. 완전히 고요하여 마치 조금의 호흡도 없으면서 온몸에 가득 두루 있습니다. 그런 다음 매 세포마다, 내지는 아홉 구멍, 즉 머리에 일곱 구멍에다 대소변 하는 두 구멍을 합하여, 전신의 세포 하나하나마다 자연히 모두 왕래하면서 충만해졌습니다. 마치 대기 허공과 서로 통해진 것 같은데, 그게 바로 식(息)의 경계입니다. 이것은 내가 지금까지 말한 적이 없었습니다. 왜냐하면 중생은 어리석어 모두 이해하지 못하기 때문입니다.

여기서 어떤 사람이 나에게 한 가지 질문을 하기를, 이때에 약을 먹어 도와주어야 하느냐고 했습니다. 이것은 문제인데, 사실은 수지(修持)를 시작할 때부터 가장 좋기로는 의약(醫藥)을 아는 것입니다. 불법을 배우거나 신선 단도(神仙丹道)를 배우는 도가는 약물적인 도움을 중시합니다. 이런 일종의 도움을 조연(助緣)이라고 합니다. 주요한 것은 아닙니다. 주요한 것은 내재적인 수지에 의지해야 합니다. 그러나 의약을 알기는 어렵기 때문에 도가 신선 수련의 연단(煉丹)이 바로 이렇게 온 것입니다.

그녀가 제기한 문제에 대해 이렇게 간단히 대답합니다, 때로는 약을 알고 의술을 알 필요가 있습니다. 그러기에 보살은 5명(五明)을 배워서 의학적인 이치를 알아야 합니다. 그녀가 질문한 문제는 맞습니다. 약을 사용하는 이치는 당신의 신체 내부의 막힘을 통하게 하는 것입니다. 사실 보통 불학에서는 당신에게 말해주기를 7만 가닥에서 10만 가닥의 맥관(脈管)이 있다고 하는데, 미세한 기맥이 지나가는 길로서 일단 막힘이 있으면 내부에 병이 있는데도 단지 사람이 자신에게 병이 있는 줄 느끼지 못할 뿐입니다. 약을 이용하는 것은 일종의 조연(助緣)으로, 당신의 병 통증을 경감시키도록 도와주어 기맥을 좀 통하게 해주는 겁니다.

그러나 선종 수행과 일부 밀종(황교 달라이 일파가 아닙니다)은 완전히 심력(心力)에 의지하여 자신이 병을 전환변화 시킵니다. 백교(白教) 갈거파(噶擧派)가 걸어가는 선(禪)의 노선의 경우 자력에 의지하지만 심력이 대단히 견고하고 강력해야 합니다! 염두를 수시로 비워버릴 수 있다면 기맥이 자연히 전환변화 할 수 있는데, 이 단계의 공부는 대단히 대단히 어렵습니다! 그래서 진언을 외우는 등 밀종의 이런 것들을 배우는 것은 모두 초보적으로 기맥을 통하게 하는 일종의 방편 법문이며 단지 빌려 쓴 것으로, 일종의 변상적인[變相] 방법일 뿐입니다.

이제 간단히 여기까지 얘기한 것은 첫 번째인 장양기에 속합니다. 두 번째는 더욱 이해하기 어렵습니다. 한 단계 나아가면 당신이 질문한 식(息)의 문제가 되며 보신기(報身氣), 혹은 보기(報氣)·업보기(業報氣)라고도 하는데, 범어에서 중문으로 번역하여 그러합니다. 장양기는 외층적인 것이고 내층적인 것은 보신기라고 합니다. 보(報)는 업보인데, 생명의 근본입니다. 바로 어느 때 남자의 정자와 여자의 난자가 한데 만나면 우리들의 이 영혼이 이 한 가닥의 업보기에 의해 휘감겨 들어가는 것인데, 매우 빠릅니다. 빠르기가 형용할 수 없을 정도로서 흘러나오기가 바쁘게 이미 뒤섞여 들어가버렸습니다. 우유를 휘졌음이나 마찬가지로, 3연화합(三緣和合)이 하나의 생명으로 변합니다. 이 정자와 난자와 영혼이 뒤섞여진 뒤 7초, 아니 그보다 빨리 쾌속으로 변화하는데, 7개 숫자에 하나의 변화로서 7일마다 하나의 큰 변화가 이루어집니다.

태아는 모태 속에서 38주 9개월 동안 호흡이 없고 탯줄에 의지하여 모친의 몸과 하나로 연결되어 있으며 입과 코도 모두 움직이지 않습니다. 하지만 그의 탯줄로부터, 모친의 영양을, 이 생명의 기를 포함하여 가득이 흡수합니다. 그래서 입안에는 더러운 것들이 많이 있습니다. 이런 것을 업보의 기라고 하며, 코를 통한 호흡 작용은 없고 단지 이 생명의 에너지만 있어 자연히 태아를 성장하게 합니다.

불경은 개략적으로 당신에 말해주기를, 태아로 변한 뒤로는 매7일간마다 하나의 큰 변화가 일어난다고 합니다. 어느 가닥 경맥, 어느 한 덩이 뼈, 어느 세포 등 7일간에 하나의 변화가 일어나며, 매7일간마다의 기의 명칭이 모두 다릅니다.37) 그래서 '만기근본(萬氣根本)'입니다. 이 역시 상세하게 말한 것은 아닙니다. 실제로는 7초마다 7분마다, 마치 우리가 지금 여기 앉아있으면서 생명은 모두

---

37) 『입태경 현대적 해석』을 참고하기 바란다.

변화 중에 있으며 모두 안나반나에 있는 것과 마찬가지입니다. 이 기는 바로 이렇습니다. 이것은 업보의 기에 속합니다.

근본기(根本氣)는 종자기(種子氣)라고도 합니다. 정자와 난자 결합은 단지 생(生)만 있고 명(命)은 없는데, 정자와 난자가 결합할 때 영혼(중음신)으로 하여금 3연화합에 가입하게 하는 동력이 바로 근본기이며 행음(行陰)의 작용입니다. 생각염두가 아직 없을 때의 제1념(第一念)의 움직임입니다. 굳이 비유하자면 자기가 잠에서 깨어났다는 것을 아는 그 한 생각이 기를 지니고 있는데, 지니고 있는 것도 근본기입니다.

(이상은 남회근 선생과 피터 세인지(彼得聖吉)와의 대화에서 발췌)

수식법(隨息法)과 3제탁공(三際托空)[38]

---

38) 3제탁공에 대한 이해를 돕기 위해 『입태경 현대적 해석』「제2장 입태와 불입태」중 (역자보충) '친인연, 소연연, 등무간연, 증상연...' 글의 일부를 전재한다. 이는 남회근 선생이 강해한 것이다.

우리들의 생명은 이처럼 쉬지 않고 돌아가고 있습니다. 만약 생사를 벗어나 이런 연쇄적인 생명 역량의 속박을 받지 않으려고 한다면 반드시 이 인연의 작용을 잘라 끊어야 합니다. 우리들의 생각은 영원히 정지해 본 적이 없습니다. 잠잘 때도 영원히 생각하고 있습니다. 그래서 잠을 자면 꿈을 꾸는 것입니다. 진정으로 잠을 자본 사람은 한 사람도 없습니다. 어떤 사람들은 꿈이 없다고 생각하는데 사실은 깨어나서 잊어버린 것입니다. 그럼 사망 이후에는 생각을 할 까요 안 할까요? 마찬가지로 생각을 합니다. 그것은 또 다른 경계입니다. 만약 우리의 생각을 그 가운데로부터 끊어버릴 수 있다면 그것을 '3제탁공(三際托空)'이라고 합니다. 과거의 생각은 이미 과거

남선생님 : 수식(隨息)은 식지(息止)이지 염식(念息)이 아닙니다. 염식하면 더욱 높아집니다. 최후에는 환(還) · 정(淨)까지 도달하여 3제탁공(三際托空)보다 진보하였으며, 정(淨)은 더욱 높아집니다.....

남선생님 : 물론 세상에서 가장 좋은 일은 잠자는 것보다 더 한 것이 없습니다. 예전에 원(袁) 선생님은 일찍 일어나지만 또 가서 개잠을 잤습니다. 우리는 한낮이 되었다고 그를 깨웠습니다. 그는 깨어나서 말했습니다, "여러분은 세상에서 제일 좋은 일로서 즐거움이 열반과 유사한 것이 무엇인지 아는가? ....개잠을 자는 것이야!" 그는 말하면서 수염을 쓰다듬으며 하하 웃었습니다. 당시에 나는 생각을 좀 해보았습니다, "이상하다! 그게 상락아정(常樂我淨)을 뛰어넘을까?..."

한번은 그가 수면 중이었는데, 우리는 그가 코를 드르렁 드르렁 심하게 고는 것을 들었습니다. 그가 깨어나기를 기다렸다가 말했습니다, "선생님, 당신은 코를 심하게 골았습니다!" 그는 말했습니다, "여러분은 코를 골지 않는 것이 하나 있는데 무엇인지 아는가?! 이

가 되었으니 더 이상 존재하지 않습니다. 미래의 생각은 아직 오지 않았으니 당연히 존재하지 않습니다. 지금은 어떨까요? 역시 현재라는 게 없습니다. 막 현재라고 말했을 때에 현재는 즉시 과거로 변해버립니다. 우주 간에는 과거도 없고 미래도 없습니다. 오직 현재만이 있습니다. 영원히 한결같이 현재일 뿐입니다. 그러나 현재도 붙들어 쥘 수가 없습니다. 그것은 끊임없이 흘러가고 있기 때문입니다. 이러한 현상을 잠시 우리는 '공(空)'이라고 부릅니다. 석가모니불은 우주의 생명 속의 이러한 도리는 필경에 주재자가 없고 자연이 아님을 이해했습니다. "인연으로 생기하는 법을 나는 곧 공이라고 말한다[因緣所生法, 我說卽是空]." 공(空)은 우주 생명의 본체요, 인연의 일어남은 우주 생명의 작용입니다. 이를 '연기성공, 성공연기(緣起性空, 性空緣起)'라고 합니다.

런 것들은 모두 화두이다. 한참 자고 있는 중에도 자기가 코를 골고 있다는 것을 들을 수 있을 뿐만 아니라 편안하게 잔다." 우리는 듣고 통쾌했습니다. 안타깝게도 당신이 아닙니다, 당신의 경계가 아닙니다.

종지(從智)법사 : 선생님이 어제 우리들에게 가르쳐주신 요점은 두 가지가 있습니다. 하나는 수식법(隨息法)이고 또 하나는 3제탁공입니다. 저 개인이 회상해보니 13,4년 전에 저의 출가 스승 인공(仁公) 상인께서 동정난야(同淨蘭若) 대웅전에서 우리들에게 수식법을 가르쳐주신 적이 있었는데, 당초에 저는 연습하자마자 곧 전신이 비워졌습니다. 그러나 환희심이 일어나자마자 이전으로 되돌아가 버렸습니다. 이렇게 소중한 작은 체험을 한 그 뒤로는, 선생님이 말한 꼭 그대로 마치 회계를 배우듯이 해서 요령을 얻지 못하고 공부 효과도 한계가 있었습니다...

남선생님 : 여러분은 조과선사(鳥窠禪師)와 백거이(白居易) 사이의 대화를 아직 기억합니까? 선사가 말했습니다, "세 살먹은 아이도 말할 수 있지만[三歲小兒雖道得] (선생님이 말을 멈추고 또 말했다) 여러분, 이어가볼래요?" 대중이 답했다, "팔십 먹은 노인도 행하지 못한다[八十老翁行不得]."[39] (지월록指月錄 권6卷六 조과도림선사鳥窠道林禪師)

---

39) 『선정과 지혜 수행입문』「제1장 중 (역자보충) 백락천과 조과선사와의 대화」도 참고하기 바란다.

남선생님 : 또 있지요? 중점은 여기에 있지 않습니다. "백거이가 항주(杭州) 자사(刺使)로 취임하였을 때 곧 산에 들어가 도림(道林) 선사를 찾아뵙고 나무위에 앉아 있는 선사에게 말했다, 선사님 계신 곳이 매우 위험합니다[白居易守杭時, 入山謁師, 問曰 : 禪師住處甚危險].", 백거이는 조과선사가 나무 위에서 지내고 있는 것을 보았기 때문에 이렇게 말했습니다. "선사가 대답했다, '나보다 태수가 더 위험합니다.' 백거이가 대답했다, '제자는 강산의 한 지방을 지키는 관직에 있는데 무슨 위험이 있겠습니까?' 그러자 선사가 말했다, '바로 그대가 땔감나무와 불이 서로 어울려 타듯이 마음이 멈추지 못하고 있는데 위험하지 않을 수 있겠습니까'[師曰 : 太守危險尤甚. 白居易說 : 弟子位鎭江山, 何險之有 ? 師說 : 薪火相交, 識性不停, 得非險乎]?", 여러분이 여기에서 바로 이렇게 식성(識性)40)이 멈추지 않고 업식(業識)41)이 망망하고 망상이 어지럽게 날리는 것이 바로 '신화상교(薪火相交)', 땔감나무와 불이 서로 어울려 타고 있는 것입니다. 사람이 왜 병이 있을까요? '신화상교'하기 때문입니다. 선사가 말했습니다, "당신이야말로 위험합니다. 내가 왜 위험하겠습니까?" 우리가 예전에 이 부분을 보고는 털구멍이 모두 곤추서면서 곧 자신의 업식(業識)이 아득히 넓다는 것을 생각했습니다. 태어나되 온 곳을 알지 못하고 죽더라도 가는 곳을 모르며, 부모가 낳

---

40) 식(識) 그 자체. 인식하는 주체. 대상을 인식하는 작용과 인간에게 본래 갖추어져 있는 성질.
41) 숙업의 인에 의해 감득한 심식을 말하는 것으로 범부의 마음을 말한다. 선업 악업에 의해서 초래된 과보로서의 식(識). 해석의 예로, 『대승기신론』의 업식이라고 하는 것은 근본무명의 힘에 의해서 방황의 근본을 일으키는 것. 업은 동작이라는 뜻으로 움직이는 것이다.

아주기 이전의 본래면목을 모르며, 꿈도 없고 생각도 없을 때 주인 공은 어디에 있는지를 모르는 것을, 우리들은 불법을 배우면서 그 렇게 돌이켜 자성(自省)했습니다. 여러분의 경우 하루 종일 망상 속 에 있고, 학문이 아무리 좋고 도리를 아무리 이해해도 역시 '신화상 교'이며 번뇌 망상의 흐름을 끊어버리지 못하고 있는데, 무슨 소용 이 있겠습니까?.

.....3제탁공을 해낼 수 있다면 식(息)은 자연히 머뭅니다[住]. 이 식 은 내쉬지도 않고 들이쉬지도 않는 상태인데, 이때에는 정(定)의 상 태가 오래 지속될수록 좋습니다. 육묘법문(六妙法門)은 수(數) 이후 가 수(隨)이며 수(隨) 이후가 지(止)인데, 이때 호흡이 멈추어 쉬고 [止息] 염이 멈추었을까요[念止]? 당신 분명히 알아야 합니다, 당신 이 자신의 식이 멈추었음[息止]을 알았지만 이 한 생각의 앎[知]도 멈추어 쉬어야[止息] 옳습니다....

원징사(圓澄師) : 어제 이 식(息) 자는 우리가 말하는 호흡, 기식이 아니라 염두가 멈추어 쉬었을[止息] 때의 현상이라는 것을 이해했 습니다. 그런 현상에 저는 비록 도달하지는 못했지만 약간 이해할 수 있습니다. 이제 저는 3제탁공을 얘기해보겠습니다. 저는 자신이 닦아 도달했다고는 감히 말하지 못하겠지만, 어제 선생님이 하신 가르침을 이론상으로 대략 이해하였고 당장에 약간의 이익을 얻었 습니다. 수업이 끝난 뒤 선생님의 저작인 『선종과 도가의 개론』 중 의 말씀과 배합하여 연구해보니 그 이론상 조리가 대단히 분명하 며, 5단계로 나누어 그것을 포괄할 수 있습니다.

1. 3제탁공을 하는 제1단계입니다. 먼저 자기의 지각과 감각이 발생하는 염두에는, 신체 감각으로부터 발생하는 배고픔 · 차가움 · 배부름 · 따뜻함과, 생각지각으로부터 감각하는 고민인 번뇌 · 인아시비(人我是非) ... 가 있으며, 이 모든 것은 염두라는 것을 이해해야 합니다. 예컨대 우리가 병이 났을 때 이 고통의 감각[覺受]은 바로 하나의 염두인데, 당신이 이 염두를 따라 가면 갈수록 고통스러워지며 자신의 주요 수행[正修] 법문인 염불 · 관상 · 참선 · 준제법 수행 등등은 끌려가버립니다. 이를 실념(失念)이라고 합니다.

2. 제1단계를 먼저 해내고 난 다음에는, 자기의 심신의 상황을 이해하고 자기의 심념이 일어나고 움직이는 것을 모두 알아차리고 모호해서는 안 됩니다. 이것은 단시간의 공부가 아닙니다. 하지만 이론상으로 적어도 먼저 알아야 합니다.

3. 자신이 심념이 일어나고 움직이는 것을 알아차린 뒤에야 염두를 과거 · 현재 · 미래의 3제(三際)로 나눌 수 있습니다. 당신이 교실에 앉아 있으면서 덥다고 느낀다면, 이는 이미 과거의 염두가 되었으며 그 다음의 덥다는 염두는 현재의 염두가 됩니다. 그러므로 이 시각의 덥다는 염두는 이미 전념(前念)이 아니며, 당신이 현재라고 말하면 또 과거가 됩니다. 작은 점과 같은 느낌[感受]의 염두가 일련으로 연속되기 때문에 우리가 중간에 끊어진 적이 없다고 느끼게 되지만, 사실은 점과 점 사이의 중간에 염두와 염두 사이에는 빈틈이 있습니다. 만약 당신이 항상 연습하여 염과 염 사이의 거리를 비워버릴 수 있고 그 습관이 길러져 연습한지 오래되면, 이 전념과 후념(後念) 사이의 공백은 갈수록 커지는데, 이 공백은

혼침으로 흐리멍덩한 것이 아니라 청명하고 편안한 것입니다.

4. 3제탁공을 체험할 수 있다면 모든 활동은 단지 일련의 점과 점이 연결된 선을 이룬 닦음이며, 마침내는 진실이 아님을 느끼게 될 것입니다. 이와 같아야 비로소 선종의 깨달음의 경지의 전(前)방편을 말할 수 있습니다.

5. 이 소소령령한 심경을 보림(保任)하여 깨달음의 경지에 도달하는 것입니다. 이상이 이론상의 지해(知解)인데, 당장에 시도해 실험해보면 체험이 있는 것 같습니다. 그리고 오늘도 실제로 이 점을 해보았습니다.

남선생님 : 좋습니다. 어제 여러분은 모두 꾸지람을 들었는데, 원징사는 내려가 책에서 찾아보았군요. 그는 맞게 말했습니다. 이것은 『선종과 도가의 개론』에 있는 3제탁공의 내용입니다. 원징사의 오늘 보고는 격려할 만합니다. 불법은 공정한 것이어서 맞으면 맞고 맞지 않으면 맞지 않은 것입니다. 그는 수식(隨息)을 말하면서 자신이 이해한다고 여겼는데, 사실은 아직 맞지 않습니다. 수식(隨息)은 식지(息止)이지 염(念)이 아닙니다. 염식(念息)은 더욱 높습니다. 염식은 이미 육묘문의 지(止)와 관(觀)의 정도에 도달한 것입니다. 육묘문 중 수식(數息)·수식(隨息)·지식(止息) 다음에야 관(觀)을 닦고, 최후에 환(還)과 정(淨)에 도달합니다. 본래 청정으로 돌아가는 것으로 3제탁공 보다 진일보한 것입니다. 정(淨)은 그 보다 더욱 높아진 것입니다. 그러므로 육묘법문이라고 합니다. 이것은 지자(智者)대사가 불경의 선수행의 방법에 의거하여 이를 귀납시킨 묘

문(妙門)입니다. ......통상 일반인이 수식법(數息法)을 연습하는 것은 모두 의도적인 호흡으로서, 호흡을 폐 부위의 작용으로 여길 뿐입니다. 이러면 당연히 병통이 나타날 것입니다. 그리고 우리의 호흡도 단순히 두 개의 콧구멍으로만 운행하고 있는 것이 아닙니다. 사실은 10만8천개의 털구멍은 호흡하고 있지 않는 것이 하나도 없습니다. 호흡은 자연스러운 것이지 당신이 작의(作意)하는 것이 아닙니다. 그런데 우리의 일반적인 자연스러운 호흡도 작의(作意)에 속합니다. 5변행(五遍行)42)을 갖추고 있는 제8아뢰야식이 작의하고

---

42) 5변행심소는 보편적 심리작용 활동이다. 8식 중 어느 심왕(心王)이든 작용을 발생하면 어느 때나 따라서 일어나므로 변행심소(遍行心所)라 한다. 즉, 이 다섯 가지 심리작용 활동은 일체심(一切心: 8식), 일체지(一切地: 삼계9지―욕계1지·색계4지·무색계4지), 일체성(一切性: 선성善性·악성惡性·무기성無記性)에 보편적으로 일어나는 심리작용이다. 모두 다음의 5종이 있다. 이와 관련 내용은 『선과 생명의 인지 강의』「제2일 강의 중 (역자보충) 오위백법 : 우주만유 일체법의 분류」를 참고하기 바란다.

  1) 작의(作意)―경각·주의(注意) 작용이다. 주의 작용은 심식을 이끌어 인식대상으로 향하게 하는 것이다. 즉 6근과 6경이 화합할 때 심식이 경각·반응을 하는데, 이 경각 반응이 주의이다.
  2) 촉(觸)―접촉, 즉 감각 작용이다. 작의로 말미암아 6식(인식주체)이 6근(감각기관)을 통해서 6경(인식대상)을 접촉하는 것이다. 촉은 다음의 수·상·사의 활동의 기초가 된다.
  3) 수(受)―감수, 즉 감정 작용이다. 6근을 통해 접촉한 대상에 대하여 발생하는 괴롭거나[苦]·즐겁거나[樂]·괴롭지도 즐겁지도 않은[不苦不樂] 감정이다. 우리들의 정서작용이다.
  4) 상(想)―표상, 즉 인식 작용이다. '상(相)'은 모습을 취한다는 뜻이다. 6근을 통해 접촉한 대상을 관찰하고 공통적인 성질을 선택하여 인상·개념을 형성하는 것이다.
  5) 사(思)―사려·의지작용이다. '사(思)'는 조작의 의미다. 접촉한 대상을 관찰 사고하고 선악 등의 각종의 구체적인 행위, 즉 업을 발생하는 심소이다.

있는 것입니다. 신식(神識)이 일단 모태에 들어가면 이 호흡이 있게 되지만 제6의식의 작의는 아닙니다. 그리고 말하는 것은 제6의식이 작의하고 있는 것입니다. 물론 8식(八識)과 배합하여 작의하고 있습니다. 그러나 주제는 제6의식의 생각입니다. 호흡은 당신이 의도적으로 호흡하는 것이 아닙니다. 만약 작의 호흡한다면 4대아상(四大我相)[43]이 오게 됩니다. 그러므로 수식(數息)은 자연스러운 호흡을 헤아리는 것이지, 그것을 단전이나 복부에 머무르게 하는 것이 결코 아닙니다. 어떤 사람은 이 이치를 알지 못해서 명치에서 답답할 것입니다. 수식(隨息)을 진정으로 이해하는 사람은 한 몸이 갈수록 가벼워지고 편안해집니다. 처음에 명치에 도달하고 폐부위에 도달하고, 심지어 발끝까지 도달합니다. 그런 다음 서서히 곧이어서 수식(隨息)이 옵니다. 수식(數息)은 들숨을 헤아리거나 날숨을 헤아립니다. 왜 들숨을 헤아릴까요? 왜 날숨을 헤아릴까요? 나는 이미 얘기한 적이 있는데, 어느 분이 말해보시지요?

원징사 : 망상이 너무 많고 정력이 지나치게 넘치는 경우 고요하게 하려면 날숨[出息]을 헤아립니다. 몸이 너무 허하고 정신이 부족하면 들숨[入息]을 헤아려야 합니다.

남선생님 : 더 나아가 몸에 염증이 생겼어도 날숨을 헤아려야 합니다. 예컨대 종성(宗性)법사는 기가 머리에 오르니 날숨을 헤아려야 합니다. 그러므로 진정으로 공부를 수련하는 사람은 수식(數息)하

---

43) 『금강경』에 나오는 아상(我相)·인상(人相)·중생상(衆生相)·수자상(壽者相)을 가리킨다.

며 잘 헤아리면 무공에서의 기 수련도 완숙한 경지에 도달합니다.

남선생님 : 욕묘법문은 어느 대사가 창안한 것이지요?

원징사 : 지자대사입니다.

남선생님 : 지자대사가 천태산(天臺山)에 갈 때 어떻게 신통을 시현했지요? 그 산은 바로 만 길의 벼랑이어서 떨어지면 큰일 납니다. 오늘날은 거기 두 개의 산 중간에 한 자가 못되는 돌다리[石梁]를 하나 걸쳐 놓았는데, 누가 건너갈 수 있을까요? 지자대사가 천태산에 갔을 때는 이 돌다리가 있었는지, 아니면 뒷날 도가 인물이 만들었다고 하는데, 그 사실을 조사 증명하기 극히 어렵습니다. 그러나 그곳은 불가 도가 양가의 성지(聖地)입니다. 무공이 완숙한 경지에 도달한 사람은 이 돌다리를 지나갈 수 있습니다. 아래는 바람이 세기 때문에 불자마자 떨어져버립니다. 지자대사가 천태산에 오를 때 신족통(神足通)을 나타내어 승려의 지팡이인 석장(錫杖)을 날려서 지나갔습니다. 그는 손에 가진 석장을 던지고 따라서 지나갔습니다. 그러나 지자대사가 열반할 때 제자가 대사의 증득 과위를 묻자, 아직 초지(初地)보살의 지위에도 이르지 못했다고 했습니다. 이것은 겸허한 말입니다. 수행은 원래 이렇게 겸손해야 하지 증상만심(增上慢心)을 내서는 안 됩니다. 당시에 우리가 글공부 할 때의 중점은 여기에 착안했습니다. 여러분처럼 소홀히 하고 지나가지 않았습니다. 예전에 '석장을 날려 지나갔다'를 보자마자 이게 무슨 신

통일까를 연상했습니다.

또 한 분 배도(杯渡) 화상은 강의 흐름을 건너고자 찻잔을 하나 물위에 던져 놓고 그 찻잔을 밟고 강을 건넜습니다. 이 모두는 신족통의 일종인데, 기식을 닦아 성취한 성과입니다. 기맥이 성취되면 신체가 마치 한 덩이 기체가 하늘로 높이 솟아 허공을 밟고 날아가는 것과 같을 수 있지만, 그는 일부러 어떤 물건을 이용해서 지님으로써 세상 사람들의 귀와 눈을 속인 것입니다. 준제법(準提法)을 닦아 이루면 역시 갖가지 신통묘용을 이룰 수 있으며, 혹은 염주를 공중에 던져서 사람이 따라서 지나갈 수 있습니다.

신족통의 성취가 기(氣)와 관계가 있는 바에야, 여러분은 정좌하면서 앉아있지 못해 다리에서 희락(喜樂)이 발생할 수 없는 것은 기가 통과하지 못해서입니다. 허리 이하로 통과하지 못하면 이 부분의 업력이 너무 무거운 줄 알아야 합니다. 우리가 예전에 정좌하면서 이를 악물고 눈을 찌푸리고 있으면 선생님이 좌상에서 말하기를 "회근아! 한 푼의 고통을 겪으면 한 푼의 업이 녹는다."고 했습니다. 나는 도리어 그분에게 말하기를 "저는 차라리 업보를 받을지언정 이 고통을 받지 않겠습니다."라고 했습니다. 이 말은 저만이 감히 했는데, 그분은 듣고 한 번 웃으셨습니다. 그건 다생누겁(多生累劫)의 업보입니다. 누가 당신으로 하여금 전세에 닦지 말라고 했습니까? 여러분은 닦자마자 병이 있고, 닦지 않으면 그런대로 좋습니다. '업식이 망망하여 땔감나무와 불이 서로 어울려 타고 있다[業識茫茫, 心火相煎]'는 묘사 꼭 그대로입니다.

다시 수식(數息)의 관건을 말하겠습니다. 수식이 호흡을 이용하지 않는 것은 아닙니다. 기(氣)와 염(念)은 일체양면(一體兩面)일 뿐입니다. 특히 욕계 중생은 염이 움직이면 기가 움직이고, 기가 움직이면 염도 움직입니다. 더 나아가 이런 화두들을 우리는 모두 참구해본 적이 있는데, 원 선생님이 말씀하기를 "회근아! 네가 참구좀 해보아라, 염이 먼저 있느냐 아니면 기가 먼저 있느냐?" 해서듣고는 곧바로 참구했습니다. 한편으로는 공부에 의지하고 한편으로 관찰에 의지하고 난 다음 손을 들어 대답했습니다, "염이 먼저움직입니다. 염이 움직이면 기가 움직입니다." 많은 도가들이 모두기가 먼저 움직인다고 여겼는데, 맞지 않습니다. 염이 먼저입니다.그래서 동심인성(動心忍性)44)이라고 합니다. 3제탁공에서 염을 끊어버리면 기는 자연히 지식(止息)합니다. 사념청정(捨念淸淨)에 도달한다면 자연히 호흡이 멈추고 맥박이 정지하고[氣住脈停] 신체는고락의 느낌을 받지 않게 됩니다. 신체에 고통·즐거움·편안함이있는 것은 모두 기(氣)의 감수가 심력(心力)과 짝이 되어서 오는 것입니다. 이런 말들을 여러분에게 하면서 나는 안타깝게 생각합니다. 여러분이 너무나 열심히 공부하지 않는 것을 안타까워합니다!알아들었습니까?

이번에 제시한 중점은 3제탁공에 있습니다. 3제탁공이면 맞다는것이 결코 아니라, 그게 도에 가깝다는 것입니다. 그러나 선종에서는 이것이 단지 화두일 뿐입니다. 『금강경』에서 말하기를 "현재의마음을 얻을 수 없고, 과거의 마음을 얻을 수 없으며, 미래의 마음을 얻을 수 없다[現在心不可得, 過去心不可得, 未來心不可得]."라고

---

44) 심신을 연마단련하면서 외부의 고난이나 장애를 돌아보지 않고 버텨 나가다는 뜻.

하는데, 이거야말로 진정한 3제탁공입니다.

작년에 나는 미국에서 온 카프라 선생에게도 말하기를, 일반적으로 선(禪)을 배우는 사람은 3제탁공의 경계에 도달하면 곧 깨달은 것으로 여기고 자성공(自性空)을 본 것으로 압니다. 사실은 당신에게 또 공한 경계가 하나 있기만 하면, 이것도 제6의식의 청정한 현량경(現量境)일 뿐이며 비량(比量)이라고도 말할 수 있습니다. 왜냐하면 그것은 여전히 한 생각 허망한 경계일 뿐이지 결코 진정한 청정이 아닙니다. 그러나 그것은 잡란한[雜亂] 경계와 비교하면 탁공(托空)이기 때문에, 그것은 여전히 비량(比量)입니다. 비량(非量)·비성교량(非聖教量)이라고도 할 수 있습니다. 무엇이 진현량(真現量)일까요? 나는 여러분이 준제법(準提法)을 닦기를 바랍니다. 원만차제(圓滿次第)에 도달하고, 최후에는 명점(明點)이 허공에 합하여, 심신이 모두 변화해서 허공이 곧 나이고 나가 곧 허공입니다. 허공의 양도 얻을 것이 없습니다. 여래(如來)와 여래가 이와 같고 이와 같습니다. 여러분은 이해합니까? 그때야말로 진현량이며 체진지(體真止)라고도 합니다.45)

수행이 제1단계로 3제탁공에 도달할 수 없다면 그게 무슨 수행이라고 하겠습니까? 그러기에 "수행이 무심지에 도달하지 못하면 만 가지 천 가지가 물의 흐름을 좇는다[修行不到無心地, 萬種千般逐

---

45) 현량(現量)·비량(比量)·비량(非量)에 대해서는 『불교수행법 강의』 「제22강 중 현관(現觀)과 성교량(聖教量)」 부분을 참고하기 바란다. 원만차제(圓滿次第)에 대해서는 『도가밀종과 동방신비학』 중 「10. 세속으로부터 출세간까지」를, 그리고 『밀교대원만선정강의』 「제7강 중 생기차제(生起次第)는 명심견성(明心見性)을, 원만차제(圓滿次第)는 진공묘유(真空妙有)를」 부분을 참고하기 바란다.

水流]."인데, 이게 누구의 게송이지요?

대혜사(大慧師) : 관휴(貫休) 화상입니다.

남선생님 : 맞습니다. 3제탁공에 도달하면 의식이 청명해집니다. 당신은 내가 방금 한 비평이 조금도 가치가 없다고 여기지 말기 바랍니다. 여러분은 기껏해야 공(空)을 깨닫고 난 다음에 별것 아닌 것에 크게 놀라서, "우! 깨달았다!"고 합니다. 그것은 제6의식 경계일 뿐인데도 구태여 불법이 아니면 안 될 필요가 있겠습니까?! 일반적으로 심성지학(心性之學)을 강구하는 사람, 그리고 현재 심리학을 연구하고 있는 사람도 그렇게 할 수 있습니다. 3제를 모두 탁공할 수 없고 망념을 끊어버리지 못한다면 무슨 소용이 있겠습니까! 여러분은 온통 5온(五蘊)의 수(受) 중에 있는데, 수(受)에는 몇 가지가 있지요?

원징사 : 3수(三受)와 5수(五受)가 있습니다.

남선생님 : 어느 다섯 가지이며, 어느 세 가지이지요?

(어떤 이가 답하다. 5종은 고苦 · 락樂 · 우憂 · 희喜 · 사捨이고 3종은 고苦 · 락樂 · 사捨입니다.)46)

---

46) 이를 풀이하면 괴로운 감각 · 즐거운 감각 · 우려하는 감각 · 기쁜 감각 · 괴롭지도 않고 즐겁지도 않은 감각이다.

남선생님 : 여러분은 하루 종일 내내 수음(受陰) 속에 있어서, 괴로웠다가 또 즐겁고 즐거웠다가 또 괴로우며, 마음속은 근심 걱정하니 수행이 길에 오르지 않습니다. 좋아졌다 나빠졌다 하면서 온통 망념 중에 있으면서 번뇌 망상의 흐름을 끊을 수가 없습니다. 비록 제6의식이 3제탁공을 조작하고 있지만, 8식 중에 제6의식이 여전히 중간의 중진을 차지하고 있습니다. 일체의 공덕을 닦고 6도만행(六度萬行)을 누가 닦고 있을까요?

굉지사(宏誌師) : 보살입니다.

남선생님 : 굉지! 보살은 누구입니까? (모두 장내가 떠나갈 듯이 웃다)

굉지사 : 제6의식입니다

남선생님 : 관상은 누가 관합니까?

굉지사 : 제6의식입니다.

남선생님 : 제6의식이 이렇게 중요합니다. 망상이 공한 줄 알면 망상이 곧 반야이니[知妄想即空, 妄想即是般若], 다만 망념을 비워버려야 합니다. 반야가 있는 것이라고 집착하면 반야가 곧 망념입니다[執般若是有, 般若即是妄念]. 3제탁공의 정(定) 상태가 오래 지나면 심신에 일어나는 변화는 큽니다. 기맥의 이치는 자연히 모두 통

하고 기맥의 변화는 5수(五受)도 모두 거쳐야 합니다. 즐거움이 있고, 괴로움이 있으며, 괴롭지도 않고 즐겁지도 않는 경계가 있습니다. 그러기에 때로는 뻣뻣하게 굳은 채 움직이기조차도 할 수 없는데 신심이 부족한 사람이 그래도 믿고 닦아갈 수 있을까요? 그때에 이르러서는 자신이 때를 알고 양을 알 수 있어서, 그것이 서서히 전환 변화되기를 기다리면 경계는 또 저절로 다릅니다. 당신은 석장을 날리고 공중으로 솟아오르기를 닦고 싶습니까? 기맥이 완전히 뚫리지 않으면 안 됩니다.[47]

(이상은 「수식법(隨息法)과 삼제탁공(三際托空)」에서 발췌)

유사한 호흡 작용의 정지(停止)와 병적인 상태

정좌를 해가는 중에 심념을 너무 지나치게 전일(專一)하게 하였기 때문에 우연히 호흡이 정지(停止)에 가까워졌다고 느낄 수도 있습니다. 이러한 상태가 발생하였을 때, 어떤 때는 온몸이 경직된 것을 느끼고 약간 뻣뻣한 감각이 있을 수 있습니다. 사실 이것은 의도적으로 너무 전일하여 점점 온몸을 긴장시켰기 때문입니다. 이런 유사한 호흡 작용의 정지(停止)는 정말로 지식(止息)이나 기주(氣住)의 경계인 것은 결코 아닙니다. 엄격히 말하면 이것은 신경의

---

47) 3제탁공에 대한 보다 자세한 강해는 남회근 선생의 『불교수행법 강의』 「제12강 중 삼제탁공」 등을 참고하기 바란다.

지나친 긴장으로 인한 결과입니다. 이런 상황 중에 너무 지나치게 붙잡고 있기만 하고, 이완시켜 자연스러움으로 되돌아가지 못한다면 흔히들 심경(心境)이 메마르고 생기가 위축될 수 있습니다. 심지어 조금 더 심각해지면 신체와 사지의 관절이 굳어버리게 되어 경직된 병적 상태로 진입할 수 있습니다. 비록 소설가들이 말하는 주화입마(走火火魔)는 결코 아니더라도 최소한 이로 인해 병을 얻었습니다. 정좌로 인해 이러한 상태에 이르렀다면, 자신이 치료하는 유일한 방법은 자신의 몸과 마음을 최대한 이완시키는 것입니다. 심지어 최대한 입으로 하~하고 불어서 힘이 빠지게 함으로써 스스로 이완시키고 자연스럽게 호흡하도록 내버려 두면, 마치 보통사람이 잠들었을 때의 상황과 같아집니다. 이런 상태로 짧은 시간 동안만 기다리면, 곧 진일보하여 새로운 진전 단계로 들어갈 수 있습니다. 만약 열심히 공부를 너무 오래한 일부 사람들이, 비록 이 방법을 사용하더라도 경직 지속 상태가 여전하다면, 오직 밀종이나 도가의 특별 교수법을 사용해야 합니다.....

　사람의 마음과 몸이 절대적 정지(靜止) 상태에 있으면서, 안으로는 아무런 사려나 망상, 근심이나 슬픔 고뇌의 방해가 없고, 밖으로는 아무런 동작이나 힘을 쓰고 강요하는 행위를 더하지 않으며, 혼미하지 않고 산란하지 않으며 어떤 것에 도취되어 미혹되지 않으면서, 호흡의 자연스러움에 맡긴 채 하루 밤낮을 지낼 수 있다면, 모든 체능의 정력과 기력은 충만한 원래의 상태로 자연스럽게 회복됩니다. 이는 마치 태양계의 각각의 큰 행성이 한 주기[一週期]에 서로 같은 상대적 위치를 회복하는 것과도 같습니다. 만약 이처럼 원래의 충만한 상태를 회복할 때, 어느 한 찰나 사이에 호흡 왕래의 기기(氣機)도 자연스럽게 '잠깐' 지식(止息)할 수 있다면, 포화(飽和)의 정도에 도달합니다. 이때에 만약 이러한 현재의 성취를 잘 유지하면서[持盈保泰] 심리상의 진정한 평정청허(平靜淸虛)와 배합할 수 있다면, 비로소 '정을 수련하여 기로 변화시키고[煉精化氣], '기를 수련하여 신으로 변화시키는[煉氣化神]' 효능에 도달할 수 있습니다.

(이상은 『정좌수도여장생불로(靜坐修道與長生不老)』에서 발췌)

달마선경(達摩禪經)을 제창한다

왜 나는 요 몇 년 동안 『달마선경』을 제창해오고 있을까요? 여러분은 다들 손에 가지고 있지만 문자를 모두 읽어보고 이해할 수 있습니까? 절대로 읽어보고 이해하지 못합니다. 『달마선경』은 달마조사와 관계가 있을까요 없을까요? 틀림없이 절대적인 관계가 있는데, 다들 연구해본 적이 없습니다. 달마조사의 스승은 어떤 사람입니까? 반야다라(般若多羅) 존자입니다. 그는 인도에서 두 명의 큰 제자가 있었습니다. 하나는 중국으로 온 달마조사이고, 또 하나는 불대광(佛大光)입니다. 『달마다라선경(達摩多羅禪經)』의 번역자인 불타발타라(佛陀跋陀羅)와 불대광, 그리고 달마조사는 모두 하나의 법맥 계통입니다. 이 선경(禪經)은 5백나한이 『대비바사론(大毘婆沙論)』을 수지한 모든 법문을 귀납시켜서 선정(禪定) 수행 방법을 진지하게 말하고 있습니다. 동진(東晉)의 초기에 중국의 지자대사는 또 『달마선경』으로부터 일부분을 뽑아서 천태지관(天台止觀)의 육묘문(六妙門) 수행법을 저술했습니다. 그 후로 천태종은 여러 대를 거쳐 전승했지만 점점 쇠락했습니다. 현재도 천태종은 여전히 존재하고 있을 뿐만 아니라 일본에서 유행하고 있습니다. 현재 일본에 가서 선종을 학습하면 주로 천태종의 육묘문, 즉 『달마선경』의 안나반나 호흡법문을 학습합니다.

그러므로 여러분이 수행하면서 『달마선경』을 연구해야 합니다. 내가 책임지고 여러분에게 말하건대, 『달마선경』은 체계적으로 안나반나와 백골관(白骨觀)을 강술(講述)하고 있는데, 이는 석가모니불로부터 줄곧 전해내려 오는 수행 노선입니다. 하지만 여러분은 현재 정좌수도하면서 수식(數息)·수식(隨息)의 개념조차도 분명하게 알지 못하고 있습니다. 게다가 이것은 아직 선종이 아닙니다. 여러분은 화두 참구도 할 줄 모르고 선종이 무엇인지도 정말로 체험해 본 적도 없습니다. 나도 정통의 선종을 얘기해 본 적이 없습니다. 왜냐하면 들을 자격이 있는 사람이 없고, 선종은 얘기할 수 있는 것도 아니기 때문입니다. 그렇다면 점수(漸修)의 길로는 오직 최초에 중국에 전해들어온 것인 『달마선경』과 『수행도지경(修行道地經)』에 의거하는 안나반나 수행이 있을 뿐입니다. 그래서 나는 여러분에게 늘 일깨우기를 중국불교의 발전사를 보라고 합니다. 동한 말년·삼국(三國)에서부터 줄곧 위진남북조(魏晉南北朝)까지 왜

도를 얻은 출가자가 그렇게 많았을까요? 당시에 또 도가 수행법으로 변천하여 도를 이룬 신선들도 그렇게 많았던 것은 모두 이 수행 노선을 걸어간 데서 온 것입니다. 즉, 안나반나 법문을 닦은 것입니다.

(이상은 『전통신심성명지학적탐구(傳統身心性命之學的探求)』에서 발췌)

16특승(十六特勝)

안나반나 수행은 가장 빨리 성취할 수 있는 지름길입니다. 그러나 어렵습니다. 당신이 참고 있지 못하기 때문입니다. 보세요, 여기에 계시는 노년 선배이든 젊은 선배이든, 정말로 많은 분들이 총명하고 지혜가 있는데, 왜 출가하여 수도해도 영원히 궤도에 오르지 못할까요? 바로 그가 참고 있지 못하고 있기 때문입니다.....

진정으로 안나반나를 수행하는 데 있어 중점인, 16특승(十六特勝)에 여러분은 부디 주의를 기울이고 모두 암기해야 합니다. 16개의 특별 안건을 특승(特勝)이라고 하는데, 특별하고 특별한 가장 쉽게 성공하는 노선입니다.

(1) **지식입**(知息入: 호흡이 들어오는 줄 안다)
(2) **지식출**(知息出: 호흡이 나가는 줄 안다)
(3) **지식장단**(知息長短: 호흡이 길고 짧은 줄 안다)

(4) **지식변신**(知息遍身: 호흡이 신체의 모든 세포마다에 도달한 줄 안다), 이 단계에 여러분은 모두 도달하지 못했고 생각조차도 할 수 없습니다. 지식변신(知息遍身)에 정말로 도달했다면 당신의 그 무공은 연마하지 않아도 도달합니다. 손을 내밀지 않으면 모를까 한번 손을 내밀었다 하면 모두 고수입니다.

(5) **제제신행**(除諸身行: 신체의 기맥이 막힘없이 통하여 모든 생리적인 장애가 제거된다)은 신체가 공해져서, 신체상의 5음(五陰)의 행음(行陰)이 공령(空靈)해졌습니다. 이속에는 비밀이 많습니다. '제제신행'에 도달했을 때, 만약 당신이 무공을 연마한다면 눈 위를 걸어도 흔적이 없고, 길을 걸어가도 지면에 있지 않고 지상에 둥둥 뜨는 정도까지 연마할 수 있습니다.

(6) **수희**(受喜: 심리상의 희열을 느낀다), 초선(初禪)을 얻습니다. 초선은 이생희락(離生喜樂)입니다.

(7) **수락**(受樂: 신체상의 쾌락을 느낀다. 희열과 쾌락을 느끼며 '이생희락離生喜樂'인 초선初禪에 진입한다), 몸 내부의 세포마다에서 즐거운 느낌이 일어납니다. 이는 비할 바 없이 편안하여 형용할 수가 없습니다. 그러므로 초선을 얻음은 '심일경성, 이생희락(心一境性, 離生喜樂)'인데, 세간을 벗어난 느낌으로서 비할 바 없는 희열과 쾌락이 있습니다.

(8) **수제심행**(受諸心行: 신체와는 관계가 적어지고, 마음의 경계로 전환하여 모든 심리 행위들을 또렷이 본다. 2선禪인 '정생희락定生喜樂'으로 나아간다), 단계가 바뀌고 또 감각이 달라졌는데, 이 단계는 깊어졌습니다. 마음속에서 심념이 일어나 움직이자마자 이 신체 4대는 이미 전체적으로 변했습니다. 다시 나아가 이때에는,

(9) **심작희**(心作喜: 심의식心意識이 작의作意한다. 신체를 상관하지 않으며 심경心境의 상태로서의 희열과 쾌락을 느낀다), 초선으로부터 2선인 정생희락(定生喜樂)에 정말로 도달했습니다.

(10) **심작섭**(心作攝: 마음이 전일專一하게 되어 온 허공과 대지가 하나로 돌아간다), 일체의 잡념망상이 사라졌습니다. 잡념망상을 쓰고 싶다면 곧 있고 쓰지 않으면 완전히 공합니다. '섭'은 모조리 장악해버린 것입니다.

(11) **심작해탈**(心作解脫: 염두가 공空해져 마음이 정말로 해탈했다. 3禪 경계로 나아가 증득했다), 수행이 여기에 도달해야 비로소 출가한 게 억울하지 않게 해달도(解脫道)를 얻었습니다. 해탈은 바로 도의 증득인데, 초과나한·2과나한·3과나한까지 증득하지 못했어도, 적어도 초과나한의 예류향(預流向)까지는 증득했습니다. '심작해탈'에 도달한 것은 안나반나를 닦아서 온 것입니다.

이상이 일부분으로서, 완전히 색법(色法)인 지수화풍(地水火風) 4대(四大)의 몸과 관계가 있습니다. 다음부터는 완전히 심법(心法)입니다.

(12) **관무상**(觀無常: 제법이 무상함을 관한다), 공부를 닦아 신통이 있음에 도달하여 날을 수 있다는 게 또 무슨 대단함이 있겠습니까! 무상을 관하면, 제법(諸法)은 모두 궁극이 아닙니다. 그러나 당신이 그 정도까지 도달하지 못했다면 멋대로 허풍 치지 말기바랍니다.

(13) **관출산**(觀出散: 일체를 놓아 내버려서 흩어짐을 관한다), 그래서 도달했다면 이 마음을 관하는 법문으로 전환합니다. 당신은, 밀종의 그런 성취가 있는 라마[活佛]들처럼 장래에 떠나갈 때 손가락

한 번 퉁기는 사이에 온 몸이 삼매진화(三昧眞火)가 일어나 광명으로 변화하여 아무것도 남기지 않고 한 덩이 빛으로 변해서 떠나버릴 수 있습니다. 그러므로 우리가 평소 공부하면서 당신은 이것에 주의를 기울여야 합니다. 다들 신체상에서 공부하고 모두 '관출산'을 잊어버렸는데, 모든 공부와 신체를 모두 내던져서 내보내야 하며, 내보냈다는 것조차도 내버려야 합니다.

(14) **관리욕**(觀離欲: 탐욕 성냄 어리석음 등 모든 욕망을 떠남을 관한다), 이때라야 비로소 진정한 이욕존(離欲尊)을 성취합니다. 이 '이욕(離欲)'은 『금강경』에 부처님이 수보리를 이욕아라한(離欲阿羅漢)이라고 불렀듯이 정말로 욕망을 떠났습니다. 그런 다음 멸진정을 증득합니다.

(15) **관멸진**(觀滅盡: 감각[受]과 지각[想]이 소멸하여 다함을 관한다. 멸진정이다), 떠나고 싶으면 곧 떠납니다. 우리도 등은봉(鄧隱峰) 조사처럼 할 수 있겠지요! 이때에 멸진정(滅盡定), 이른바 열반 경계에 도달하는데, 아직은 그것으로 끝이 아닙니다.

(16) **관기사**(觀棄捨; 얻은 도道조차도 버림을 관한다), 또 내버려서 놓아버리고 대승으로 전환해가야 합니다. 이 16특승을 닦아 익히면서 주의해야 합니다, 육묘문(六妙門)에 갇혀 있지 마십시오. 육묘문은 초보로서 별거 아닙니다. 중점은 16특승에 있습니다.....

그러므로 안나반나를 닦음에 있어 방금 우리가 토론했던 중점은, 바로 이 '지(知)'라는 것을 여러분은 다들 압니다! 이 지성(知性)은 기식(氣息)에도 있지 않고 지수화풍에도 있지 않으며 공(空)에도 있지 않습니다. 있는 곳도 없고 있지 않는 곳도 없습니다. 그러기에 선종조사의 한 마디 말은 "지(知)라는 한 글자는 온갖 묘용의 문이다[知之一字, 眾妙之門]."48)라고 했는데, 이 '지(知)'는 어디로부터올까요? 어디로부터 옴도 없고 어디로 좇아 감도 없습니다. 『금강경』에서 부처님은 당신에게 일러주십니다, "어디로부터 오는 곳도 없고 어디로 가는 곳도 없는 것을 여래라고 한다[無所從來, 亦無所去, 是名如來]."

이 '지(知)'는 당신이 일부러 찾을 필요가 없습니다. 본래 존재합니다. 우리는 다들 평소에 이를 사용하고 있지요! 물론 사용하고 있습니다. 이것은 여러분에게 더 이상 캐묻지 않겠습니다. 또 묻는다면 사람을 너무 깔본 것입니다. 당신은 당연히 압니다. 우리는차가 나오면 차를 마실 줄 알고 밥이 나오면 밥 먹을 줄 압니다. 피곤하면 피곤한 줄 알고 잠을 자면 잠을 자는 줄 알며, 편안하면 편안한 줄 압니다. 이 '지'는 본래 여기에 있으니 당신이 일부러 닦을 필요가 없습니다. 만약 당신이 소로 변하고 말로 변하고 개로변하더라도, 소로 변하고 말로 변하고 개로 변한지를 압니다. 단지자성(自性)의 근원이 어디에 있는지를 모를 뿐입니다.

만약 이 '지(知)'가 어디로부터 오는지를 묻는다면, 대승반야(大乘般若)를 담론할 때 다시 말하기로 하고 지금은 담론하지 않겠습니다. 지금 여러분은 공부를 하고 있으니 먼저 이 '지'가 어디로부터오는지는 묻지 말고, 아는 기능인 '지성(知性)'을 먼저 인식해야 합니다. 여러분은 모두 수행 길에 있으면서 정좌하고 폐관(閉關)하지

---

48) :우리들의 불성인 무념(無念)의 영지(靈知)는 비록 공적(空寂)하고 영명(靈明)하지만 일체의 묘용(妙用)을 낳을 수 있다는 의미다.

만, 왜 모두 진보가 없을까요? 이치상으로 모르고 있기 때문입니다. 이치조차도 분명하게 알지 못하고 있는 한편, 또 진정으로 공부를 하지 않고, 참고 있지 못하기 때문입니다. 그러기에 옛사람이 수도에 대해서 말하기를 "삶이 부귀하기를 바란다면 피나는 노력을 해야 한다[欲求生富貴, 須下死工夫]."며, 참고 있을 수 있어야 한다고 했습니다. 우리가 보면 많은 청년들이 불법을 배우고 수도하는 사람들이 모두 조금도 참고 있지 못합니다. 막 자리에 앉자마자 외부 경계에 의해 조금만 건드려져도 그는 곧 움직여서, 외부 경계[外緣]를 따라 달려가 버립니다. 그러고도 자신은 그 이유가 있다고 생각합니다.....

16특승(十六特勝) 첫 번째 구절이 무엇이지요?

대중이 답하다 : **지식입**(知息入)입니다.

맞습니다. 예컨대 육묘문으로부터 시작은 당신이 여기에 앉아 있으면서 한편으로 듣고 한편으로는 자기의 호흡이 들어오고 나가는 것을 듣는 것인데, 그렇게 할 수 있습니까? 솔직히 말해서 그렇게 하지 못합니다. 절대로 하지 못합니다. 만약 어떤 분이 여기 앉아서 한편으로는 말을 들으면서 한편으로는 글을 쓰고 있으며, 자기의 호흡이 코와 온몸에서 들어오고 나가기를 반복하고 있는지를 완전히 안다면, 이 사람은 거의 수행을 담론해도 될 정도가 된 것으로, 이를 '지식입'이라고 합니다.

내가 이렇게 얘기했으니 여러분은 스스로 한 번 체험해보세요!

한편으로는 들으면서 한편으로는 일을 하면서, 심념은 호흡과 배합하여 콧구멍 여기에서 시작합니다. 이렇게 하는 것은 "눈은 코를 관(觀)하고, 코는 마음을 관한다[眼觀鼻, 鼻觀心]."는 말과 다름없습니다. 이 관은 눈으로 보는 관이 아니라 마음으로 관하는 것입니다. 만약 이렇게 수행하면 빠르게 진보가 있습니다.

지식입(知息入), **지식출**(知息出). 여러분은 지금 호흡을 들었습니까? 들었습니까? 듣지 못합니다. 여러분이 어디 들을 수 있겠습니까! 단지 조금의 감각에만 의지하십시오! 다시 말해, 수시로 이 감각하는 출입식과 하나로 배합합니다. 이래야 비로소 수행이라고 하며 지관(止觀)을 닦는 것이라고 합니다. 만약 정좌하고, 게다가 억지로 호흡을 찾아서 배합하는 것을 수행이라고 친다면, 그 까짓 게 무엇이겠습니까! 나 같은 경우 당신에 말을 하고 있으면서, 나 자신의 호흡이 들어오고 나감을 압니다. 당신은 나처럼 하는 것을 배워서, 다리도 뛰고 있고 손도 움직이고 있으면서 '지식입(知息入), 지식출(知息出)', 기식이 들어왔다가 나갔다하는 것을 알아서, 알지 못함이 조금도 없어야 합니다. 그러나 애를 써서는 안 됩니다. 도와주지도 말고 잊어버리지도 말되, 주의를 기울이지 않을 수 없습니다.

그런 다음 세 번째 단계인 **지식장단**(知息長短)은 어려워집니다. 자기의 기식이 가고 옴과 길고 짧음을 안다는 것은, 첫 걸음으로 콧구멍에서 아는 것입니다! 당신이 만약 공부가 진일보하면 자신의 온몸의 털구멍이나 세포마다 모두 호흡하고 있다는 것을 자연히 다 알 것입니다. 그러므로 당신이 무협소설에서 본적이 있듯이, 무공이 높은 사람은 때로는 남이 뿌린 석회를 머리에 뒤집어썼는데도 결과적으로 죽지 않은 것은, 그의 항문이 아래에서 호흡하고 있기 때문입니다. 이것은 할 수 없는 것이 아닙니다. 온몸의 10만8천 개의 털구멍이 모두 호흡하고 있습니다.

『달마선경』을 연구해보면 알게 되는데, 지식장단(知息長短) 이 단락에 대해서 자세히 말해놓았습니다. 때로는 장중지장(長中之長), 때로는 단중지단(短中之短), 때로는 단중지장(短中之長), 때로는 장중지단(長中之短)이라고, 왜 조사들은 자신들의 경험을 우리에게 그렇게 분명히 일러주고 있을까요? 비록 그들이 분명하게 설명해주고 있어도 당신 자신이 열심히 공부해야 비로소 알 수 있습니다. 열심히 공부하지 않는다면 역시 설명이 분명하지 않다고 느낍니다.

나는 당신에게 말해줄 수 있습니다. 때로는 장중지장(長中之長), 날숨도 길고 들숨도 길다고 느낍니다. 어떤 때에는 느껴지기를 날숨이 길며, 나간 뒤에 공(空)의 경계와 배합하고 돌아오지 않습니다. 돌아온 뒤에는 기가 돌아와 짧은데 이미 충분하다고 느낍니다. 그러므로 장중지단(長中之短)입니다. 어떤 때는 단중지장(短中之長)입니다. 신체 내부에서 호흡이 들어와야 한다고 느끼고 자연스런 작용이 한 번 들이쉽니다. 그것은 계속 들이쉬어서 줄곧 발바닥까지 도달하고 발가락까지 도달하여 모두 충만해집니다. 이게 단중지장(短中之長)입니다. 또 단중지단(短中之短), 장중지장(長中之長)이 있는데, 매 한 가지마다 다 다릅니다. 이것은 당신에게 이론을 말하는 것이니 당신 가서 체험해서 공부를 해내야 합니다. 농담하는 것이 아니며 허풍 치는 것이 아닙니다.

지식장단(知息長短)을 내가 몇 가지만 얘기했는데, 이속에는 많은 내용이 포함되어 있으니 자세한 것은 여러분이 『달마선경』을 읽어보기 바랍니다. 이는 여러분에게 주의하라고 분부하는 것입니다. 자신이 열심히 공부해서 체험해야 합니다. 내용이 없는 공허한 이론이 아니니 절대로 거짓말로 사람을 속이지 마십시오.. 사람을 속이면 지옥에 떨어집니다. 그것은 천생만겁의 지옥과보입니다!

그 다음은 **지식변신**(知息遍身)입니다. 당신이 지식장단(知息長短)을 한 뒤에 지식변신(知息遍身)합니다. 전신이 온통 호흡하고 있습니다. 여러분이 수지(修持)하여 이 정(定)의 경계에 도달한 때는 코의 호흡은 이미 상관하지 않게 됩니다. 더 이상 호흡하지 않아서 코는 작용이 없습니다. 이때라야 비로소 전신의 세포 하나하나마다 곳곳마다 호흡하고 있으며 기가 모두 충만하며 기맥도 모두 통했습니다. 이때에 이르렀어도 아직은 제제신행(除諸身行)하지 못했습니다.

심지어 정사(丁師)와 병사(丙師) 이 두 분의 경우 그저께의 보고에 따르면 내부 오장육부도 호흡하고 있으며, 그 백골이 방광하고 백골 덩이마다 모두 호흡하고 있다는 것을 알았습니다. 이른바 호흡이란 생멸법으로서, 오고감이 있으되 어디로부터 옴도 없고 어디로 감도 없이 자연스럽게 움직이고 있습니다.

지식변신(知息遍身), 기가 온몸에 충만하였습니다. 더 나아가 전신이 모두 호흡하고 있음을 아는 게 대단히 대단히 중요합니다. 부풀어 오른 것이 결코 아닙니다. 무공이나 기공 연마를 하는 일부 사람들의 경우처럼 뚱뚱해진 것을 말하는 것도 아닙니다. 뚱뚱해지고 싶다면 당신이 거리의 자전거 가게에 가서 공기주입기를 그곳에 끼워 펌프질을 몇 번하면 곧바로 부풀어 올라 뚱뚱해지는 것이 오히려 더 낫습니다!

지식변신(知息遍身)에 도달했다면 이때에는 이미 무슨 수식(數息)·수식(隨息)을 말하지 않습니다. 호흡 숫자를 셀 필요도 없이 언제나 식(息)과 염(念) 이 두 개가 하나로 배합해졌으며 수시로 지성이 또렷이 압니다. 이래야 비로소 수행이라고 합니다. 밀종을 닦든 무슨 법문을 닦든 이 선정에 도달하지 못하면 수행 얘기는 하지 마십시오.

다시 진일보하면 무엇이지요?

답 : **제제신행(除諸身行)**입니다.

제제신행(除諸身行) 이때에는 신체상에서 행음 작용이 움직이지 않습니다. 충만해져서 신체가 허공과 하나로 합한 것이나 같아 이 신체 안팎이 통합니다. 예컨대 여러분이 소림무공(少林武功)이나 동자공(童子功)을 연마한다면, 이때에 이르러서는 두 고환이 수축해 올라가 자연히 뱃속으로 수축합니다. 이때에는 수축하였든 수축하지 않았든 모두 얘기조차 하지 마십시오.

여섯 번째는 **수희(受喜)**입니다. 이때에 이르면 마음속으로 대단히 기쁨을 느낍니다. 적어도 당신은 불법이 사람을 속이지 않으며 진짜라는 것을 알게 됩니다.

  일곱 번째는 **수락**(受樂)입니다. 전신이 기쁘고 즐겁습니다. 기쁘고 즐거운 것은 선정 경계입니다. 그래서 초선을 '심일경성, 이생희락(心一境性, 離生喜樂)'이라고 합니다. 천천히 좀 현실과는 관계를 이탈하여서 인간 세상의 모든 일이 당신을 번뇌하게 하지 않을 것이며 세속에 들어가도 번뇌하지 않을 수 있습니다. 하지만 왜 희수(喜受)·락수(樂受)라고 번역하지 않고 수희(受喜)·수락(受樂)이라고 번역했을까요? 수희(受喜)·수락(受樂)은 스스로 발동해 이 경계에 도달하여 받아들였기 때문입니다.

  여덟 번째는 **수제심행**(受諸心行)입니다. 조금 전에 제제신행(除諸身行)은, 신체의 행음 느낌이 없어졌다고 말했는데, 여기서는 또 수제심행(受諸心行)이어서 모순이 아닐까요? 모순되지 않습니다. 이것은 진일보한 것입니다. 수제심행(受諸心行)은 이 육체의 마음이 외형을 보면 여전히 부모가 낳아준 육체인데, 실제로는 신체 내부의 전체 4대의 기질이 변화해서 이미 보통의 육체가 아니며, 이 몸에서의 행음의 감수도 온통 달라졌습니다. 이때에 생활 습관은 "정(精)이 충만하여 음행을 생각하지 않으며, 기(氣)가 충만하여 음식을 생각하지 않으며, 신(神)이 충만하여 수면을 생각하지 않는다[精滿不思淫, 氣滿不思食, 神滿不思睡]에 도달했습니다. 재물욕[財]·색욕[色]·명예욕[名]·식욕[食]·수면욕[睡] 이 5개(五蓋)가 모두 자연히 없어져버려서, 먹든 안 먹든 모두 관계가 없고 마실 물이 있으면 됩니다. 수제심행(受諸心行) 이 속에서는 거의 초선에 증득해 들어가서 2선으로 갈 수 있습니다.

그런 다음 **심작희(心作喜), 심작섭(心作攝), 심작해탈(心作解脫)**입니다. 해탈했지만 아직은 과위 증득은 아닙니다! 아직은 초과·2과 나한 경계를 증득하지 못했습니다. 그것은 교리와 배합해야 하는데, 『구사론(俱舍論)』을 참고해야, 탐욕[貪]·성냄[瞋]·어리석음[癡]·교만[慢]의 습기를 얼마나 바꾸었는지 자신이 모두 또렷이 하고 모두 알게 될 것입니다. 만약 이 단계에 도달한다면 습기가 움직임조차도 없으며 여전히 이전과 같다면, 그건 수행이 아닙니다.

줄곧 여기까지는 역시 색법(色法)상의 공부에 속해서, 지수화풍의 색음(色陰)과 수음(受陰) 경계에서 공부를 짓는 것입니다. 그렇지만 당신은 한 가지 점에 주의해야 합니다, 이 공부 과정에서 오늘 저녁 우리는 순조롭게 얘기를 해서 들어보면 쉽지만 사실상 수행에는 많은 마구니 경계가 있으니 『능엄경』의 5음해탈(五陰解脫)을 참고해야 합니다. 당신이 수행이 좋아서 이때에 갑자기 신통이 있게 되어 뭐든지 다 알지도 모릅니다. 하지만 실제로는 당신은 이미 5음 마구니 경계 있는 것이니, 이점을 특별히 주의해야 합니다. 예컨대 어제 이(李) 거사가 나에게 말하기를, 어떤 출가자에게 많은 신통이 있다고 하기에, 내가 또 말하기를 상음(想陰) 경계에 떨어진 것이라며 그녀더러 그 사람에게 답해주라고 했습니다.

수행에서 특별히 주의해야 합니다, 이 5음 경계에는 귀납하면

50종의 음마(陰魔)가 있습니다. 수음에는 수음의 경계가 있습니다. 어떤 때는 마의 경계에 끌려가 버리는데도 자신이 모르고는 신통이 일어난 것으로 압니다. 그러므로 절대로 성인의 경계를 증득한 것으로 인정하지_말아야 합니다. 수행에서 제일 주의해야 할 점이, 『금강경』에서 말하는 몇 마디 말인, "무릇 모든 상(相)은 다 허망하니, 만약 모든 상이 상이 아님을 보면 여래를 본다[凡所有相, 皆是虛妄, 若見諸相非相, 即見如來]"를 항상 쥐고서, '신통이 있으면 또 어쩔 건데?' 하며 일체 아랑곳 하지 않는 것입니다. 도를 얻지 못하고 도를 깨닫지 못할까 걱정하지 신통이 없음을 걱정하지 않습니다! 아주 쉽습니다. 이는 내가 출가 학우들에게 말하기를 '당신이 성불하지 못할까 걱정하지 제도할 중생이 없을까 걱정하지 말라!'고 함과 다름없습니다. 부디 기억해두십시오.

그러므로 심작해탈(心作解脫)에 도달한 이후로는 전환하여 그 다음은 완전히 유심(唯心)의 지성(知性)의 도리입니다. 즉, 상음과 행음의 해탈이어서 심의식(心意識)이 해탈하였습니다.

그런 다음 **관무상(觀無常)**하는데, 당신의 공부가 해낸다면 대단해집니다. 무상이 아닐까요? 당신이 수행하지 않고 공부 짓지 않으면 공부는 무너져버립니다. 그래서 제행무상(諸行無常)이라고 말하는 겁니다!

관출산(觀出散), 이것은 비밀인데, 안나반나를 닦으면서 만약 항상 관출산(觀出散)을 닦아 어느 한 단계에 도달하면, 당신이 떠나갈 때는 그 때가 이르렀음을 미리 아는 것은 말할 것도 없고, 심지어 정좌하고 게송을 하나 쓰고는 '안녕히 계세요'라고 한 마디 하고 나서 스스로 빛으로 변화해서 사라져버립니다.

그 이후 **관리욕**(觀離欲)이야말로 진정으로 욕계를 뛰어넘은 셈이요, 비로소 소승의 유여의열반(有餘依涅槃)을 증득하고 멸진정(滅盡定)을 증득합니다. 아직은 무여의열반(無餘依涅槃)을 증득한 것은 아닙니다. 이른바 멸진정은 무엇을 소멸하는 것일까요? 생각[思想]·지각(知覺)·감각(感覺)을 모조리 다 비워버린 것을 멸진정이라고 합니다[想受皆滅], 의도적으로 그것을 닫아버리고, 이때는 생사에서 휴가를 청할 수 있습니다. "에이, 이 세계는 재미없다. 1천 년 지난 뒤에 다시 올 준비 하고 입정하러 가자" 이렇게 할 수 있습니다....

16특승은 마지막이 **관기사**(觀棄捨)인데, 유여의열반에조차도 들어가지 않습니다. 그래서 『능가경』에서 여러 대보살들이 부처님을 찬탄하기를 "열반한 부처님도 없고, 부처님이 열반함도 없다[無有涅槃佛, 無有佛涅槃]"라고 합니다. 부처님은 열반에 들지도 않고, 들어갈 열반도 없습니다. 자성(自性)이 현재 열반 속에 있습니다. 이게 대승의 다른 경계입니다. 바꾸어 말하면 관기사(觀棄捨) 이 단계에 수행이 도달해서 소승으로부터 대승으로 전환함이 진정으로 대보살의 경계가 됩니다.

(답문청장년참선자(答問靑壯年參禪者)에서 발췌)

기리마난다 경(Girimananda Sutta)

(각묵스님 옮김 엮음, 대림스님 옮김
초기불전연구원 출판 2013년 3월 25일 초판 1쇄본
'니까야 강독II'에서 전재하였음을 밝힙니다/역주)

1. 이와 같이 나는 들었다. 한때 세존께서는 사왓티에서 제따 숲의 아나타삔디카 원림(급고독원)에 머무셨다. 그 무렵에 기리마난다 존자가 병에 걸려 극심한 고통에 시달리고 있었다. 그때 아난다 존자가 세존께 다가갔다. 가서는 세존께 절을 올리고 한 곁에 앉았다. 한 곁에 앉은 아난다 존자는 세존께 이렇게 말씀드렸다.

2. "세존이시여, 기리마난다 존자가 병에 걸려 극심한 고통에 시달리고 있습니다. 세존께서 연민하는 마음을 내시어 기리마난다 존자를 방문해 주시면 감사하겠습니다."

"아난다여, 만일 그대가 기리마난다 비구에게 가서 열 가지 인식에 대해 말해준다면, 기리마난다 비구는 열 가지 인식에 대해 듣자마자 병이 즉시 가라앉게 될 것이다. 무엇이 열인가?"

3. "[오온에 대해] 무상(無常)이라고 [관찰하는 지혜에서 생긴] 인식, 무아라고 [관찰하는 지혜에서 생긴] 인식, 부정(不淨)이라고 [관찰하는 지혜에서 생긴] 인식, 위험을 [관찰하는 지혜에서 생긴] 인식, 버림을 [관찰하는 지혜에서 생긴] 인식, 탐욕이 빛바램을 [관찰

하는 지혜에서 생긴] 인식, 소멸을 [관찰하는 지혜에서 생긴] 인식, 온 세상에 대해 기쁨이 없다는 인식, 모든 형성된 것들[諸行]에 대해 무상(無常)이라고 [관찰하는 지혜에서 생긴] 인식, 들숨날숨에 대한 마음챙김이다."

4. "아난다여, 그러면 어떤 것이 [오온에 대해] 무상이라고 [관찰하는 지혜에서 생긴] 인식인가? 아난다여, 여기 비구는 숲으로 가거나 나무 아래로 가거나 빈집으로 가서 이와 같이 숙고한다. '물질은 무상하다. 느낌은 무상하다. 인식은 무상하다. 심리현상들은 무상하다. 알음알이는 무상하다.'라고. 이처럼 이들 취착의 [대상인] 다섯 가지 무더기[五取蘊]에 대해 무상을 관찰하면서 머문다. 아난다여, 이를 일러 [오온에 대해] 무상이라고 [관찰하는 지혜에서 생긴] 인식이라 한다."

5. "아난다여, 그러면 어떤 것이 무아라고 [관찰하는 지혜에서 생긴] 인식인가? 아난다여, 여기 비구는 숲으로 가거나 나무 아래로 가거나 빈집으로 가서 이와 같이 숙고한다. '눈은 무아요 형색은 무아다. 귀는 무아요 소리는 무아다. 코는 무아요 냄새는 무아다. 혀는 무아요 맛은 무아다. 몸은 무아요 감촉은 무아다. 마노는 무아요 법은 무아다.'라고. 이처럼 이들 여섯 가지 안팎의 감각장소[六內外入處]에 대해 무아를 관찰하면서 머문다. 아난다여, 이을 일러 무아라고 [관찰하는 지혜에서 생긴] 인식이라 한다."

6. "아난다여, 그러면 어떤 것이 부정이라고 [관찰하는 지혜에서 생긴] 인식인가? 아난다여, 여기 비구는 발바닥에서부터 위로 올라가며 그리고 머리털에서부터 아래로 내려가며 이 몸은 살갗으로 둘러싸여 있고 여러 가지 부정(不淨)한 것으로 가득 차 있음을 반조한다. 즉 '이 몸에는 머리털·몸털·손발톱·이·살갗·살·힘줄·뼈·골수·콩팥·염통·간·근막·지라·허파·창자·장간막·위 속의 음식·똥·쓸개즙·가래·고름·피·땀·굳기름·눈물·[피부의]기름기·침·콧물·관절활액·오줌 등이 있다'라고. 이처럼 이 몸에 대해 부정함을 관찰하면서 머문다. 아난다여, 이를 일러 부정이라고 [관찰하는 지혜에서 생긴] 인식이라 한다."

7. "아난다여, 그러면 어떤 것이 위험을 [관찰하는 지혜에서 생긴] 인식인가? 아난다여, 여기 비구는 숲으로 가거나 나무 아래로 가거나 빈집으로 가서 이와 같이 숙고한다. '이 몸에는 많은 괴로움과 많은 위험이 있다. 이 몸에는 여러 가지 병이 생기나니, 눈병, 귓병, 콧병, 혀의 병, 몸살, 두통, 바깥귀의 병, 입병, 치통, 기침, 천식, 콧물, 감기, 발열, 열병, 위장병, 기절, 설사, 격통, 콜레라, 나병, 종기, 피부병, 폐결핵, 간질, 피부염, 가려움, 딱지, 습진, 개선(疥癬, 옴), 황달, 당뇨병, 치질, 부스럼, 궤양, 담즙에 기인한 병, 점액에 기인한 병, 바람에 기인한 병, 합병증, 환절기로 인한 병, 자세의 부조화에 기인한 병, [다른 이로부터 받은] 상해(傷害)로 생긴 병, 업의 과보로 생긴 병, 차가움, 더움, 배고픔, 목마름, 대변, 소변이다. 이처럼 이 몸에서 위험을 관찰하면서 머문다. 아난다여, 이를 일러 위

험을 [관찰하는 지혜에서 생긴] 인식이라고 한다."

8. "아난다여, 그러면 어떤 것이 버림을 [관찰하는 지혜에서 생긴] 인식인가? 아난다여, 여기 비구는 일어난 감각적 욕망에 대한 생각을 품고 있지 않고, 버리고, 제거하고, 없앤다. 일어난 악의에 찬 생각을 품고 있지 않고, 버리고, 제거하고, 없앤다. 일어난 해코지하려는 생각을 품고 있지 않고, 버리고, 제거하고, 없앤다. 계속적으로 일어나는 나쁘고 해로운 법들을 품고 있지 않고, 버리고, 제거하고, 없앤다. 아난다여, 이를 일러 버림을 [관찰하는 지혜에서 생긴] 인식이라고 한다."

9. "아난다여, 그러면 어떤 것이 탐욕이 빛바램을 [관찰하는 지혜에서 생긴] 인식인가? 아난다여, 여기 비구는 숲으로 가거나 나무 아래로 가거나 빈집으로 가서 이와 같이 숙고한다. '이것은 고요하고 이것은 수승하나니, 그것은 바로 모든 형성된 것들[行]이 가라앉음[止]이요, 모든 재생의 근거를 놓아버림[放棄]이요, 갈애의 소진이요, 탐욕의 빛바램[離欲]이요, 열반이다.'라고. 아난다여, 이를 일러 탐욕이 빛바램을 [관찰하는 지혜에서 생긴] 인식이라 한다."

10. "아난다여, 그러면 어떤 것이 소멸을 [관찰하는 지혜에서 생긴] 인식인가? 아난다여, 여기 비구는 숲으로 가거나 나무 아래로 가거나 빈집으로 가서 이와 같이 숙고한다. '이것은 고요하고 이것은 수승하나니, 그것은 바로 모든 형성된 것들[行]이 가라앉음[止]

이요, 모든 재생의 근거를 놓아버림이요, 갈애의 소진이요, 소멸 [滅]이요, 열반이다.'라고. 아난다여, 이를 일러 소멸을 [관찰하는 지혜에서 생긴] 인식이라 한다."

11. "아난다여, 그러면 어떤 것이 온 세상에 대해 기쁨이 없다는 인식인가? 아난다여, 여기 비구는 세상에 대한 집착과 취착, 그리고 그런 마음의 결심과 천착과 잠재성향들을 제거하고 기뻐하지 않고 취착하지 않는다. 아난다여, 이를 일러 온 세상에 대해 기쁨이 없다는 인식이라 한다."

12. "아난다여, 그러면 어떤 것이 모든 형성된 것들[諸行]에 대해 무상이라고 [관찰하는 지혜에서 생긴] 인식인가? 아난다여, 여기 비구는 모든 형성된 것들에 대해 싫어하고 부끄러워하고 혐오스러 워한다. 아난다여, 이를 일러 모든 형성된 것들에 대해 무상이라고 [관찰하는 지혜에서 생긴] 인식이라 한다."

13. "아난다여, 그러면 어떤 것이 들숨날숨에 대한 마음챙김인가? 아난다여, 여기 비구는 숲 속에 가거나 나무 아래에 가거나 빈집에 가서 가부좌를 틀고 상체를 곧추세우고 전면에 마음챙김을 확립하 여 앉는다. 그는 마음챙기면서 숨을 들이쉬고 마음챙기면서 숨을 내쉰다.
　① 길게 들이쉬면서는 '길게 들이쉰다.'고 꿰뚫어 알고, 길게 내 쉬면서는 '길게 내쉰다.'고 꿰뚫어 안다. ② 짧게 들이쉬면서는 '짧

게 들이쉰다.'고 꿰뚫어 알고, 짧게 내쉬면서는 '짧게 내쉰다.'고 꿰뚫어 안다. ③ '온 몸을 경험하면서 들이쉬리라.' 공부짓고, '온 몸을 경험하면서 내쉬리라.'며 공부짓는다. ④ '몸의 작용[身行]을 편안히 하면서 들이쉬리라.'며 공부짓고, '몸의 작용을 편안히 하면서 내쉬리라.'며 공부짓는다. ⑤ '희열을 경험하면서 들이쉬리라.'며 공부짓고, '희열을 경험하면서 내쉬리라.'며 공부짓는다. ⑥ '행복을 경험하면서 들이쉬리라.'며 공부짓고, '행복을 경험하면서 내쉬리라.'며 공부짓는다. ⑦ '마음의 작용[心行]을 경험하면서 들이쉬리라.'며 공부짓고, '마음의 작용을 경험하면서 내쉬리라.'며 공부짓는다. ⑧ '마음의 작용을 편안히 하면서 들이쉬리라.'며 공부짓고, '마음의 작용을 편안히 하면서 내쉬리라.'며 공부짓는다. ⑨ '마음을 경험하면서 들이쉬리라.'며 공부짓고, '마음을 경험하면서 내쉬리라.'며 공부짓는다.

⑩ '마음을 기쁘게 하면서 들이쉬리라.'며 공부짓고, '마음을 기쁘게 하면서 내쉬리라.'며 공부짓는다. ⑪ '마음을 집중하면서 들이쉬리라.'며 공부짓고, '마음을 집중하면서 내쉬리라.'며 공부짓는다.

⑫ '마음을 해탈케 하면서 들이쉬리라.'며 공부짓고, '마음을 해탈케 하면서 내쉬리라.'며 공부짓는다. ⑬ '무상을 관찰하면서 들이쉬리라.'며 공부짓고, '무상을 관찰하면서 내쉬리라.'며 공부짓는다. ⑭ '탐욕이 빛바램을 관찰하면서 들이쉬리라.'며 공부짓고, '탐욕이 빛바램을 관찰하면서 내쉬리라.'며 공부짓는다. ⑮ '소멸을 관찰하면서 들이쉬리라.'며 공부짓고, '소멸을 관찰하면서 내쉬리라.'며 공부짓는다. ⑯ '놓아버림을 관찰하면서 들이쉬리라.'며 공부짓고, '놓아

버림을 관찰하면서 내쉬리라.'며 공부짓는다.

아난다여, 이를 일러 들숨날숨에 대한 마음챙김이라고 한다."

14. "아난다여, 만일 그대가 기리마난다 비구에게 가서 이러한 열 가지 인식에 대해 말해준다면, 기리마난다 비구는 이러한 열 가지 인식에 대해 듣자마자 병이 즉시 가라앉게 될 것이다."

15. 그러자 아난다 존자는 세존으로부터 이러한 열 가지 인식을 받아 지니고 기리마난다 존자에게 갔다. 가서는 기리마난다 존자에게 이러한 열 가지 인식을 말해주었다. 그때 기리마난다 존자는 이러한 열 가지 인식에 대해 듣자마자 병이 즉시 가라앉았고, 기리마난다 존자는 병석에서 일어났다. 이렇게 하여 기리마난다 존자는 그 병에서 완쾌되었다.

들숨날숨에 대한 마음챙김(出入息念)

ānāpānssatikathā

 (대림스님 옮김 초기불전연구원 출판

2005년 4월 15일 초판 2쇄본

『청정도론 2』에서 전재하였음을 밝힙니다/역주)

145. 세존께서는 "비구들이여, 이 들숨날숨에 마음챙김을 통한 삼
매를 닦고 많이 [공부]지으면 전적으로 고요하고 수승하고 순수하
고 행복하게 머물고, 나쁘고 해로운[不善] 법들이 일어나는 족족 즉
시에 사라지게 하고 가라앉게 한다.(S54:9/v.321)"라고 찬탄하셨
다. 그리고 다시 이와 같이 말씀하셨다.

"비구들이여, 그러면 어떻게 들숨날숨에 마음챙김을 통한 삼매
를 닦고 어떻게 많이 [공부]지으면 고요하고 수승하고 순수하고 행
복하게 머물고, 나쁘고 해로운 법들이 일어나는 족족 즉시에 사라
지게 하고 가라앉게 하는가?

비구들이여, 여기 비구가 숲 속에 가거나 나무 아래 가거나 빈
방에 가거나 하여 가부좌를 틀고 몸을 곧추 세우고 전면에 마음챙
김을 확립하여 앉는다. 그는 마음챙기면서 숨을 들이쉬고 마음챙기

면서 숨을 내쉰다.

① 길게 들이쉬면서는 '길게 들이쉰다'고 꿰뚫어 알고(*pajānāti*), 길게 내쉬면서는 '길게 내쉰다'고 꿰뚫어 안다. ② 짧게 들이쉬면서는 '짧게 들이쉰다'고 꿰뚫어 알고, 짧게 내쉬면서는 '짧게 내쉰다'고 꿰뚫어 안다. ③ '온 몸을 경험하면서 들이쉬리라'며 공부짓고(*sikkhati*), '온몸을 경험하면서 내쉬리라'며 공부짓는다. ④ '몸의 작용(*kāya-saṅkhāra*, 身行)을 편안히 하면서 들이쉬리라'며 공부짓고, '몸의 작용을 편안히 하면서 내쉬리라'며 공부짓는다. ⑤ '희열을 경험하면서 들이쉬리라'며 공부짓고, '희열을 경험하면서 내쉬리라'며 공부짓는다. ⑥ '행복을 경험하면서 들이쉬리라'며 공부짓고, '행복을 경험하면서 내쉬리라'며 공부짓는다. ⑦ '마음의 작용[*citta-saṅkhāra*, 心行]을 경험하면서 들이쉬리라'며 공부짓고, '마음의 작용을 경험하면서 내쉬리라'며 공부짓는다. ⑧ '마음의 작용을 편안히 하면서 들이쉬리라'며 공부짓고, '마음의 작용을 편안히 하면서 내쉬리라'며 공부짓는다.

⑨ '마음을 경험하면서 들이쉬리라'며 공부짓고, '마음을 경험하면서 내쉬리라'며 공부짓는다. ⑩ '마음을 기쁘게 하면서 들이쉬리라'며 공부짓고, '마음을 기쁘게 하면서 내쉬리라'며 공부짓는다. ⑪ '마음을 집중 하면서 들이쉬리라'며 공부짓고, '마음을 집중 하면서 내쉬리라'며 공부짓는다. ⑫ '마음을 해탈케 하면서 들이쉬리라'며 공부짓고, '마음을 해탈케 하면서 내쉬리라'며 공부짓는다.

⑬ '무상을 관찰하면서 들이쉬리라'며 공부짓고, '무상을 관찰하면서 내쉬리라'며 공부짓는다. ⑭ '탐욕이 빛바램을 관찰하면서 들

이쉬리라'며 공부짓고, '탐욕이 빛바램을 관찰하면서 내쉬리라'며 공부짓는다. ⑮ '소멸을 관찰하면서 들이쉬리라'며 공부짓고, '소멸을 관찰하면서 내쉬리라'며 공부짓는다. ⑯ '놓아버림을 관찰하면서 들이쉬리라.'며 공부짓고, '놓아버림을 관찰하면서 내쉬리라'며 공부짓는다.(S.v.322)"

이처럼 세존께서는 열 여섯 가지 토대로 들숨날숨에 대한 마음챙김의 명상주제를 설하셨다. 이제 그것을 닦는 방법을 설명하기에 이르렀다

146. [그것을 닦는 방법은] 성전의 주석에 따라 설하면 모든 측면에서 완성된다. 그러므로 여기서는 성전의 주석을 우선으로 하여 그것을 닦는 방법을 해설할 것이다.

비구들이여, 어떻게 이 들숨날숨에 마음챙김을 통한 삼매를 닦고에서 우선 **어떻게**라는 단어는 들숨날숨에 마음챙김을 통한 삼매 수행을 여러 측면에서 설명하고자함을 나타내는 질문이다. 이 질문에 대한 **비구들이여, 이 들숨날숨에 마음챙김을 통한 삼매를 닦고**라는 문장은 여러 측면에서 설명하기위해 질문했던 그 법을 보여준다. **어떻게 많이 [공부]지으면 … 가라앉게 하는가**에서도 같은 방법이 적용된다.

147. 여기서 **닦는다**는 것은 일으킨다, 혹은 증장시킨다는 뜻이다. **들숨날숨에 마음챙김을 통한 삼매를**이라는 것은 들숨날숨을 파악하는 마음챙김과 함께하는 삼매 혹은 들숨과 날숨에 대한 마음챙

김에 있는 삼매라는 뜻이다. **많이 [공부]지으면**이라는 것은 '거듭거듭 행하면'이라는 뜻이다.

148. 전적으로 고요하고 수승하고: 전적으로 고요하면서도 전적으로 수승하다. 두 곳 모두 **전적으로**(*eva*)라는 단어에 의해 결정적인 상태를 알아야 한다.

무슨 뜻인가? [예를 들면] 부정(不淨)을 관하는 명상주제(VI)는 오직 통찰(*paṭivedha*)이라는 측면에서만 고요하고 수승하지만 대상으로서는 고요하지도 수승하지도 않다. 왜냐하면 [부정관의] 대상은 거칠고 또 혐오스럽기 때문이다.

그러나 이것은 그와 같지 않아서 어떤 이유로도 고요하지 않은 것이 없고 수승하지 않은 것이 없다. 오히려 대상도 고요하고 통찰이라 불리는 [禪의] 구성요소(各支)도 고요하기 때문에 이것은 고요하고 가라앉게 하고 [번뇌의 열을] 식힌다. 다시 이것은 대상을 통해서도 수승하고 [禪의] 구성요소를 통해서도 수승하기 때문에 아무리 가져도 넘치는 것이 아니다. 그러므로 **전적으로 고요하면서도 수승하다**고 설했다.

149. 순수하고 행복하게 머무는 것이다: 여기서 불순물이 없기 때문에 순수한 것(*asecana*)이다. 순전하고 [준비의 마음 등과] 섞이지 않았고 단독적이고 특정한 것이다. 여기서는 [까시나의 경우처럼] 준비의 마음이나 근접의 [마음]을 통해서 고요해지는 것이 아니다. 처음에 마음에 가져올 때부터 자신의 고유성질에 의해 고요

하고 수승하다는 뜻이다. 그러나 어떤 자들은 '순전하고 맛을 가졌고 고유성질이 달콤하기 때문에 순수하다'라고 말한다. 이와 같이 이것은 순수하고 또 본 삼매의 매 순간마다 육체적이고 정신적인 행복을 얻게 하기 때문에 행복하게 머무는 것이라고 알아야 한다.

150. 일어나는 족족: 억압되지 않은 것은 모두. **나쁜**: 저열한. **해로운(不善) 법들**: 능숙하지 못함에서 생긴 법들. **즉시에 사라지게 한다**: 순간에 사라지게 한다. 억압한다. **가라앉게 한다:** 완전히 가라앉게 한다. 혹은 이것은 꿰뚫음(*nibbedha*)에 동참하기 때문에 서서히 증장하여 성스러운 도에 이르러서 [해로운 법들을] 멸절시킨다, 편안히 가라앉게 한다는 뜻을 설했다.

151. 간략히 설하면 이것은 다음과 같은 뜻이다. '비구들이여, 어떤 방법으로, 어떤 측면으로, 어떤 규칙대로, 어떤 방법으로 들숨날숨에 마음챙김을 통한 삼매를 닦을 때, 전적으로 고요하고 … 나쁘고 해로운 법들이 일어나는 족족 즉시에 사라지게 하고 가라앉게 하는가?'

152. 이제 그 뜻을 상세히 설하기 위해 역시 **비구들이여**라고 시작하셨다. **비구들이여, 여기 비구가**라는 구절은 '비구들이여, 이 교법(*sāsana*)에서 비구가'라는 뜻이다. 왜냐하면 **여기**(*idha*)라는 단어는 모든 측면에서 들숨날숨에 마음챙김을 통한 삼매를 일으키는 사람이 의지할 곳인 [부처님] 교법을 나타내고, 외도들에게는 그런

[의지할 만한 상태]가 있음을 부정하기 때문이다. 이와 같이 설하셨기 때문이다. "비구들이여, 오직 여기에 사문이 있고 … 다른 교설에는 사문이 없다.(M.i.63; A.ii.238 등)" 그러므로 '이 교법에서 비구가'라고 설하신 것이다.

153. 숲 속에 가거나 혹은 … 빈 방에 가거나 하여: 이것은 그가 들숨날숨에 마음챙김을 통한 삼매를 닦기에 적절한 처소를 찾은 것을 나타낸다. 이 비구의 마음은 오랫동안 형상(色), 소리 등 여러 대상으로 흩어져있기 때문에 들숨날숨에 마음챙김을 통한 삼매의 대상에 오르기를 원하지 않는다. 그것은 마치 거센 황소에 질매를 맨 달구지가 궤도를 벗어나는 것과 같다. 예를 들면 목동이 거센 어미 소의 젖을 먹고 자란 거센 송아지를 길들이기를 원할 때 어미 소로부터 떼어내어 한 쪽에다 땅 속에 큰 기둥을 박고 그곳에 밧줄로 묶을 것이다. 그러면 그의 송아지는 여기저기를 처박아보지만 도망갈 수 없을 때 그 기둥 곁에 앉거나 누울 것이다.

이와 같이 이 비구도 오랫동안 형상 등의 대상 등인 먹을 것과 마실 것으로 자란 못된 마음을 단련시키기를 원할 때 형상 등의 대상으로부터 격리시켜 숲 속이나 빈 방으로 가져가서 그곳에서 들숨과 날숨의 기둥에 마음챙김의 밧줄로 묶어야 한다. 그러면 그의 마음은 이곳저곳으로 부딪혀보지만 이전에 친숙했던 대상을 찾을 수 없고 또한 마음챙김의 밧줄을 끊고 도망갈 수도 없을 때 근접삼매와 본삼매를 통해 그 대상에 앉고 눕는다.

154. 그러므로 옛 스승들은 말씀하셨다.

　　　여기 마치 송아지를 길들이는 사람이
　　　기둥에다 묶는 것처럼
　　　자기의 마음을 마음챙김으로
　　　대상에 굳건히 묶어야 한다.

이처럼 이런 처소가 수행하기에 적절하다. 그러므로 위와 같이 설했다. 이것은 수행자가 들숨날숨에 마음챙김을 통한 삼매를 닦기에 적절한 처소를 찾은 것을 나타낸다.

155. 혹은 이 들숨날숨에 마음챙기는 명상주제는 명상주제들 가운데 가장 으뜸가고, 모든 부처님과 벽지불과 부처님의 제자들이 특별함을 얻는 것의 가까운 원인이고, 금생에 행복하게 머무는 것의 가까운 원인이다. 여자, 남자, 코끼리, 말 등의 소리가 뒤섞여있는 마을의 경계를 떠나지 않고서는 이것은 쉽게 닦을 수 없다. 시끄러움은 선(禪)의 가시이기 때문이다. 마을이 없는 숲 속에서 수행자는 쉽게 명상주제를 들고 들숨날숨을 통해서 네 번째 선(禪)을 일으키고 그것을 기초로 삼아 상카라(行)들을 명상하면서 가장 높은 과위인 아라한과에 이를 수 있다. 그러므로 그에게 적절한 거처를 보이기 위해 세존께서 **숲 속에 가거나**라고 시작하셨다.

156. 세존은 터를 보는 기술(宅地學)의 대가와 같다. 그 택지학의

대가는 계획도시의 땅을 보고 면밀히 조사하고는 '여기에 도시를 건설하라'고 지시한다. 안전하게 도시가 만들어졌을 때 그는 왕가로부터 큰 영광을 얻는다. 이와 같이 세존은 적절한 거처를 검증한 뒤 수행자에게 '여기서 명상주제를 들어라'고 지시하신다. 나중에 그곳에서 명상주제를 든 수행자가 아라한과를 얻었을 때 '참으로 세존은 정등각자이시다'라고 세존은 큰 영광을 얻는다.

157. 이 비구는 표범과 같다고 말한다. 마치 거대한 표범의 왕이 풀이 우거진 황무지나 숲의 정글이나 바위투성이인 황무지에 숨어서 거센 물소나 거센 황소나 돼지 등 야수들을 잡듯이 숲 속 등에서 명상주제를 드는 비구는 차례대로 예류도, 일래도, 불환도, 아라한도와 [네 가지] 성스러운 과를 얻는다고 알아야 한다. 그러므로 옛 스승들은 말씀하셨다.

> 마치 표범이 잠복하여 야수들을 잡듯이
> 부지런히 수행하고 위빳사나를 닦는
> 부처님의 아들도 숲 속에 들어가서
> 최상의 과위를 증득한다. (Miln.369)

그러므로 그에게 수행을 촉진하기에 적절한 곳으로 숲 속의 거처를 보이시면서 세존께서 '숲 속에 가서'라고 말씀을 시작하신 것이다.

158. 숲 속에 가서: 여기서 숲이란 "마을의 경계인 석주 밖을 나가면 모든 것은 숲이다"와 "숲 속 거처란 오백 활 길이만큼 떨어진 곳이다"로 설명하였다.(II.§49) 이런 특징을 가진 숲들 가운데서 한적함의 즐거움을 가진 어떤 숲 속에 가서. **나무 아래에 가서**: 나무 근처에 가서. **빈 방에 가서**: 비었고 한적한 공간에 가서. 여기서 숲과 나무 아래를 제외하고 나머지 일곱 가지 장소에 간 것도 빈방에 간 것이라고 말할 수 있다.

159. 이와 같이 세 계절에 적절하고, 세 가지 체액과 기질에 적절하고, 들숨날숨에 대한 마음챙김을 닦기에 적절한 거처를 보이시고, 해이함이나 들뜸에 빠지지 않는 고요한 자세를 보이시면서 **앉는다**라고 설하셨다. 그 다음에 앉아있는 자세의 고정된 상태와 들숨날숨이 쉽게 일어남과 대상을 파악하는 방편을 보이시면서 **가부좌를 틀고**라고 시작하셨다.

160. 가부좌: 넓적다리를 완전히 맞물리게 해서 앉는 것이다. **틀고(접고)**: 고착시키고. **몸을 곧추 세우고**: 몸을 곧바로 세우고서, 열여덟 개의 등뼈의 끝이 다른 끝에 닿도록 두고, 이와 같이 앉을 때 그의 피부와 살과 힘줄이 꼬이지 않는다. 만약 그들이 꼬이면 그것으로 인해 순간순간에 느낌들이 일어나겠지만 [바르게 앉았기 때문에] 일어나지 않는다. 그들이 일어나지 않을 때 그의 마음은 하나가 된다. 명상주제로부터 떨어지지도 않고, 오히려 [특별함을 얻기 위해] 증장하고 강해진다.

161. 전면에 마음챙김을 확립하고49)(*parimukhaṁ satiṁ upaṭṭhapetvā*): 명상주제를 향하여 마음챙김을 두고, 혹은 "접두어 *pari*(둘레에, 원만히)는 철저히 파악한다는 뜻이고, *mukhaṁ*(입, 얼굴)은 출구의 뜻이며, *sati*(마음챙김)는 확립한다는 뜻이다. 그러므로 *parimukhaṁ satiṁ*(철저히 파악하여 출구가 되는 마음챙김)이라고 설했다.(Ps.i.176) 이와 같이 『무애해도』에서 설한 방법에 따라서도 이 뜻을 알아야 한다. 간략히 설하면 '철저히 파악하여 [반대되는 심리현상인 잊어버림으로부터] 출구인 마음챙김을 [공부]짓고'라는 뜻이다.

162. 그는 오직 마음챙기면서 숨을 들이쉬고 마음챙기면서 숨을 내쉰다: 그 비구는 이와 같이 앉아서 이와 같이 마음챙김을 확립하여 그 마음챙김을 버리지 않고 오직 마음챙기면서 숨을 들이쉬고 마음챙기면서 숨을 내쉰다.

첫 번째 네 개조를 수행하는 방법

163. (1) 여러 방법으로 그는 마음챙김을 닦는자(*satokārī*)가 된다. 이제 그 방법들을 보여주기 위해 **길게 들이쉬면서는**이라고 시

---

49) 참고로 오원탁 번역 『입출식념경』 중의 이 부분을 전재한다. '콧구멍의 주위를 지향하고'라는 중요한 구절이 있다.

여기, 비구들이여, 숲으로 가거나 나무 밑으로 가거나 빈집으로 간 비구는 다리를 교차하고 몸을 곧게 하여 가다듬고, 콧구멍 주위를 지향하고, 사띠를 준비한 채 [전면에 마음챙김을 확립하여] 앉아있다.

작하셨다. 『무애해도』에서 그는 **오직 마음챙기면서 숨을 들이쉬고
마음챙기면서 숨을 내쉰다**라는 구절의 분석에서 이와 같이 설하셨
다.

"그는 32가지 방법으로 마음챙기면서 [공부]짓는다. (i) 길게 들
이쉼을 통해 마음이 하나됨과 흩어지지 않음을 꿰뚫어 알 때 그에
게 마음챙김이 확립된다. 그 마음챙김과 그 지혜 때문에 그는 마음
챙김을 닦는 자(*satokāri*)가 된다. (ii) 길게 내쉼을 통해 ……
(xxxi) 놓아버림을 관찰하면서 들이쉼을 통해, (xxxii) 놓아버림을
관찰하면서 내쉼을 통해 마음이 하나됨과 흩어지지 않음을 꿰뚫어
알 때 그에게 마음챙김이 확립된다. 그 마음챙김과 그 지혜 때문에
그는 마음챙김을 닦는 자가 된다.(Ps.i.176-77)"

164. 길게 들이쉬면서: 들숨을 길게 일으키면서. "앗사사(*assāsa*)
는 밖으로 나가는 바람이고, 빳사사(*passāsa*)는 안으로 들어오는
바람이다"라고 율장의 주석서에서 설했다. 그러나 경장의 주석서에
서는 그 반대의 뜻으로 설했다. 모든 태아들이 모태로부터 나올 때
에 처음에 안의 바람이 밖으로 나온다. 그 다음에 밖의 바람이 가
는 먼지와 함께 안으로 들어가면서 입천장에 닿아 멸한다. [그로
인해 유아는 재채기를 한다]. 이와 같이 우선 들숨날숨을 알아야
한다.

165. 들숨날숨의 길고 짧음은 시간으로써 알아야 한다. 일정한 공
간의 범위를 채우고 있는 물이나 혹은 모래를 긴 물, 긴 모래, 짧은

물, 짧은 모래라고 한다. 코끼리와 뱀의 몸의 경우 들숨과 날숨은 미세하고 아주 미세하여 몸이라 부르는 그들의 긴 공간을 천천히 채우고 천천히 나간다. 그러므로 길다고 한다. 개와 토끼 등의 경우 몸이라 불리는 짧은 공간을 급히 채우고 급히 나간다. 그러므로 짧다고 한다.

166. 인간들의 경우 어떤 자는 코끼리와 뱀의 경우처럼 긴 시간을 통해 길게 들이쉬고 내쉰다. 어떤 자는 개나 토끼의 경우처럼 짧게 한다. 그러므로 시간에 따라 오랜 시간 동안 나가고 들어오는 것이 긴 것이고, 짧은 시간 동안 나가고 들어오는 것이 짧은 것이라고 알아야 한다.

167. 이 비구는 [다음의] 아홉 가지 방법으로 길게 들이쉬고 길게 내쉬면서 '길게 들이쉰다, 길게 내쉰다'고 꿰뚫어 안다. 이와 같이 꿰뚫어 알 때 그에게 한 가지 토대로 몸을 관찰하는(身隨觀) 마음 챙김을 확립하는 수행이 완성되었다고 알아야 한다.

168. 왜냐하면 『무애해도』에서 이렇게 설하셨기 때문이다. "어떻게 길게 들이쉬면서 '길게 들이쉰다'고 꿰뚫어 알고, 길게 내쉬면서 '길게 내쉰다'고 꿰뚫어 아는가? ① 그는 긴 시간 동안 긴 들숨을 들이쉬고 ② 긴 시간 동안 긴 날숨을 내쉬고 ③ 긴 시간 동안 긴 들숨과 날숨을 들이쉬고 내쉰다. 긴 시간 동안 긴 들숨과 날숨을 들이쉬고 내쉴 때 열의(chanda)가 일어난다. ④ 열의를 통해 그

전보다 더 미세하게 긴 시간 동안 긴 들숨을 들이쉬고 ⑤ 열의를 통해 그 전보다 더 미세하게 긴 시간 동안 긴 날숨을 내쉬고 ⑥ 열의를 통해 그 전보다 더 미세하게 긴 시간 동안 긴 들숨과 날숨을 들이쉬고 내쉰다. 열의를 통해 그 전보다 더 미세하게 긴 시간 동안 긴 들숨과 날숨을 들이쉬고 내쉴 때 기쁨(*pāmojja*)이 일어난다. ⑦ 기쁨을 통해 그 전보다 더 미세하게 긴 시간 동안 긴 들숨을 들이쉬고 ⑧ 기쁨을 통해 그 전보다 더 미세하게 긴 시간 동안 긴 날숨을 내쉬고 ⑨ 기쁨을 통해 그 전보다 더 미세하게 긴 시간 동안 긴 들숨과 날숨을 들이쉬고 내쉰다. 기쁨을 통해 그 전보다 더 미세하게 긴 시간 동안 긴 들숨과 날숨을 들이쉬고 내쉴 때 그의 마음은 긴 들숨과 날숨으로부터 선회하여 평온(*upekkhā*, 捨)이 확립된다. 이 아홉 가지 방법에 의한 긴 들숨과 날숨은 몸이고, 마음챙김은 토대(확립)이고, 관찰이 지혜(*ñāṇa*)다. 몸은 토대(확립)지만 그것은 마음챙김은 아니다. 마음챙김은 토대(확립)이면서 또한 마음챙김이다. 이 마음챙김과 이 지혜로 그는 그 몸을 관찰한다. 그러므로 몸에서 몸을 관찰하는 마음챙김을 확립하는 수행이라 한다.(Ps.i.177)"

169. (2) 이 방법은 짧은 숨의 구절에도 적용된다. 그러나 차이점이 있다. 앞의 경우에는 '긴 시간 동안 긴 들숨'이라고 설했고 여기서는 '짧은 시간 동안 짧은 들숨'이라고 했다. 그러므로 "그래서 몸에서 몸을 관찰하는 마음챙김을 확립하는 수행이라 한다. (Ps.i.183)"라는 구절까지 '짧다'라는 단어와 함께 결합해야 한다.

170. 이와 같이 이 비구가 길고 짧은 것으로써 이 아홉 가지 방법에 의해 들숨과 날숨을 꿰뚫어 알 때 길게 들이쉬면서는 '길게 들이쉰다'고 꿰뚫어 알고 … 짧게 내쉬면서는 '짧게 내쉰다'고 꿰뚫어 안다고 알아야 한다. 그가 이와 같이 알 때,

> 긴 숨과 짧은 숨, 들이쉼과 내쉼
> 이 네 가지가 비구의 코끝에서 일어난다.

171. (3) **온 몸을 경험하면서 들이쉬리라 … 내쉬리라고 공부짓는다**: 온 들숨의 몸의 처음과 중간과 끝을 체험하면서, 분명하게 하면서 들이쉬리라고 공부짓는다. 온 날숨의 몸의 처음과 중간과 끝을 체험하면서, 분명하게 하면서 내쉬리라고 공부짓는다. 이와 같이 체험하면서, 분명하게 하면서 지혜와 함께한 마음으로 들이쉬고 내쉰다. 그러므로 '들이쉬리라 내쉬리라고 공부짓는다'고 한다.

172. 어떤 비구에게는 미세한 입자들에 분포된 들숨의 몸이나 혹은 날숨의 몸은 처음은 분명하지만 중간과 끝은 분명하지 않다. 그는 오직 처음만 파악할 수 있고 중간과 끝에 대해서는 어렵다. 어떤 자에게는 중간은 분명한데 처음과 끝은 분명하지 않다 … 어떤 자에게는 끝은 분명하지만 처음과 중간이 분명하지 않다. 그는 오직 끝만 파악할 수 있고 처음과 중간에 대해서는 어렵다. 어떤 자에게는 모두 분명하다. 그는 모든 것을 파악할 수 있다. 어느 곳에도 어려움이 없다. 수행자는 마지막에 언급한 그런 자가 되어야 한

다는 것을 보이면서 '온 몸을 경험하면서 내쉬리라 … 들이쉬리라고 공부짓는다'고 설했다.

173. 여기서 **공부짓는다**는 것은 이처럼 온 몸을 경험하면서 들이쉬고 내쉬리라면서 노력하고 정진한다는 뜻이다. [들숨날숨에 대한 마음챙김을 닦는] 그러한 자의 단속(*saṃvara*)이 높은 계를 공부짓는 것(*adhisīla-sikkhā*, 增上戒學)이고, 삼매는 높은 마음을 공부짓는 것(*adhicitta-sikkhā*, 增上心學)이고, 통찰지는 높은 통찰지를 공부짓는 것(*adhipaññā-sikkhā*, 增上慧學)이다. 그는 그 대상에 대해 그 [들숨날숨에 대한] 마음챙김과 마음에 잡도리함과 함께 이 세 가지 공부 지음을 짓고 반복하고 닦고 거듭거듭 행한다라고 이와 같이 여기서 그 뜻을 알아야한다.

174. 여기서 첫 번째의 [두] 방법에서는 단지 들이쉬고 내쉬어야만 한다. 더 이상 해서는 안 된다. 그 다음부터 지혜를 일으키는 것 등에 대해 노력을 해야 한다. 그러므로 성전에는 '들이쉰다고 꿰뚫어 알고, 내쉰다고 꿰뚫어 안다'고 이와 같이 현재의 시제로 말씀하고 계신다. 그 다음에는 지혜 일으키는 것 등을 해야 하는데 이러한 측면을 보이기 위해 성전에서는 '온 몸을 경험하면서 들이쉬리라'라는 방법으로 미래의 시제가 사용되었다고 알아야 한다.

175. (4) **몸의 작용(身行)을 편안히 하면서 들이쉬리라 … 내쉬리라고 공부짓는다**: 거친 몸의 작용을 편안히 하면서, 지극히 편안히

하면서, 멈추면서, 가라앉히면서, 들이쉬리라 내쉬리라고 공부짓는
다.

176. 여기서 이와 같이 거칠고 미세한 상태와 편안함을 알아야 한
다. 이 비구가 그 전에 [명상주제를] 파악하지 않았을 때에는 그의
몸과 마음은 불안하고 거칠었다. 몸과 마음의 거친 상태가 가라앉
지 않을 때에는 들숨날숨도 거칠다. 더 강하게 일어난다. 코로 숨
을 쉴 수가 없다. 입으로 들이쉬고 내쉬면서 머문다. 그러나 그의
몸과 마음이 파악될 때 그들은 고요해지고 가라앉는다. 그들이 가
라앉을 때 들숨날숨도 미세하게 일어난다. 들숨날숨이 있는지 없는
지 조사해봐야 할 상태에 이르게 된다.

177. 마치 어떤 사람이 달리기를 했거나 산에서 뛰어내려왔거나
무거운 짐을 머리에서 막 내려놓고 섰을 때 그의 들숨날숨은 거칠
다. 코로 숨을 쉴 수가 없다. 입으로 들이쉬고 내쉬면서 서 있다.
그러나 피로를 가시게 한 다음 목욕하고 물을 마시고 젖은 수건을
가슴에 얹고 시원한 그늘에 누워있을 때 그의 들숨날숨들은 미세
하다. 있는지 없는지 조사해봐야 할 상태에 이르는 것과 같다.
　이와 같이 이 비구가 그 전에 [명상주제를] 파악하지 않았을 때에
는 그의 몸과 마음은 불안하고 거칠었다. 몸과 마음의 거친 상태가
가라앉지 않을 때엔 들숨날숨도 거칠다. 더 강하게 일어난다. 코로
숨을 쉴 수가 없다. 입으로 들이쉬고 내쉬면서 머문다. 그러나 그
의 몸과 마음이 파악될 때 그들은 고요해지고 가라앉는다. 그들이

가라앉을 때 들숨날숨도 미세하게 일어난다. 들숨날숨이 있는지 없는지 조사해봐야 할 상태에 이르게 된다.

178. 그것은 무슨 이유인가? 그가 그전에 명상주제를 파악하지 않았을 때는 '거친 몸의 작용(身行)을 연속적으로 편안히 한다'라고 관심을 갖지 않았고, 마음에 두지 않았고 마음에 잡도리하지 않았고 반조하지 않았다. 그러나 파악했을 때에는 그런 것이 있었다. 그러므로 그가 파악하지 않았을 때보다 파악했을 때 몸의 작용은 미세하다. 그래서 옛 스승들은 말씀하셨다.

> 몸과 마음이 격렬할 때에는 강하게 일어나고
> 격렬하지 않을 때에는 미세하게 일어난다.

179. [명상주제를] 파악하더라도 아직 몸의 작용은 거칠다. 초선의 근접에서는 미세하다. 이곳에서도 거칠고 초선의 [본삼매]에서는 미세하다. 초선과 제2선의 근접에서도 거칠고 제2선에서는 미세하다. 제2선과 제3선의 근접에서도 거칠고 제3선에서는 미세하다. 제3선과 제4선의 근접에서도 거칠고 제4선에서는 매우 미세하여 그것이 일어나지 않음에 이른다. 이것은 우선 『장부』를 외우는 스승과 『상응부』를 외우는 스승들의 견해이다.

　　그러나 『중부』를 외우는 스승들은 '초선에서 몸의 작용은 거칠고 제2선의 근접에서는 미세하다. 이와 같이 각 아래의 禪에서보다 그 위의 禪의 근접에서 더 미세하다.'고 주장한다.

그러나 모든 분들의 견해에 따르면 [명상주제를] 파악하기 전에 일어난 몸의 작용은 파악할 때에 편안하게 된다. 파악할 때 일어난 몸의 작용은 초선의 근접에서 … 제4선의 근접에서 일어난 몸의 작용은 제4선의 [본삼매]에서 편안하게 된다. 이것은 우선 사마타의 경우에 설명하는 방법이다.

180. 위빳사나의 경우는 이러하다. 파악하지 않을 때 일어난 몸의 작용은 거칠고, 사대를 파악할 때 그것은 미세하다. 이것도 거칠고 [사대에서] 파생된 물질을 파악할 때 그것은 미세하다. 이것도 거칠고 모든 물질(*rūpa*, 色)을 파악할 때 그것은 미세하다. 이것도 거칠고 정신(*nāma*, 名)을 파악할 때 그것은 미세하다. 이것도 거칠고 물질과 정신(*rūpa-arūpa*)을 파악할 때 그것은 미세하다. 이것도 거칠고 조건(*paccaya*, 緣)을 파악할 때 그것은 미세하다. 이것도 거칠고 이런 조건과 함께 정신·물질(*nāma-rūpa*, 名色)을 파악할 때 그것은 미세하다. 이것도 거칠고 [무상, 고, 무아의] 특징을 대상으로 가지는 위빳사나에서 그것은 미세하다. 그것도 약한 위빳사나에서는 거칠고 강한 위빳사나에서는 미세하다. 여기서도 앞서 설한 방법대로 각각 이전의 몸의 작용이 그 다음의 몸의 작용에 의해 편안해짐을 알아야한다. 이와 같이 여기서 거칠고 미세한 상태와 편안함을 알아야 한다.

181. 그러나 『무애해도』에서는 여기에 대해서 이의를 제기하고 답변을 제시하는 형식으로 이 [몸의 작용을 편안히 한다는 구절]의

뜻을 다음과 같이 설하셨다.

"어떻게 몸의 작용을 편안히 하면서 들이쉬리라 … 내쉬리라고 공부짓는가? 무엇이 몸의 작용인가? 몸에 속해 있는 긴 들숨과 날숨, 몸과 연결되어있는 이 법들이 몸의 작용이다. 이 몸의 작용들을 편안히 하고 소멸하고 가라앉히면서 공부짓는다. 특정한 어떤 몸의 작용에 의해서 몸이 앞으로 굽고 옆으로 굽고 모든 방향으로 굽고 뒤로 굽고 앞으로 흔들리고 동요하고 움직이고 떨림이 있을 때, 그런 몸의 작용을 편안히 하면서 들이쉬리라고 공부짓고 그런 몸의 작용을 편안히 하면서 내쉬리라 공부짓는다. 특정한 어떤 몸의 작용에 의해서 몸이 앞으로 굽지 않고 옆으로 굽지 않고 모든 방향으로 굽지 않고 뒤로 굽지 않고 앞으로 흔들리지 않고 동요하지 않고 움직이지 않고 떨림이 없을 때, 그런 고요하고 미세한 몸의 작용을 편안히 하면서 들이쉬리라 … 내쉬리라고 공부짓는다."

182. "[이의를 제기함]: 만약 '몸의 작용을 편안히 하면서 들이쉬리라고 공부짓는다. 몸의 작용을 편안히 하면서 내쉬리라 공부짓는다.'고 한다면 그럴 경우 [들숨날숨의] 바람에 대한 알아차림도 없고, 들숨날숨의 일어남도 없고, 들숨날숨에 대한 마음챙김의 일어남도 없고, 들숨날숨에 마음챙김을 통한 삼매의 일어남도 없다. 이런 까닭에 지자들이 그 증득(samāpatti, 等至)에 들어감도 없고 나옴도 없다."

183. "[답변]: '몸의 작용을 편안히 하면서 들이쉬리라고 공부짓는

다. 몸의 작용을 편안히 하면서 내쉬리라 공부짓는다.'고 했다. 이 럴 경우 [들숨날숨의] 바람에 대한 알아차림도 있고, 들숨날숨의 일어남도 있고, 들숨날숨에 대한 마음챙김의 일어남도 있고, 들숨 날숨에 마음챙김을 통한 삼매의 일어남도 있다. 이런 까닭에 지자 들이 그 증득에 들어감도 있고 나옴도 있다."

184. "마치 무엇과 같은가? 예를 들면 금속으로 만든 징을 두드렸 을 때 처음에 거친 소리가 생긴다. 거친 소리의 표상을 잘 취했고, 잘 마음에 잡도리 했고, 잘 주시했기 때문에 거친 소리가 멸했을 때에도 [그것을 대상으로] 마음이 일어난다. 그 뒤에 희미한 소리 가 생긴다. 희미한 소리의 표상을 잘 취했고, 잘 마음에 잡도리 했 고, 잘 주시했기 때문에 희미한 소리가 멸했을 때에도 그 뒤에 [그 것을 대상으로] 마음이 일어난다. 왜냐하면 그것은 희미한 소리의 표상을 대상으로 가졌기 때문이다.

이와 같이 처음에는 거친 들숨날숨이 일어난다. 거친 들숨날숨 의 표상을 잘 취했고, 잘 마음에 잡도리했고, 잘 주시했기 때문에 거친 들숨날숨이 멸했을 때에도 마음이 흩어지지 않는다. 그 뒤에 미세한 들숨날숨이 일어난다. 미세한 들숨날숨의 표상을 잘 취했 고, 잘 마음에 잡도리했고, 잘 주시했기 때문에 미세한 들숨날숨이 멸했을 때에도 그 뒤에 마음이 흩어지지 않는다. 왜냐하면 그것은 미세한 들숨날숨의 표상을 대상으로 가졌기 때문이다.

이와 같이 몸의 작용을 편안히 할 때 [들숨날숨] 바람에 대한 알 아차림도 있고, 들숨날숨의 일어남도 있고, 들숨날숨에 대한 마음

챙김의 일어남도 있고, 들숨날숨에 마음챙김을 통한 삼매의 일어남
도 있다. 이런 까닭에 지자들이 그 증득에 들어감도 있고 나옴도
있다."

185. "몸의 작용을 편안히 하는 들숨과 날숨은 몸이고, 확립은 마
음챙김이고, 관찰은 지혜다. 몸은 확립이지만 마음챙김은 아니다.
마음챙김은 확립이자 또한 마음챙김이다. 이런 마음챙김과 이런 지
혜로 그는 그 몸을 관찰한다. 그러므로 몸에서 몸을 관찰하는 마음
챙김을 확립하는 수행이라 한다.(Ps.i.184-86)"
   이것이 몸을 관찰하는 것을 다룬 첫 번째 네 개조의 차례에 따른
설명이다.

186. 여기서 이 첫 번째 네 개조는 초심자를 위한 명상주제로 설했
다. 그러나 나머지 세 가지의 네 개조는 이 첫 번째 네 개조에서
禪을 얻은 자에게 느낌, 마음, 법의 관찰로 설했다. 그러므로 이 명
상주제를 닦아서 들숨날숨에서 생긴 제4선을 바탕으로 위빳사나를
통해 무애해를 겸한 아라한과를 얻기를 원하는 초심자인 선남자는
앞서 설한 방법대로 계를 청정히 가지는 등 해야 할 일을 모두 한
다음, 앞서 설한 그런 스승의 곁에서 이제 다섯 단계의 명상주제를
배워야 한다.

187. 여기서 다섯 단계는 다음과 같다. 배움, 질문, 확립, 본삼매,
특징이다. ① 배움(uggaha)이란 명상주제를 배우는 것이다. ② 질

문(*paripucchā*)이란 명상주제를 질문하는 것이다. ③ 확립 (*upaṭṭhāna*)이란 명상주제를 확립하는 것이다. ④ 본삼매 (*appanā*)란 명상주제를 통한 본삼매다. ⑤ 특징(*lakkhaṇa*)이란 명상주제의 특징이다. 이 명상주제는 이런 특징을 가졌다라고 명상주제의 고유성질을 확정하는 것이다.

188. 이와 같이 다섯 단계의 명상주제를 배울 때 자신을 피로하게 해서도 안 되고 스승을 심란하게 해서도 안 된다. 그러므로 한 번에 조금씩 설명을 듣고 오랜 시간 암송해야 한다. 이와 같이 다섯 단계로 명상주제를 배우고 스승의 곁이나 앞서 설한 그런 다른 거처에서 살면서 사소한 장애들을 끊고, 공양을 마친 다음 식곤증을 떨쳐버리고 편안히 앉아서, 삼보를 계속해서 생각함으로써 마음을 기쁘게 하고, 스승으로부터 배운 것 가운데 단 한 구절도 혼돈하지 않고, 이 들숨날숨에 대한 마음챙김의 명상주제를 마음에 잡도리해야 한다.

189. 여기에 마음에 잡도리하는 방법은 다음과 같다.

> 헤아림, 연결, 닿음, 안주함, 주시
> 환멸, 두루 청정함, 그들을 되돌아봄

여기서 ① 헤아림(*gaṇanā*)이란 단지 헤아리는 것이다. ② 연결 (*anubandhanā*)이란 쫓아감이다. ③ 닿음(*phusanā*)이란 닿는 곳이다. ④ 안주함(*thapanā*)이란 본삼매이다. ⑤ 주시(*sallakkhaṇā*)란 위빳사나이다. ⑥ 환멸(*vivaṭṭanā*)이란 도이다. ⑦ 두루 청정함(*pārisuddhi*)이란 과이다. ⑧ 그들을 되돌아봄(*paṭipassanā*)이란 반조이다.

190. [① 헤아림(*gaṇanā*)] : 초심자인 선남자는 처음에 **헤아림**으로 이 명상주제를 마음에 잡도리해야 한다. 헤아릴 때 다섯이 되기 전에 멈추어서는 안 된다. 열 번을 넘겨서도 안 된다. 중간에 헤아리는 것을 흩뜨려서도 안 된다. 다섯이 되기 전에 멈출 때 [다섯도 안 되는 그 숫자의] 좁은 범위에서 마음(心)과 마음부수(心所)가 흥분하기 때문이다. 마치 비좁은 우리에 가두어 둔 소 떼처럼, 열 번이 넘을 때 마음과 마음부수는 [호흡 대신] 헤아리는 것에 매달리게 된다. 중간에 헤아리는 것을 흩뜨릴 때 명상주제가 정점에 달했는지 아닌지 마음이 어수선하다. 그러므로 이 결점들을 피하고 헤아려야 한다.

191. 헤아릴 때 처음에는 천천히 헤아려야 한다. 마치 곡식을 되는 사람이 헤아리는 것처럼. 곡식을 되는 사람은 되를 채우고는 '하나'라고 말하면서 붓는다. 다시 채우면서 작은 티끌이라도 보면 그것을 가려내면서 '하~나'라고 말한다. 이 방법은 '두~울' 등에도 적용된다. 이와 같이 들숨날숨에서 드러나는 것을 잡고서 '하~나'라고 시작하여 열 번에 이를 때까지 일어나는 대로 [계속해서] 그것을 주시하면서 헤아려야 한다.

192. 그가 이와 같이 헤아릴 때 들어오고 나가는 들숨날숨이 분명해진다. 이처럼 [분명해지면] 그는 곡식을 되는 사람이 하는 것과 같은 천천히 헤아림을 버리고, 목동이 하는 것처럼 빨리 헤아려야 한다. 영리한 목동은 작은 돌을 그의 호주머니에 넣고 채찍을 손에 들고 아침에 소 우리로 가서 소의 등을 때려 문간의 기둥에 앉아 문으로 나오는 소마다 하나 둘 하면서 작은 돌을 던지면서 헤아린다. 밤의 삼경을 비좁은 공간에서 불편하게 지냈던 소 떼들은 나오면서 서로서로 밀어제치면서 급히 무더기로 나온다. 그는 급히 셋, 넷, 다섯, 열 까지 헤아린다. 이와 같이 그가 앞서 설한 [빨리 헤아리는]방법대로 헤아릴 때 들숨과 날숨이 분명해져서 빨리빨리 반복해서 움직인다.

193. 그때 그들이 반복해서 움직인다고 알고서는 안과 밖을 취하지 말고 오직 그들이 도달하는 [콧구멍의] 문에 닿은 것만을 취하여 '하나, 둘, 셋, 넷, 다섯; 하나, 둘, 셋, 넷, 다섯, 여섯; 하나, 둘, 셋, 넷, 다섯, 여섯, 일곱; … 여덟; … 아홉; … 열'하면서 빨리빨리 헤아려야 한다. 명상주제가 헤아림과 연결되어있을 때 헤아리는 힘으로 마음이 하나가 된다. 마치 키의 도움으로 격류에서 배가 머무는 것처럼.

194. 그가 이와 같이 빨리빨리 반복해서 헤아릴 때 명상주제가 끊임없는 진행(pavatta)으로 나타난다. 그러면 끊임없는 진행이라 알고서 [몸의] 안과 밖의 바람을 파악하지 말고 앞서 설한 방법대로

빨리 헤아려야 한다. 안으로 들어가는 바람과 함께 마음을 안으로 가져갈 때 [그 부분이] 안의 바람에 의해 타격을 받고 굳기름이 가득 차는 것처럼 느껴진다. 밖으로 나가는 바람과 함께 마음을 밖으로 가져갈 때 갖가지 대상에 마음이 흩어진다. 숨이 닿는 부분에 마음챙김을 두고 닦을 때 그의 수행은 성취된다. 그래서 말하기를 '[몸의] 안과 밖의 바람을 파악하지 말고 오직 앞서 설한 방법대로 빨리 헤아려야 한다'라고 했다.

195. 그러면 얼마 동안이나 이것을 헤아려야 하는가? 헤아림이 없이도 들숨날숨이라는 그 대상에 마음챙김이 확립될 때까지이다. 왜냐하면 밖으로 흩어진 생각을 끊고 오직 들숨날숨이라는 그 대상에 마음챙김을 확립하기 위해 헤아림을 하기 때문이다.

196. [② 연결(*anubandhanā*)]: 이와 같이 헤아림으로 마음에 잡도리한 뒤 **연결**로 마음에 잡도리해야 한다. **연결**이란 헤아림을 내려놓은 뒤 마음챙김으로 끊임없이 들숨날숨을 쫓아감이다. 그러나 이것은 처음과 중간과 마지막을 따라감이 아니다.

197. **배꼽**은 나가는 바람의 시작이고 심장은 중간이고 코끝은 마지막이다. 코끝은 들어오는 바람의 시작이고 심장은 중간이고 배꼽은 마지막이다. 그가 그 [호흡의 처음과 중간과 마지막]을 따라갈 때 그의 마음은 흩어지고 불편하고 동요한다. 그래서 말씀하셨다. "들숨의 처음과 중간과 마지막을 마음챙김과 함께 따라갈 때 안

으로 그의 마음이 흩어져 몸과 마음이 모두 불편하고, 동요하고 떨린다. 날숨의 처음과 중간과 마지막을 마음챙김과 함께 따라갈 때 밖으로 그의 마음이 흩어져 몸과 마음이 모두 불편하고 동요하고 떨린다.(Ps.i.165)"

[③ 닿음(*phusanā*), ④ 안주함(*ṭhapanā*)]: 그러므로 연결로 마음에 잡도리할 때 처음과 중간과 마지막으로 마음에 잡도리해서는 안 된다. 대신에 **닿음**과 **안주함**으로 마음에 잡도리해야 한다.

198. 연결과 다른 별개의 헤아림으로 마음에 잡도리하는 것이 아니듯이, 안주함과 다른 별개의 닿음으로 마음에 잡도리하는 것이 아니다. 오직 숨이 닿는 곳에서(*phuṭṭha-phuṭṭha-ṭṭhāne*) 그들을 헤아리면서 헤아림과 닿음으로 그들을 마음에 잡도리한다. 그곳에 헤아림을 내려놓은 뒤 마음챙김으로 그들을 연결하고, 또 본삼매로 마음을 안주하면서 연결과 닿음과 안주함으로 그들을 마음에 잡도리한다고 말한다. 이 뜻은 주석서들에서 절뚝발이와 문지기의 비유로 설했고, 『무애해도』에서는 톱의 비유로 설했다고 알아야 한다.

199. 여기서 절뚝발이의 비유는 다음과 같다. 마치 절뚝발이가 그네를 타고 노는 어머니와 아들의 그네를 밀어 움직이게 한 뒤 그네의 기둥 아래 앉아서 연속적으로 앞으로 왔다 뒤로 갔다하는 그네 밑신개의 양끝과 중간을 본다. 그는 결코 양끝과 중간을 보기 위해 움직이지 않는다.

이와 같이 비구가 마음챙김과 함께 [들숨날숨과] 연결된 기둥 아래 [즉, 코 끝에] 앉아서 들숨날숨의 그네를 밀어 움직이게 하고는 바로 그 [코끝 등의] 표상에 마음챙김과 함께 앉아서 연속적으로 들숨날숨이 오고 가면서 닿는 곳에 그들의 처음과 중간과 마지막을 마음챙김과 함께 쫓아가면서 [닿는] 그곳에다 마음을 두면서 쳐다본다. 그들을 보기 위해 결코 [안팎으로] 움직이지 않는다. 이것이 절뚝발이의 비유이다.

200. 이제 문지기의 비유는 이와 같다. 문지기가 도시의 안과 밖에 사는 사람들을 상대로 [돌아다니면서] 일일이 '당신은 누구십니까? 어디서 왔습니까? 어디 갑니까? 당신의 손에 있는 것은 무엇입니까?'라고 조사하지 않는다. 왜냐하면 그 도시 안팎에 사는 사람들은 그 문지기의 소관이 아니기 때문이다. 그러나 문에 도착하는 사람들은 낱낱이 조사한다. 이와 같이 안으로 들어간 들숨과 밖으로 나간 날숨은 이 비구의 소관이 아니다. 그러나 문에 도착하는 것은 모두 관여한다. 이것이 문지기의 비유이다.

201. 톱의 비유는 마땅히 처음부터 알아야 한다. 이와 같이 설하셨기 때문이다.

표상과 들숨과 날숨은 한 마음의 대상이 아니다.
이 세 법을 알지 못하는 자는 수행을 얻지 못한다.
표상과 들숨과 날숨은 한 마음의 대상이 아니다.

이 세 법을 아는 자는 수행을 얻는다.

202. 어떻게 이 세 법들은 한 마음의 대상이 되지 못하는가? 어떻게 이 세 법들은 알려지지 않은 것이 아닌가? 왜 마음이 흩어지지 않고, 노력이 있고, 일을 성취하고, 또한 수승함을 얻는가?

예를 들어 편편한 땅위에 나무가 놓여있다 치자. 어떤 사람이 그 나무를 톱으로 자를 것이다. 나무에 닿는 톱니로써 그 사람의 마음 챙김이 확립된다. 그는 다가오고 물러가는 톱니들을 마음에 잡도리 하지 않는다. 그렇다고 해서 오고 간 톱니들이 알려지지 않은 것은 아니다. [이와 같이 하여] 그는 노력을 알고 일을 성취하고 또한 수 승함을 얻는다.

연결하는 것[마음챙김]의 표상은 편편한 땅위에 놓인 나무와 같 고, 들숨날숨은 톱니와 같다. 나무에 닿는 톱니로써 그 사람의 마 음챙김이 확립된다. 다가오고 물러가는 [다른] 톱니들을 마음에 잡 도리하지 않는다. 그러나 오고 간 톱니들이 알려지지 않는 것은 아 니다. 그에게는 노력이 있고 일을 성취하고 또한 수승함을 얻는다.

이와 같이 비구는 코끝이나 윗입술에 마음챙김을 확립하고 앉는 다. 그는 들어왔거나 나간 들숨날숨을 마음에 잡도리하지 않는다. 그렇더라도 들어왔거나 나간 들숨날숨이 알려지지 않는 것은 아니 다. 그에게는 노력이 있고 일을 성취하고 또한 수승함을 얻는다.

203. 무엇이 노력인가? 부지런히 정진하는 자의 몸과 마음이 [수 행하는] 일에 대해 적합함이 노력이다. 무엇이 일인가? 부지런히

정진하는 자의 오염원인 [다섯 가지 장애가 억압으로써] 없어지고 [감각적 욕망에 대해 일으킨 생각 등의] 생각(尋, *vitakka*)이 가라 앉는 것이 일이다. 무엇이 수승함인가? 부지런히 정진하는 자에게 [열가지] 족쇄가 [도닦음을 통해 근절로써] 끊어지고 [일곱 가지] 잠재성향이 멸하는 것이 수승함이다.

이와 같이 이 세 가지 법들은 한 마음의 대상이 아니며, 이 세 가지 법들은 알려지지 않은 것이 아니고, 마음이 흩어지지 않고, 노력이 있고, 일을 성취하고, 또한 수승함을 얻는다.

들숨날숨에 대한 마음챙김을
부처님께서 설하신 대로
가득 채우고 잘 닦고 순서대로 증장시키면
그는 구름에서 나온 달처럼 이 세상을 비추리.

이것이 톱의 비유이다. 그러나 여기 [톱의 비유에서] 이미 들어 왔거나 나가버린 숨을 마음에 잡도리하지 않음이 그 수행자의 목 적이라고 알아야 한다.

204. 이 명상주제를 마음에 잡도리할 때 어떤 자에게 머지않아 [닮은] 표상이 나타난다. 그리고 [일으킨 생각 등] 나머지 禪의 구성요 소로 장식된 본삼매라 불리는 안주함(*thapanā*)도 성취한다.

205. 어떤 자는 헤아림을 통해 마음에 잡도리할 때부터 서서히 거

친 들숨날숨이 멸하여 몸의 어지러움이 가라앉을 때 몸도 마음도 가벼워져서 마치 몸이 공중에 떠있는 것 같이 된다. 예를 들면, 몸이 불편한 사람이 의자나 침대에 앉을 때에는 의자나 침대가 휘고 삐걱거리는 소리도 나고 침대보에 구김살도 가지만, 편안한 자가 앉을 때는 의자나 침대가 휘지도 않고 삐걱거리는 소리도 나지 않고 침대보에 구김살도 지지 않아서 저울에 솜을 채운 것처럼 되는 것과 같다. 왜 그런가? 편안한 몸은 가볍기 때문이다.

206. 그의 거친 들숨날숨이 멸할 때 미세한 들숨날숨의 표상을 대상으로 마음이 일어난다. 그것마저 멸할 때 차례대로 그보다 더 미세한 표상을 대상으로 마음이 일어난다.

207. 어떻게? 예를 들면 사람이 큰 쇠막대기로 청동으로 된 징을 친다면 즉시에 큰소리가 날 것이고, 그 거친 소리를 대상으로 마음이 일어날 것이다. 그 거친 소리가 멸할 때 그 다음에 희미한 소리의 표상을 대상으로 마음이 일어날 것이다. 그것마저 멸할 때 차례대로 그보다 더 희미한 소리의 표상을 대상으로 마음이 일어날 것이다. 이와 같이 알아야 한다. 이것은 "마치 금속으로 만든 징을 두드렸을 때(Ps.i.185)"로 시작하는 문단에서 이미 상세하게 설했다.(§184)

208. 다른 명상주제들은 높은 단계에 이를수록 분명해진다. 그러나 이 들숨날숨은 그와 같지 않다. 이것은 수행이 깊어질수록 미세

함에 이른다. 때로는 나타나지 않기도 한다.

이와 같이 들숨날숨이 나타나지 않는다고 해서 그 비구가 자리에서 일어나 가죽으로 된 돗자리를 털고 나가버리면 안 된다. 어떻게 해야 하는가? '스승님께 여쭈어보리라'라든지, '지금 나의 명상주제가 도망 가버렸다'라고 생각하면서 일어서서는 안 된다. 자세를 어지럽히면서 떠나갈 때 명상주제가 낯설어져버리기 때문이다. 그러므로 앉아있는 그 상태에서 [평소에 숨이 닿는 곳, 즉 코끝]의 장소로 [마음을] 가져가야 한다.

209. [마음을] 가져가는 방법은 다음과 같다. 그 비구가 명상주제가 나타나지 않은 상태를 알게 되면 이와 같이 깊이 숙고해야 한다. '이 들숨날숨은 어디에는 있고, 어디에는 없는가? 누구에게는 있고 누구에게는 없는가?' 이와 같이 깊이 숙고할 때 '이들은 모태 안에 있는 자에게 없고 물에 빠진 자들에게도 없다. 마찬가지로 인식이 없는 중생들과 죽은 자들과 제4선에 든 자들과 색계와 무색계의 존재에 태어난 자들과 멸진정에 든 자들에게도 없다'고 안다.

그 후 다음과 같이 스스로 자신을 경책해야 한다. '지자여, 그대는 모태에 들어있는 것도 아니고 물에 빠진 것도 아니다. 그대는 인식이 없는 자도 아니고 죽은 것도 아니요, 또한 제4선에 든 것도 아니고, 색계와 무색계에 태어난 것도 아니고, 멸진정에 든 것도 아니다. 그대에게는 반드시 들숨날숨이 있다. 그대의 통찰지가 둔하기 때문에 파악을 못할 뿐이다.' 그때 그는 평소에 숨이 닿는 곳으로 마음을 안주하여 마음에 잡도리함을 일으켜야 한다.

210. 이 들숨날숨은 코가 큰 사람에게는 코끝을 치면서 생기고 코가 작은 사람에게는 윗입술을 치면서 생긴다. 그러므로 그는 '이곳에 이들이 닿는구나'라고 표상을 고정시켜야 한다. 이런 이유 때문에 세존께서는 다음과 같이 설하셨다. "비구들이여, 나는 마음챙김을 잊어버리고 알아차리지 못하는 자에게 이 들숨날숨에 마음챙기는 수행을 설하지 않는다.(S.v.337)"라고.

211. 명상주제는 그 어떤 것이라도 마음챙기고 알아차리는 자에게만 성취된다. 이 들숨날숨의 명상주제 이외의 다른 것은 그것을 마음에 잡도리할 때 그에게 분명해진다. 그러나 이 들숨날숨의 명상주제는 [그렇지 않기 때문에] 중대하고 수행하기 어렵다. 이것은 부처님과 벽지불과 부처님의 직계제자들과 대장부(mahāpurisa)들이 마음에 잡도리할 영역이다. 이것은 결코 쉬운 일이 아니다. 평범한 중생은 이것을 닦을 수 없다. 마음에 잡도리하면 할수록 그에 비례하여 더 고요해지고 더 미세해진다. 그러므로 여기선 강한 마음챙김과 통찰지가 요구된다.

212. 마치 얇은 헝겊 조각을 기울 때 바늘도 가는 것이 필요하고 바늘귀를 뚫는 기구는 더 가늘어야 하는 것과 같다. 이와 같이 얇은 헝겊 조각과 같은 이 명상주제를 닦을 때에 바늘과 같은 마음챙김과 바늘귀를 뚫는 기구와 같은 마음챙김과 함께한 통찰지도 강한 것이 필요하다. 이런 마음챙김과 통찰지를 구족한 비구는 그 들숨날숨을 평소에 닿는 부분(pakati-phuṭṭha-okāsa)이 아닌 다른

곳에서 찾아서는 안 된다.

213. 예를 들면 농부가 밭을 갈고 난 뒤 황소들을 풀어주어 풀을
뜯어먹게 하고 그늘에 앉아서 쉴 것이다. 그때 그의 황소들은 재빠
르게 숲 속으로 들어갈 것이다. 다시 그들을 몰고 와서 멍에를 메
우고자 할 때 그 영리한 농부는 그들의 발자취를 쫓아 숲 속을 헤
매지 않는다. 그는 밧줄과 막대기를 들고서 그들이 모이는 물 마시
는 곳으로 곧장 가서 앉아있거나 누워있을 것이다. 그때 그 소들이
낮의 얼마동안 풀을 먹은 뒤 그들이 모이는 개울가로 내려와서 목
욕하고 마시고 다시 올라와서 서있을 때 그들을 보고 줄로 묶어 막
대기로 찌르면서 몰고 와서 멍에를 메어 다시 일을 할 것이다.

그와 같이 비구는 이 들숨날숨을 평소에 닿는 부분이 아닌 다른
곳에서 찾아서는 안 된다. 마음챙김의 밧줄과 통찰지의 막대기를
가지고 평소에 닿는 곳에 마음을 안주하여 마음에 잡도리함을 일
으켜야 한다. 이와 같이 그가 마음에 잡도리할 때 머지않아 그들이
다시 나타난다. 마치 그들이 모이는 물 마시는 곳에 황소들이 나
타나는 것처럼. 그 다음에 마음챙김의 밧줄로 묶어 바로 그 장소에
그들을 매어 통찰지의 막대기로 찌르면서 거듭거듭 명상주제에 전
념해야 한다.

214. 그가 이와 같이 전념할 때 머지않아 표상이 나타난다. 그러나
이것은 모든 사람에게 동일하진 않다. 어떤 자에게는 가벼운 감촉
을 일으키면서 솜처럼 비단처럼 산들바람처럼 나타난다고 어떤 자

들은 말한다.

215. 그러나 주석서에서는 다음과 같이 판별한다. 이것은 어떤 자에게는 별빛처럼 마니주처럼 진주처럼 나타나고, 어떤 자에게는 거친 촉감을 가진 목화씨와 거친 촉감을 가진 심재로 만든 못처럼 나타나고, 어떤 자에게는 긴 허리끈처럼 화환처럼 한모금의 연기처럼 나타나고, 어떤 자에게는 퍼진 거미줄처럼 구름의 장막처럼 연꽃처럼 수레바퀴처럼 월륜처럼 일륜처럼 나타난다.

216. 예를 들면, 많은 비구들이 경전을 외우면서 앉아있을 때 한 비구가 '그대에게 이 경전이 마치 무엇처럼 나타나는가'라고 물으면, 어떤 사람은 '산에서 내려오는 큰 급류처럼 나타난다'고 말한다. 다른 사람은 '일련의 숲처럼 나타난다'고 하고, 또 다른 사람은 '시원한 그늘을 주는 가지들이 무성하고 과일이 열린 나무처럼 나타난다'고 말한다. 그들의 인식(*sañña*)이 다르기 때문에 하나의 경전이지만 각자 다르게 나타난다.

이와 같이 인식이 다르기 때문에 하나의 명상주제이지만 다르게 나타난다. 이것은 인식에서 생겼고 인식이 그 근원이고 인식이 그 원천이다. 그러므로 인식이 다르기 때문에 다르게 나타난다고 알아야 한다.

217. 여기서 들숨을 대상으로 한 마음이 다르고, 날숨을 대상으로 한 마음도 다르고, 표상을 대상으로 한 마음도 다르다. 이 세 가지

법이 없는 자는 그의 명상주제가 본삼매는커녕 근접삼매에도 이르지 못한다. 이 세 가지 법이 있는 자는 그의 명상주제가 근접삼매에도 이르고 본삼매에도 이른다. 왜냐하면 다음과 같이 설하셨기 때문이다.

> 표상과 들숨과 날숨은 한 마음의 대상이 아니다.
> 이 세 법을 알지 못하는 자 수행을 얻지 못한다.
> 표상과 들숨과 날숨은 한 마음의 대상이 아니다.
> 이 세 법을 아는 자 수행을 얻는다.

218. 이와 같이 [닮은] 표상이 나타나면 비구는 스승께 다가가서 말씀드려야 한다. '존경하는 스승님, 제게 이런 형태의 [표상이] 나타났습니다.' 그러나 스승은 '그것은 표상이다'라거나 '그것은 표상이 아니다'라고 말해서는 안 된다. '여보게, 그와 같이 일어나는 것이네'라고 말하고는 '반복해서 마음에 잡도리하게'라고 말해야 한다. '표상이다'라고 말할 때 [만족하여] 중지해버릴지도 모른다. '표상이 아니다'라고 말할 때 낙담하여 포기해버릴지도 모른다. 그러므로 어느 것도 이야기하지 말고 마음에 잡도리함을 유지하도록 격려를 해줘야 한다. 이와 같이 『장부』를 외우는 자들은 말한다.

  그러나 『중부』를 외우는 자들은 이렇게 말한다. '여보게, 그것은 표상이라네. 선남자여, 명상주제를 반복해서 마음에 잡도리하게.'

219. 그때 그는 오직 표상에 마음을 안주해야 한다. 이와 같이 [닮

은 표상이 나타난] 이후부터 그는 안주함을 통해 닦는다. 왜냐하면 이와 같이 옛 스승들이 말씀하셨기 때문이다.

> [닦은 표상]에 마음을 안주하고
> 갖가지 형태를 여의면서
> 지자는 들숨날숨에 자기 마음을 묶는다.

220. 이와 같이 그에게 표상이 나타나자마자 장애들이 억압되고 오염원들은 가라앉고 마음챙김은 확립되고 마음은 근접삼매에 든다.

221. 그때 [나타난] 색깔로 그 표상을 마음에 잡도리해서는 안된다. 특징으로 반조해서도 안 된다. 부적합한 거처 등 일곱 가지 부적합함을 피하고 일곱 가지 적합한 것을 수용하면서 끄샤뜨리야의 황후가 전륜왕이 될 태아를 보호하듯 농부가 익은 농작물을 보호하듯 그것을 잘 보호해야 한다. 이와 같이 이것을 보호하고 거듭거듭 마음에 잡도리함을 통해 증장과 향상에 이르게 하여 열 가지 본삼매에 드는 능숙함을 성취해야 하고(IV. §42), [삼매와 더불어] 정진을 고르게 유지해야 한다(IV. §66).

222. 이와 같이 노력할 때 땅의 까시나에서 설한 방법대로 바로 그 표상에서 사종선(四種禪)과 오종선(五種禪)을 얻는다.

[⑤ 주시(*sallakkhaṇā*), ⑥ 환멸(*vivaṭṭanā*), ⑦ 두루 청정함 (*pārisuddhi*), ⑧ 그들을 되돌아봄(*paṭipassanā*)]: 그러나 여기 [몸을 관찰함에서] 이와 같이 4종선과 5종선을 얻은 비구가 **주시**와 **환멸**로 명상주제를 증장하여 청정에 이르기를 원하면 다섯 가지 자유자재를 얻음으로써 바로 그 禪을(IV. §131) 능숙하게 한 다음 정신과 물질을 구분하면서 위빳사나를 시작해야 한다.

223. 어떻게? 증득(等至 = 본삼매)으로부터 출정하여 들숨과 날숨 은 물질로 된(*karaja*) 몸과 마음이 그 원인이라고 본다. 풀무를 불 때 풀무와 사람의 적절한 노력으로 인해 바람이 움직인다. 이와 같 이 몸과 마음을 조건으로 들숨날숨이 있다고 본다.

그 다음에 들숨날숨과 몸은 물질(色)이고 마음과 또 마음과 함께 한 법들은 정신(名)이라고 구분한다. 이것은 여기서는 간략히 설한 것이다. 그러나 정신과 물질에 대한 구분은 뒤에서 상세하게 설명 될 것이다.(XVIII §3이하)

224. 이와 같이 정신과 물질을 구분하고 그 정신과 물질의 조건을 찾는다. 찾은 결과 그 조건을 보고 삼세에서 정신과 물질의 일어남 에 대한 의심을 극복한다.(XIX)

의심을 극복한 그는 깔라빠로 그들을 명상함을 통해(XX. §2 이 하) 세 가지 특상을 제기하고, 일어나고 사라짐에 대한 관찰의 예 비단계에서 일어난 광명 등 열 가지 위빳사나의 경계(*upakilesa*, 오염)를 버린 뒤(XX. §126 이하) 이런 경계에서 벗어난 도닦음의 지혜가 도라고 구분한다.(XX. §126 이하) 그 후 일어남을 버리고 무너짐(*bhaṅga*)을 관찰하는 것에 이른다.

계속해서 무너짐을 관찰함으로써 상카라(行)들이 공포로 나타날 때 그 상카라들을 역겨워하고(XXI), 그들에 대한 탐욕이 빛바래고, 그들로부터 해탈한다.(XXII)

서서히 네 가지 성스러운 도에 이르러 아라한과에 서서, 열아홉 가지 반조하는 지혜를 마지막으로 얻어(XXII, §§18-21) 신들을 포함한 세상으로부터 최상의 보시를 받을만한 자가 된다.

225. 이렇게 하여 **헤아림**이 그 시작이고 **되돌아봄**이 마지막인 들숨날숨에 마음챙김을 통한 삼매수행이 완성되었다. 이것이 첫 번째 네 개조를 모든 측면에서 주석한 것이다.

226. 나머지 세 가지 네 개조의 경우 별도로 명상주제를 수행하는 방법이 없다. 그러므로 단어를 하나씩 설명하는 것에 따라 그들의 뜻을 알아야 한다.

두 번째 네 개조를 수행하는 방법

(5) **희열을 경험하면서:** 희열을 체득하면서, 분명하게 하면서, 내쉬리라 들이쉬리라고 공부짓는다. 두 가지 방법을 통해서 희열을 경험한다. 그것은 대상을 통해서와 미혹하지 않음을 통해서이다.

227. 어떻게 대상을 통해서 희열을 경험하는가? 그는 희열이 있는 두 禪 [즉, 초선과 제2선]에 든다. 그가 그것에 드는 순간에 禪을 얻음으로써 대상을 경험했기 때문에 대상을 통해서 희열을 경험한다.

어떻게 미혹하지 않음을 통해서 희열을 경험하는가? 희열이 있는 두 禪에 들었다가 출정하여 禪과 함께한 희열을 파괴되기 마련이고 사라지기 마련이라고 명상한다. 그가 위빳사나를 하는 순간에 특상을 경험하기 때문에 잊어버리지 않음을 통해서 희열을 경험한다.

228. 『무애해도』에서 이와 같이 설하셨기 때문이다.

"긴 들숨을 통해 마음이 하나됨과 흩어지지 않음을 알 때 마음챙김이 확립된다. 그런 마음챙김과 그런 지혜로 인해 희열을 경험한다. 긴 날숨을 통해 … 짧은 들숨을 통해 … 짧은 날숨을 통해 … 온몸을 경험하면서 들숨과 날숨을 통해 … 몸의 작용(身行)을 편안히 하면서 들숨과 날숨을 통해 마음이 하나됨과 흩어지지 않음을 알 때 마음챙김이 확립된다. 그런 마음챙김과 그런 지혜로 인해 희열을 경험한다.

전향할 때 그는 희열을 경험한다. 알 때, 볼 때, 반조할 때, 마음을 결정할 때, 믿음으로 결심할 때, 정진을 쏟을 때, 마음챙김을 확립할 때, 마음을 집중할 때, 통찰지로 꿰뚫어 알 때, 완전히 알아야할 것(*abhiññeyya*)을 완전히 알 때, 철저히 알아야할 것(*pariññeyya*)을 철저히 알 때, 버려야할 것을 버릴 때, 닦아야할 것을 닦을 때, 실현해야할 것을 실현할 때 희열을 경험한다. 이와 같이 희열을 경험한다.(Ps.i.187)"

229. (6)~(8) 나머지의 구문 [즉 행복을 경험하면서, 마음의 작용을 경험하면서]도 이와 같은 방법으로 그 뜻을 알아야 한다. 그러나 다른 점은 이와 같다. 세 禪들로 행복을 경험하고 네 禪들로 마음의 작용을 경험한다고 알아야 한다. 마음의 작용은 두 가지 무더기인 느낌의 무더기(受蘊)와 인식의 무더기(想蘊)이다. **행복을 경험하면서**라는 구문에 대해서는 위빳사나의 영역을 보여주기 위해서 "행복은 두 가지 행복이다. 즉 육체적인 행복과 정신적인 행복이다.(Ps.i.188)"라고 『무애해도』에서 설하셨다. **마음의 작용(心行)을 편안히 하면서**: 거친 마음의 작용을 편안히 하면서, 소멸하면서라는 뜻이다. 이것은 몸의 작용(身行)에서 설한 방법대로 상세하게 알아야 한다(§§176-185).

230. 그리고 희열의 구문에서 느낌은 상카라(行)들에 속하는 희열의 제목 아래 언급되었고, 행복의 구문에서 느낌은 자기의 속성으로 언급되었다. 마음의 작용의 두 구문에서 "인식과 느낌은 마음부수 법들이고, 이들은 마음과 연결되어있는 마음의 작용이다.(Ps.i.188)"라는 말씀이 있기 때문에 '느낌은 인식과 함께 한다'라고 이처럼 느낌을 관찰하는 방법으로 이 네 개조를 설했다고 알아야 한다.

세 번째 네 개조를 네 개조를 수행하는 법

231. (9) 세 번째의 네 개조에서는 네 가지 禪들로 마음을 경험하는 것을 알아야 한다.

(10) **마음을 기쁘게 하면서**: 마음을 반갑게 하면서, 기쁘게 만들면서, 활기차게 하면서, 유쾌하게 하면서 내쉬리라 들이쉬리라고 공부짓는다. 여기서는 삼매와 위빳사나의 두 가지 방법으로 기쁘게 한다.

어떻게 삼매를 통해 기쁘게 하는가? 희열이 있는 두 禪에 든다. 그 증득의 순간에 그 禪과 함께한 희열로 마음을 반갑게 하고 기쁘게 한다. 어떻게 위빳사나를 통해 기쁘게 하는가? 희열이 있는 두 禪에 들었다가 출정하여 禪과 함께한 희열을 파괴되기 마련이고 사그라지기 마련이라고 명상한다. 이와 같이 위빳사나를 하는 순간에 禪과 함께한 희열을 대상으로 삼아 마음을 반갑게 하고 기쁘게 한다. 이와 같이 도 닦는 자를 두고 '마음을 기쁘게 하면서 들이쉬리라 내쉬리라고 공부짓는다'고 말한다.

232. (11) **마음을 집중하면서**: 초선 등으로 대상에 마음을 고르게 놓는다, 고르게 둔다. 혹은 그 禪에 들었다가 출정하여 禪과 함께한 마음을 파괴되기 마련이고 사그라지기 마련이라 라고 명상할 때 그 위빳사나를 하는 순간에 특상을 통찰하는 것을 통해 순간적인 마음의 하나됨(*khaṇikacittekaggata*, 刹那心一境 = 刹那三昧)이 그에게 일어난다. 이와 같이 일어난 순간적인 마음의 하나됨을 통

해 대상에 마음을 고르게 놓고, 고르게 두는 자를 두고 '마음을 집중하면서 들이쉬리라고 공부짓즌다'라고 말한다.

233. (12) **마음을 해탈케 하면서**: 초선을 통해 장애들로부터 마음을 벗어나게 하고 해탈케 하면서, 제2선을 통해 일으킨 생각(尋)과 지속적인 고찰(伺)로부터, 제3선을 통해 희열로부터, 제4선을 통해 행복과 고통으로부터 마음을 벗어나게 하고 해탈케 하면서 들어쉬고 내쉰다.

혹은 그가 그 禪에 들었다가 출정하여 禪과 함께한 마음은 파괴되기 마련이고 사그라지기 마련이라고 명상한다. 그가 위빳사나를 하는 순간에 무상의 관찰로 영원하다는 인식으로부터 마음을 벗어나게 하고 해탈케 하면서 들이쉬고 내쉰다. 괴로움의 관찰로 행복하다는 인식으로부터, 무아의 관찰로 자아라는 인식으로부터, 역겨움의 관찰로 즐김으로부터, 탐욕이 빛바램의 관찰로 탐욕으로부터, 소멸의 관찰로 일어남으로부터, 놓아버림의 관찰로 가짐으로부터 마음을 벗어나게 하고 해탈케 하면서 들이쉬고 내쉰다. 그러므로 '마음을 해탈케 하면서 들이쉬고 내쉬리라고 공부짓는다'고 말한다.

이와 같이 마음의 관찰로 이 네 개조를 설했다고 알아야 한다.

네 번째 네 개조를 수행하는 법

234. (13) 그러나 네 번째의 네 개조에서 **무상을 관찰하면서**라고 한 구절에서 우선 무상한 것을 알아야 하고, 무상한 성질을 알아야

하고, 무상의 관찰을 알아야 하고, 무상을 관찰하는 자를 알아야한다. 여기서 무상한 것이란 다섯 가지 무더기(五蘊)이다. 왜 그런가? 그들은 일어나고 멸하고 변하는 성질을 가졌기 때문이다. 무상한 성질이란 그들에게 존재하는 일어나고 멸하고 변하는 성질이다. 혹은 생겼다가 없어지는 것이다. 생긴 무더기(蘊)가 그 본래의 모습으로 머물지 않고 순간적인 부서짐을 통해 부서진다는 뜻이다. 무상의 관찰이란 그 무상함으로 물질 등에 대해 무상하다고 관찰하는 것이다. 무상을 관찰하는 자란 그 관찰을 하는 자이다. 그러므로 이런 무상을 관찰하는 자가 들이쉬고 내쉴 때 '무상을 관찰하면서 들이쉬리라 내쉬리라고 공부짓는다'고 말한다고 알아야 한다.

235. (14) **탐욕이 빛바램을 관찰하면서**: 여기 탐욕의 빛바램은 두 가지이다. 파괴로서의 탐욕의 빛바램과 절대적인 탐욕의 빛바램이다. 여기서 파괴로서의 탐욕의 빛바램이란 상카라(行)들이 순간적으로 무너지는 것이다. 절대적인 탐욕의 빛바램이란 열반이다. 탐욕이 빛바램을 관찰함이란 이 둘의 관찰로 일어나는 위빳사나와 도다. 이 두 가지 관찰을 갖추어 들이쉬고 내쉴 때 '탐욕이 빛바램을 관찰하면서 들이쉬리라 내쉬리라고 공부짓는다'고 말한다고 알아야 한다.

(15) **소멸을 관찰하면서**라는 구절에도 이 방법이 적용된다.

236. (16) **놓아버림을 관찰하면서**: 여기서도 놓아버림은 두 가지이다. 버림으로서의 놓아버림과 들어감으로서의 놓아버림이다. 놓

아버림의 관찰이란 놓아버림 그 자체가 관찰이다. 이것은 위빳사나와 도의 동의어이다.

왜냐하면 ① 위빳사나는 ㉠ 반대되는 것으로 대체하여 [과보로 나타난] 무더기들과, 업형성력(*abhisaṅkhāra*)들과 함께 오염원들을 버리기 때문에 ㉡ 형성된 것에 대해 [무상 등의] 결점을 보고 그 [형성된 것의] 반대인 열반으로 기울어짐으로써 열반에 들어가기 때문에 각각 버림으로서의 놓아버림과 들어감으로서의 놓아버림이라 한다.

② 도는 ㉠ 근절로써 무더기를 생기게 하는 업형성력들과 함께 오염원들을 버리기 때문에 ㉡ 열반을 대상으로 삼음으로써 열반에 들어가기 때문에 각각 버림으로서의 놓아버림과 들어감으로서의 놓아버림이라 한다.

이 두 [위빳사나의 지혜와 도의 지혜]는 각각 이전의 지혜를 계속해서 따라 보기 때문에 관찰(隨觀)이라 한다. 이 두 가지 놓아버림의 관찰을 구족한 채 내쉬고 들이쉴 때 '놓아버림을 관찰하면서 들이쉬리라 내쉬리라고 공부짓는다'고 말한다고 알아야 한다.

237. 이 네 번째의 네 개조는 순수한 위빳사나(純觀, *suddha-vipassanā*)로써 설했다. 그러나 이전의 세 가지 네 개조는 사마타와 위빳사나로써 설했다. 이와 같이 네 가지 네 개조로 열여섯 가지의 토대와 함께 들숨날숨에 마음챙기는 수행을 알아야 한다.

결론

이와 같은 열여섯 가지 토대를 가진 이 들숨날숨에 대한 마음챙김은 큰 결실이 있고 큰 이익이 있다.

238. ① "비구들이여, 참으로 이 들숨날숨에 마음챙김을 통한 삼매를 닦고 많이 [공부]지으면 전적으로 고요하고 수승하고 … (S.v.321)"등의 말씀이 있기 때문에(§145) 고요한 상태 등도 이 수행의 큰 이익이라고 알아야 한다.

② 또 일으킨 생각(尋, *vitakka*)을 끊어버릴 수 있는 능력도 큰 이익이라고 알아야 한다. 일으킨 생각은 삼매를 방해하는데 이것은 그 일으킨 생각 때문에 마음이 이곳저곳으로 달아남을 끊어버리고 마음을 오직 들숨날숨이라는 대상으로 향하게 한다. 왜냐하면 이것은 전적으로 고요하고 수승하고 순수하고 행복한 삶이기 때문이다. 그래서 설하셨다. "일으킨 생각을 끊기 위해 들숨날숨에 대한 마음챙김을 닦아야 한다.(A.iv.353)"

239. ③ 영지(明, *vijjā*)와 해탈을 성취하는 근본 원인이 됨도 이것의 큰 이익이라고 알아야 한다. 세존께서 이와 같이 설하셨기 때문이다. "비구들이여, 들숨날숨에 대한 마음챙김을 닦고 많이 [공부]지으면 네 가지 마음챙김의 확립(四念處)을 완성하고, 네 가지 마음챙김을 닦고 많이 [공부]지으면 일곱 가지 깨달음의 구성요소(七覺支)를 완성하고, 일곱 가지 깨달음의 구성요소를 닦고 많이 [공부]

지으면 영지와 해탈을 성취한다.(M.iii.82)"

240. ④ 더욱이 [임종시의] 마지막 들숨날숨을 아는 것도 이것의 큰 이익이라고 알아야 한다. 세존께서 이와 같이 설하셨기 때문이다. "라훌라야, 이와 같이 들숨과 날숨에 대한 마음챙김을 닦고 이와 같이 많이 [공부]지으면 마지막 들숨과 날숨이 소멸할 때에도 [멸한다고] 안다. 그것을 모른 채 멸하지 않는다.(M.i.425-26)"

241. 소멸에 따라 세 가지 마지막 들숨날숨이 있다. 즉 ①존재에서의 마지막과 ②禪에서의 마지막과 ③죽음에 의한 마지막이다.

존재 가운데서 욕계의 존재에서만 들숨날숨이 일어난다. 색계와 무색계에서는 일어나지 않는다. 그러므로 그들은 존재에서의 마지막이다. 禪가운데서 첫 번째 세 가지 禪에서는 일어난다. 제4선에서는 일어나지 않는다. 그러므로 그들은 禪에서의 마지막이다. 죽음의 마음(死心, *cuti-citta*) 이전의 16번째 마음과 함께 일어나 죽음의 마음과 함께 사라지는 것이 죽음의 마지막 들숨날숨이다. 이 [죽음의] 마지막 들숨날숨이 여기서 뜻하는 마지막이다.

242. 이 명상주제에 전념하는 비구가 죽음의 마음 이전의 열여섯 번째 마음이 일어나는 순간에 일어남(生)으로 전향할 때 그에게 그들의 일어남이 분명해지고, 머묾(住)으로 전향할 때 그들의 머묾도 분명해지고, 무너짐(滅)으로 전향할 때 그들의 무너짐도 분명해진다. 왜냐하면 그 대상인 들숨날숨을 잘 파악했기 때문이다.

243. 들숨날숨이 아닌 다른 명상주제를 닦아서 아라한과를 얻은 비구는 그의 수명의 기간을 정확히 재기도 하고 못하기도 한다. 그러나 이 열여섯 가지 토대와 함께 들숨날숨을 닦아서 아라한이 된 자는 그의 수명의 기간을 반드시 정확하게 잰다. 그는 '이제 이만큼 나의 수명이 유지될 것이다. 이 이상 유지되지는 않을 것이다'라고 알고 자연스럽게 몸을 돌보고 가사를 수하는 등 모든 일을 마치고 눈을 감는다.

　　꼬따 산(*Koṭapabbata*)의 사원에 머물던 띳사 장로와, 마하까란지야(*Mahā-Karañjiya*) 사원에 머물던 마하 띳사 장로와, 데와뿟따(*Deva-putta*)의 큰 왕국에서 탁발승이던 띳사 장로와, 찟딸라 산(*Cittala-pabbata*)의 사원에 머물던 두 형제 장로처럼.

244. 다음 일화가 그 보기가 된다. 두 형제 장로 중의 한 분이 보름의 포살일에 계본을 외우고 비구 상가에 의해 둘러싸여 자기가 사는 곳으로 갔다. 경행처에 서서 달빛을 보다가 자기의 수명을 재고서 비구승가에게 말했다. '지금까지 그대들은 어떤 방법으로 비구들이 열반하는 것을 보았는가?' 어떤 자들이 말씀드렸다. '저희들은 지금까지 자리에 앉아서 열반하는 것을 보았습니다.' 다른 자들은 '저희들은 공중에서 가부좌를 한 채 앉아서 열반하는 것을 보았습니다'라고 했다. 장로께서 말씀하셨다. '나는 이제 경행하다 열반하는 것을 보여주리라.' 그때 장로는 경행처에 선을 긋고는 '내가 경해처의 이쪽 끝에서 저쪽 끝에 이르러 되돌아오다가 이 선에 이를 때 열반하리라.' 그는 경행처에 올라 저쪽 끝에 이른 뒤 돌아오

면서 한발이 선에 이르는 순간에 열반하셨다.

> 그러므로 현자는 이와 같이 여러 이익을 가진
> 들숨날숨에 대한 마음챙김을
> 항상 부지런히 닦아야 한다.

이것이 들숨날숨에 대한 마음챙김의 상세한 설명이다.

저자 소개

저자 남회근(南懷瑾)

선생은 1918년 중국 절강성 온주(溫州)에서 태어났다. 어릴 적부터 서당식 교육을 받아 17세까지 사서오경 제자백가를 공부하였다. 절강성성립국술원에 입학하여 2년간 무술을 배웠고 문학 서예 의약 역학 천문학 등도 두루 익혔다. 1937년 국술원을 졸업하였다. 그후 중앙군관학교 교관직을 맡았으며, 금릉(金陵)대학 대학원에서 사회복지학을 연구하였다.

25세 때인 1942년에 스승인 원환선(袁煥仙) 선생이 사천성 성도(成都)에 창립한 유마정사(維摩精舍)에 합류하여 의발제자가 되었다. 1942년부터 1944년까지 3년간 사천성 아미산 중봉에 있는 대평사(大坪寺)에서 폐관 수행하며 팔만대장경을 완독하였다. 28세 때인 1945년 티베트 밀교의 여러 종파의 고승들을 참방하고 밀교 상사로 인가 받았다. 그 후 운남(雲南)대학과 사천(四川)대학에서 한동안 강의하였다.

30세 때인 1947년 고향에 돌아가 『사고전서(四庫全書)』와 『고금도서집성(古今圖書集成)』 등을 읽었다.

1949년 봄에 대만으로 건너가 문화(文化)대학 보인(輔仁)대학 등 여러 대학과 사회단체에서 강의하며 수행과 저술에 몰두하였다. 또 노고문화사업공사(老古文化事業公司)라는 출판사를 설립하고 불교연구단체인 시방(十方)서원을 개설하였다. 2006년 이후 대륙의 강소성 오강의 태호대학당(太湖大學堂)에서 머물며 교육문화 연구 등의 활동을 해오던 중 2012년 9월 29일 95세를 일기로 세상을 떠났다.

『논어별재』 등 저술이 60여종에 이른다. 좀 더 자세한 소개는 마하연 출판 『생과 사 그 비밀을 말한다』의 부록 저자 소개를 참조하기 바란다.

엮은이 유우홍(劉雨虹) 여사

1921년생으로 본적은 중국 하남(河南)의 봉구(封丘)이다. 남경금릉대학(南京金陵大學)을 졸업하였다. 기자, 편집자, 주대만미군 행정조리(行政助理,), 통역을 지냈다.

1969년 남회근 선생을 처음 알게 된 이후부터 수십 년을 선생을 따라 배웠으며 선생의 대부분의 저작들은 여사의 정리 편집을 거쳐서 나오고 있다. 2021년 향년 101세로 별세하였다.

저작: 『선풍수급기타(禪, 風水及其他)』, 『선문내외(禪門內外)』, 『원효원적고사(袁曉園的故事)』, 『선해려측어역(禪海蠡測語譯)』, 『동랍서지(東拉西扯)』

편서: 『회사-아문적노사(懷師-我們的老師)』, 『아시즘양학기불래(我是怎樣學佛來)』, 『운심부지처(雲深不知處)』, 『남사소강호흡법문정요(南師所講呼吸法門精要)』, 『근착남사타선칠(跟着南師打禪七)』

영역: 『Grass Mountian』 (미국 Samuei weiser 출판)

번역자 송찬문(宋燦文)

1956년생으로 금융기관에서 20년 근무하였다. 대학에서 중어중문학을 전공했으며 1990년 대만담강대학 어학연수, 1991년 대만경제연구원에서 연구하였다. 1998년 이후 유불도 삼가 관련 서적들을 번역중이다.

번역서로는 남회근 선생의 『논어강의』, 『생과 사 그 비밀을 말한다』, 『선정과 지혜 수행입문』, 『원각경 강의』 등이 있으며,

편역 저서로는 『21세기 2천자문』, 『삼자소학』, 『그림으로 배우는 한자 첫걸음』, 『나무아미타불이 팔만대장경이다』가 있다.

다음카페 홍남서원 (http://cafe.daum.net/youmawon)

e-mail : youmasong@naver.com

마하연의 책들

1. **나무아미타불이 팔만대장경이다** 송찬문 편역
참선법문과 염불법문은 어떻게 다른가? 나무아미타불의 심오한 의미는 무엇인가? 극락세계는 어떤 곳인가? 왜 염불법문이 뛰어난가? 등 염불법문의 기본교리를 이해하도록 이끌어 준다.

2. **생과 사 그 비밀을 말한다** 남회근 지음, 송찬문 번역

생사문제를 해설한 기록으로 사망에 대해서부터 얘기를 시작하여 사람의 출생을 설명한다. 인간의 정상적인 생명의 윤회환생 변화를 기준으로 말한 것으로, 불법의 원리에서 벗어나지 않지만 종교의식에 물들지 않고 순수하게 생명과학의 입장에서 한 상세한 설명이다. 진귀한 자료로서 자세하고 명확하여 독자의 마음속에 있는 적지 않는 미혹의 덩어리를 풀어준다.

3. **원각경 강의** 남회근 지음, 송찬문 번역
원각경은 인생의 고통과 번뇌를 철저히 해결해주는 경전으로서, 어떻게 수행하여 성불할 것인가를 가리켜 이끌어 주는 경전이다. 남회근 선생의 강해는 쉽고 평이하면서도 어떻게 견성할 것인가와 수행과정에서의 문제들을 분명히 가려 보여준다. 참선을 하려거나 불교를 연구하고자 하는 사람이 반드시 보아야 할 책이다.

4.. **논어 강의 (상, 하)** 남회근 지음, 송찬문 번역
논어로 논어를 풀이함으로써 지난 2천년 동안 잘못된 해석을 바로잡은 저자의 독창적인 견해가 담긴 대표작이다. 동서고금과 유불도 제자백가를 넘나들면서 흥미진진한 강해를 통해 고유문화의 정수를 보여주어 현대인들로 하여금 전통문화를 이해하게 하고 나아가 미래를 창조하게 하는 교량 역할을 한다.

5. **역사와 인생을 말한다** 남회근 지음, 송찬문 번역
논어별재(論語別裁), 맹자방통(孟子旁通), 노자타설(老子他說) 등 남회근 선생의 여러 저작들 가운데서 생동적이며 유머가 있고 뛰어난 부분들을 골라 엮은 책으로 역사와 인생을 담론하고 있다

6. **선(禪)과 생명의 인지 강의** 남회근 지음, 송찬문 번역
생명이란 무엇일까요? 당신의 생명은 무엇일까요? 선은 생명 가운데서 또 어떠할까요? 당신은 자신의 지성(知性)을 이해합니까? 당신은 자신의 생명을 장악할 수 있습니까? 범부를 초월하여 성인의 영역으로 들어가고 싶습니까? 그 가장 빠른 길은 무엇일까요? 등, 선과 생명과학과 인지과학에 대한 강의이다.

7. **선정과 지혜 수행입문** 원환선 남회근 합저, 송찬문 번역
원환선 선생과 그 문인인 남회근 선생이 지관수정(止觀修定)에 대하여 강의

한 기록을 모아 놓은 책이다. 선 수행자나 정토 수행자에게 올바른 지견과 진정한 수행 방법을 보여 주는 것으로 초학자에게 가장 적합하다.

8. **입태경 현대적 해석** 남회근 지도, 이숙군 역저, 송찬문 번역
   사람이 모태에 들어가기 전에 자기의 부모를 인식할까요? 모태에 있을 때 어떤 과정을 거칠까요? 모태에 있을 때 교육을 받아들일 수 있을까요? 모태에 있을 때 심신은 어떻게 변화할까요? 이런 문제 등을 논술하고 있는 입태경은 인간 본위의 생명형성의 심신과학을 내포하고 있으며 범부를 뛰어넘어 성자가 되는 관건을 언급하고 있음에도 1천여 년 동안 마땅한 중시를 받지 못했습니다. 그래서 저자는 남회근 선생의 치밀한 지도 아래 입태경을 현대의학과 결합하는 동시에 전통 중의학 개념과도 일부 결합하여 풀이합니다. 태교부분에서는 3천여 년 전부터 현대까지를 말하면서 동서의학의 태교와 태양의 정화를 융합하고 있습니다. 그러므로 이 책은 부모 되는 사람은 읽지 않으면 안 되며 심신과학에 흥미가 있는 사람이라면 더더욱 읽어야 합니다.

9. **장자 강의(내편) (상, 하)** 남회근 강술, 송찬문 번역
   장자 내7편에 대한 강해이다. 근대에 많은 학자들이 관련된 주해나 어역(語譯)이나 주석 같은 것들을 참고로 읽어보면 대부분은 문자적인 해석이거나 다른 사람의 주해를 모아 논 것일 뿐 일반 독자들의 입장에서 보면 사실 그 속으로부터 이익을 얻기가 어렵다. 남회근 선생은 청년 시기에 이미 제자백가의 학문을 두루 연구했고 30대에는 경전 도법(道法)에 깊이 들어가 여러 해에 걸쳐서 몸소 힘써 실제 수증하였다. 그러므로 그의 장자강해는 경사자집(經史子集)에서 노닐고 있다. 또 통속적인 말로써 깊은 내용을 쉽게 풀어내서 독자청중을 위하여 문을 열어주고 있다. 남선생의 강의가 따로 일가의 품격을 갖췄다고 일컫더라도 과분한 칭찬이 되지 않을 것 같다.

10. **능엄경 대의 풀이** 남회근 술저, 송찬문 번역
    옛사람이 말하기를 "능엄경을 한 번 읽은 뒤로부터는 인간세상의 찌꺼기 책들을 보지 않는다" 고 했듯이, 이 경은 우주와 인생의 진리를 밝히는 기서(奇書)이며, 공(空)의 이치를 깨달아 들어가는 문이자, 단계적인 수행을 거쳐 최후에 부처의 과위에 이르기까지 거울로 삼아야 할 경전이다. 옛날부터 난해하기로 이름난 이 경전을 현대적 개념으로 대의만 풀이했다.

11. **유마경 강의 (상, 중, 하)** 남회근 강술, 송찬문 번역

어떤 사람은 말하기를, 유마경을 조금 읽고 이해하고 나면 마음의 크기가 자기도 모르는 사이에 확대되어서, 더 이상 우리들이 생활하는 이 사바세계에 국한하지 않고, 동경하는 정토세계에도 국한하지 않으며, 무한한 공간에까지 확대될 것이라고 합니다. 또 어떤 사람은 말하기를, 이 경전은 온갖 것을 포함하고 있어서 당신이 부처님을 배우면서 어떻게 해야 할지 모를 때에는 당신에게 줄 해답이 본 경전에 들어있으며, 당신이 사리(事理)를 이해하지 못할 때에는 당신에게 줄 해답도 본 경전에 들어있다고 합니다. 남회근 선생이 1981년에 시방서원에서 출가자와 불교도를 위주로 했던 강의로 수행방면에 중점을 두었기 때문에 일반적인 불경강해와는 다르다. 유마경은 현대인들에게 원전경문이 너무 예스러운데 남선생은 간단명료한 말로써 강해하였기에 독자들이 이해하기 쉽다.

12. **호흡법문 핵심 강의** 남회근 강의, 유우홍 엮음, 송찬문 번역
    남회근 선생은 석가모니불이 전한 가장 빠른 수행의 양대 법문이 확실하고 명확함을 얻지 못한 것이 바로 수행자가 성공하기 어려웠던 주요 원인이라고 보고 최근 수년 동안 남선생님은 수업할 때 항상 '달마선경(達磨禪經)' 속의 16특승안나반나(特勝安那般那)법문의 해설과 관련시켰다. 이 책은 남회근 선생님의 각 책과 강의기록 속에 여기저기 흩어져 보이는 안나반나 수행법을 수집 정리하여 책으로 모아 엮어서 학습자가 수행 참고용으로 편리하도록 한 것이다.

13. **중용 강의** 남회근 지음, 송찬문 번역
    자사(子思)가 『중용(中庸)』을 지은 것은 증자의 뒤를 이어서 「곤괘문언(坤卦文言)」과 『주역』「계사전(繫辭傳)」으로부터 발휘하여 지은 것입니다. 예컨대 『중용』이 무엇보다 먼저 제시한 '천명지위성(天命之謂性)'으로부터 '중화(中和)'까지는「곤괘문언」에서 온 것입니다. 이런 학술적 주장은 저의 전매특허입니다." 남회근 선생의 강해는 '경문으로써 경문을 주해하고[以經註經]', 더 나아가 '역사로써 경문을 증명하는[以史證經]' 방법으로 『중용』을 융회관통(融會貫通)하고 그 심오한 의미를 발명하여 보여주고 있다.

14. **도가 밀종과 동방신비학** 남회근 지음, 송찬문 번역
    본서의 각 편은 비록 남선생님의 40여 년 전의 저술이지만, 오늘날 다시 읽어보면 그 문자가 간략하면서 내용이 풍부하고 조리가 분명하여서 사람들로 하여금 밀종과 각 방면에 대해서 마음이 확 트이는 느낌을 갖게 합니다.

문화를 배우고 밀법(密法)을 배우고 불법을 배우는 독자들에게 이 책은 아마 없어서는 안 될 것으로 여겨도 될 것입니다.

15. **중의학 이론과 도가 역경** 남회근 지음, 송찬문 번역
    강의 내용은 중의학의 여러 문제들을 탐구 토론한다. 음양(陰陽)·오행간지(五行干支)·팔괘(八卦) 등은 본래 후인들이 중의학에다 끼워 넣은 것이니, 음양의 보따리를 내버리고 구체적이며 이해하기 쉬운 방식으로 설명하여 중의학의 특수 기능을 발휘하자며, 적극적으로 제시하기를, "만약 사람마다 활자시(活子時)와 기경팔맥(奇經八脈)의 도리를 파악하여 일련의 새로운 침구(針灸) 법칙을 연구해내고, 한 걸음 더 나아가 불교 유식학(唯識學) 중의 '의식(意識)' 연구와 배합할 수 있다면, 병 상태를 판단하고 치료하는 데 대해 진일보하는 돌파가 될 수 있다."고 한다. 모두 14강의 내용 중에서 학술 이론적 탐구 토론 분석이외에도 중의약의 실제 응용, 그리고 양생수양 방면에 대해서 발휘하고 실례를 해설하는 것도 많기에 내용이 극히 풍부하다. 수행자를 위한 의학 입문서이기도 하다.